W0417873

Dirk Walbrecker

Auf Bruch

Der junge Engels im Wupper-Tal

Edition Köndgen

Verlag Edition Köndgen

In der Edition Köndgen erscheinen Bücher und Geschenkartikel
über Wuppertal, Schwelm und das Bergische Land.
Die vielfältigen Facetten dieser Region werden darin lebendig präsentiert.
www.edition-koendgen.de

Die Deutsche Bibliothek verzeichnet diese Publikation in der
Deutschen Nationalbibliographie. Detaillierte Angaben unter www.dnb.de.

Das Werk einschließlich aller seiner Teile ist urheberrechtlich geschützt.
Jede Verwertung außerhalb der engen Grenzen des Urheberrechtsgesetzes
ist ohne Zustimmung unzulässig.

„Auf Bruch“ ist in mehreren Ausgaben erhältlich:
Taschenbuchausgabe, strukturgeprägter Einband: ISBN 978 – 3 – 948217 – 01 – 3
Ebook als ePub für alle gängigen Lesegeräte: ISBN 978 – 3 – 948217 – 52 – 5
Geschenkausgabe in Leinen gebunden, mit Stoff-Lesebändchen von Papier- und
Textil-Manufaktur Frauke Kafka, nummeriert und vom Autor handsigniert:
ISBN 978 – 3 – 948217 – 00 – 6

1. Auflage 2020
© Verlag Edition Köndgen, Wuppertal 2020
Lektorat: Manuela Sanne, www.taltexte.de; Fabienne André, Thomas Helbig
Illustrationen: U1+4: Hintergrundbild starline / Freepik; S.3: Deutsches Geschlechterbuch (Genealogisches Handbuch Bürgerlicher Familien), hrsg. von Dr. jur. Bernhard Koerner, 24. Band (Erster Bergischer Band), 1913, Druck und Verlag von C. A. Starke, Görlitz, zugleich Bergisches Geschlechterbuch, hrsg. von Dr. jur. Bernhard Koerner, bearbeitet in Gemeinschaft mit Cand. Jur. Edmund Strutz, Erster Band, 1913; S. 5: Zeichnung von W. Stscheglowa 1961, in: Walter Schmidt, Gerhard Becker, Helmut Bleiber: Illustrierte Geschichte der deutschen Revolution von 1848/49. Berlin 1975, S. 270: Porträt von G. W. Feistkorn 1840, in Mayer, Gustav: Friedrich Engels, Eine Biographie, Berlin 1920, S. 294; S. 6: Christian Baar; S. 10: Tom V Kortmann, www.mausklick.org mit Unterstützung des Historischen Zentrums Kontor91, Wuppertal-Barmen; S. 83: J.H. Bleuler um 1810; S. 183: A.V. Wille um 1870; S. 278: P.W. Kreeft, 1836 sowie Cola di Rienzi, mit Dank an das Historische Zentrum und das Stadtarchiv Wuppertal.
Covergestaltung und Layout: Sylvia Zöller, www.nzkd.de
Druck: BoD GmbH Norderstedt Deutschland
Geschenkausgabe: Buchbinderei Kurt Reinartz, www.kurtreinartz.de,
Unterbarmen, Friedrich-Engels-Allee 175, Wuppertal

Printed in Germany – All rights reserved
Deutsche Originalausgabe
Alle Rechte ausdrücklich vorbehalten.
www.edition-koendgen.de

DIRK WALBRECKER wurde in Wuppertal geboren und zog nach dem Abitur nach München. Dort studierte er in mehreren Anläufen Germanistik, Theaterwissenschaften und schließlich Pädagogik, Psychologie und Grundschuldidaktik. Nach vieljähriger Tätigkeit in der Filmbranche arbeitete er einige Jahre als Lehrer. Mit 42 beschloss er, endlich freiberuflicher Autor zu werden. So entstanden u.a. weit über 50 Kinder- und Jugend-Bücher, inzwischen in 15 Sprachen übersetzt, einige auch mit Preisen ausgezeichnet.

In den vielen letzten Jahren wird der Autor in allen deutschsprachigen Ländern häufig zu Lesungen bzw. Autoren-Begegnungen eingeladen, außerdem zu, meist einwöchigen, Schreibwerkstätten – in den letzten Jahren auch zu mehreren Großprojekten im Rahmen von KULTUR MACHT STARK.

DIRK WALBRECKER ist Vater von drei Töchtern, lebt seit einigen Jahren mit seiner Frau in Landsberg am Lech und hat seit 3 Jahren Wuppertal wieder zu seinem Zweitwohnsitz erkoren.

Mein Dank geht an

... den Verleger Thomas Helbig, der mir den Anstoß zu diesem Buch gab

... Dr. Michael Knieriem, der mir dank seines profunden ENGELS-Wissens mit seinen Büchern und in mehreren Gesprächen viel Inspiration schenkte

... die hoch engagierte Lektorin und Kollegin Manuela Sanne sowie die Verlags-Assistentin Fabienne André

... den Buchbinder und Lebenskünstler Kurt Atti Reinartz für allerbeste Wohn- und Arbeitsatmosphäre in seinem Atelier in der Friedrich-Engels-Allee

... meine Gattin Isabella und ihre Kinder, meine Schwester Hedda, meine Töchter Minouche, Mona und Rebecca für viel Geduld und liebevolle Unterstützung

... nicht zuletzt an einen Wuppertaler Freund und großzügigen Mäzen, der namentlich nicht genannt werden möchte!

Inhaltsverzeichnis

Geburtshaus von Friedrich Engels

Auf Bruch

Endlich, endlich ... eine neue Lebensetappe beginnt: Ich bin im Evangelischen Gymnasium in Elberfeld angemeldet! Diese Schule wurde als Lateinschule gegründet und gilt als eine der besten in Preußen. An ihr sollen verschiedene qualifizierte Pädagogen und Fachlehrer unterrichten. Ich werde viele, viele neue Anregungen bekommen und mein Ziel ist klar: Ich will das Abitur machen! Ich will unbedingt studieren ... vielleicht Literatur, möglicherweise auch Jura ... Hauptsache etwas Geistvolles und Bereicherndes!

In den Ferien ist genug Zeit, um über die Vergangenheit nachzudenken: Fast 14 Jahre habe ich nun in Barmen, genauer gesagt: Auf Bruch, in der Brucher Rotte verbracht. Hier ist meine Familie, das heißt, die meines Vaters, seit Urzeiten angesiedelt. Ihr Besitz ist enorm. Unzählige Wohnhäuser, Fabrikgebäude, Handwerksbetriebe, Pferdeställe und vor allem weitläufige Wiesen zum Garnbleichen sind Engels-Besitz. Für Letzteres war und ist die Wupper mit ihren flachen Ufern die ideale Voraussetzung.

In einem der schönsten und am edelsten eingerichteten Häuser Auf Bruch habe ich meine Kindheit verbracht. Meine Mutter war erst 23 Jahre, als sie mich am 28. November 1820 zur Welt brachte, mein Vater gerade mal ein Jahr älter. Ich bin der Erstgeborene, der so genannte ‚Stammhalter' – daran werde ich seit Jahr und Tag von meinem Erzeuger mit bedeutungsvoller Miene erinnert. Dabei ist unser Engels-Haus inzwischen voll von Blagen. Seit Kurzem sind es gar vier Schwestern und drei Brüder, die mich fast alle reichlich nerven.

Die letzten vier Jahre waren für mich aber vor allem von der Schule geprägt. Längst nicht jedes Kind in unserem Wupper-Tal hat die Möglichkeit, regelmäßig Unterricht zu bekommen. Zwar gibt es seit einiger Zeit eine Schulpflicht – doch die allermeisten meiner Altersgenossen haben vorrangig ganz andere Pflichten. Sie müssen unter den schäbigsten und gemeinsten Umständen malochen – oft zehn, zwölf Stunden am Tag. Wer kann sich danach bitte noch auf den Unterricht konzentrieren?

Für mich war es der Luxus pur, mit neun Jahren in die Höhere Stadtschule von Barmen aufgenommen zu werden. Natürlich konnte ich damals längst Lesen, Rechnen und Schreiben – dafür hatten vor allem meine Mutter und ihr verehrter Vater gesorgt. Er ist nämlich ein Gymnasiallehrer, der seinen geliebten Enkel mit einem ungeheuren Wissen und einer unübertrefflichen Erzählfreude beglückt.

Nun allerdings, in der Schule, wurde es ernst und ich gestehe: Bei aller Begeisterung für die meisten Fächer war ich zeitweise überfordert. In jeder Stunde etwas Neues: Deutsch, Englisch, Französisch, Latein. Dann Schönschreiben, Religion, Naturlehre, Geografie und Algebra. Dazu noch Gesang und mein Lieblingsfach: Zeichnen.

Für Letzteres musste mein Vater noch extra Schulgeld entrichten. Offenbar hatte er bemerkt, mit welcher Leidenschaft ich alles und jedes, auch meine Schulhefte, vollkritzelte. Ab der dritten Klasse kam auch noch Geschichte und Algebra dazu – da machte ich irgendwann schlapp. Die vorletzte Klasse musste ich wiederholen, damit war ich jedoch längst nicht der Einzige ...

Wenn ich mich erinnere, wie viel Zeit ich allein damit verbrachte, Bibeltexte und Kirchenlieder auswendig zu lernen! Im Gesangsunterricht galt es, mehrstimmig Choräle einzuüben – dies allerdings war kein Problem. Ich war von klein an gewohnt zu singen, schließlich wuchs ich in einer Familie auf, in der Glauben, Gebet, Kirchgang eine hoch bedeutsame

Rolle spielten. In diesem Wupper-Tal gibt es wahrscheinlich so viele Strenggläubige und religiöse Fanatiker wie nirgends auf der Welt. Vor allem können sie, speziell unter den Evangelischen, streiten wie die Kesselflicker, wer nun die Bibel richtig versteht oder auslegt – ich kann und will da nicht mithalten!

Doch wehe, es kommt zu Hause auf dieses Thema zu sprechen. Speziell die Familie meines Vaters hat es schon immer als ihre Glaubenspflicht gesehen, einen beachtlichen Teil ihres Unternehmer-Einkommens für den Kirchenbau (übrigens auch für Schulen!) zu spenden – das darf man nicht kritisieren ...

Aufbruch

Packen, packen, packen ...

Ich bin in diesen Oktobertagen vor der Neueinschulung unsagbar aufgeregt. Eigentlich weiß ich ja durch meinen Großvater in Hamm alles rauf und runter über ein Gymnasium – nun aber alsbald selber so ein illustres Gebäude zu betreten, das ist etwas ganz anderes!

Mein Vater, dem meine gehobene Ausbildung sehr am Herzen liegt, hat mir schon frühzeitig einen edlen neuen Ledertornister geschenkt. Dazu gibt es spezielle Bücher und die Aufforderung, mit unserem Hausmädchen eine Tasche mit reichlich Wäsche zu packen. Wofür in Gottes Namen brauche ich mehrmals am Tag frische Strümpfe, Unterhosen, Hemden und all dieses Zeugs?

Meine Mutter kann und will ich nicht belämmern. Sie hat erst vor wenigen Wochen ihre vierte Tochter, die süße Elisabeth, zur Welt gebracht und verbringt wie immer in solch stressigen Situationen viel Zeit in Hamm, wo ihre Mutter ihr mit besonderer Fürsorglichkeit zur Seite steht.

Am ehesten könnte ich ja noch meine kleine große Schwester Maria – die ich meistens Marie oder Mariechen nenne – an meiner Verwirrung teilhaben lassen. Doch die träumt sich mal wieder durchs Leben und will wohl nicht zeigen, wie sehr sie mich in Zukunft missen wird ...

Und wie!

Der Schock kommt, als ich höre, wie mein Vater mit unserem Kutscher spricht:

»Wann muss ich den Fritz in Zukunft nachmittags abholen?«, fragt der.

»Freitag am späten Mittag! Manchmal vielleicht auch erst am Samstag. Ich kenne seinen Stundenplan noch nicht.«

Der nette Kerl, der uns schon seit vielen Jahren zu Diensten ist und mehrere Kutschen und im Winter auch die Pferde-Schlitten zu betreuen hat, ist wohl nicht weniger überrascht als der junge, lauschende Friedrich:

»Und an den anderen Tagen?«

»Die üblichen Dienstfahrten natürlich, wie sonst auch. Ich werde sicher öfter nach Hamm müssen ...«, entgegnet Friedrich Senior.

»Vater!« Ich bemühe mich, unaufgeregt und höflich zu wirken. »Wer fährt mich denn an den anderen Tagen? Oder muss ich den weiten Weg nach Elberfeld und zurück bei Wind und Wetter zu Fuß gehen?«

Mein Vater lächelt hintergründig: »Genau dies wollen wir dir ja ersparen ...«

Ich stehe wortwörtlich im Regen, denn es fängt soeben an zu plätschern – wie so oft in diesem Wupper-Tal im Herbst. Ausgerechnet jetzt kommt Marie gerannt. Mal wieder hat sie das richtige Gespür.

»Fritze, geht es dir nicht gut?«, fragt sie. Ihr Blick geht hin und her, um die Stimmung zwischen Vater und Sohn zu erheischen.

»Ich versuche grad deinem Bruder zu erklären, wie seine Schulzeit ablaufen wird«, vernehme ich wie durch ein verstopftes Hörrohr.

»Was ist daran so kompliziert?«, wundert sich Marie. »Vormittags Unterricht. Nachmittags Hausaufgaben. Abends so früh wie möglich mit mir und den anderen spielen, singen, musizieren ...«

Genau jetzt kommt Hermann, mein ältester Bruder, aus dem Garten gerannt: pitschnass, von oben bis unten dreckverkleckert – wahrscheinlich hat er sich mal wieder auf seine Art im Pferdestall vergnügt.

»Komm mal her!«, ruft mein Vater ungehalten. Ich ahne, was nun passiert und was ich oft genug selber erlebt habe: »Runter mit den Drecksklamotten! So kommst du mir nicht ins Haus!«

Und es sind nicht nur Worte, mit denen mein Vater seiner Autorität Ausdruck verleiht ...

Marie und ich versuchen, die Situation zur Flucht zu nutzen. Mein Vater jedoch übernimmt mal wieder die Regie:

»Maria, ab in dein Zimmer! Und du, Friedrich, kommst mit mir in den Salon!«

Es lässt sich leicht zusammenfassen, was für mich keineswegs leicht zu verkraften ist: Mein Vater schmeißt mich, ohne auch nur mit einem Wort meine Meinung zu erfragen, quasi aus dem Haus!

»Du wirst unter der Woche in der Wohnung von Dr. Hantschke, dem Direktor der Schule, übernachten. Du hast dort ein kleines eigenes Zimmer. Du wirst dort verköstigt. Und du hast dich verlässlich an seine Anweisungen zu halten!«

So also gestaltet sich mein Aufbruch in eine neue Lebensetappe ...

Im Gymnasium

Was es heißt, von heute auf morgen mit 100 fremden Jugendlichen konfrontiert zu sein, muss ich wohl niemandem erläutern. Ja, ein paar Typen bin ich beim Gottesdienst, in Theateraufführungen oder in den wenigen Konzerten, die ich besuchen durfte, begegnet. Alle kommen natürlich aus wohlhabenden Verhältnissen – reiche Familien gibt es im Wupper-Tal ja einige.

Der älteste Engels-Sohn ist natürlich einigen der Mitschüler auch kein Unbekannter. Dies bedeutet keineswegs immer Sympathie und lockerer Umgang miteinander. Im Gegenteil: In Barmen wie in Elberfeld herrscht auch gehörig Rivalität und Neid im Kreise der Unternehmer – oft übertüncht vom Glauben und den guten Geboten, die mit großem Eifer gepredigt werden. Zudem spalten sich diese eifrigen Kirchgänger auch noch in x verschiedene Glaubensrichtungen, manche auch mit eigenen Gemeinden. Die Katholiken sind eh eine Minderheit, die von vielen nicht wohl gelitten ist. Von den wenigen Juden in der Stadt mal abgesehen ...

Ein gutes Beispiel für diese Problematik ist mein Hausherr mit dem illustren Namen *Dr. Johann Carl Leberecht Hantschke*: Dieser nicht einmal vierzigjährige Lehrer darf sich an unserer Reformierten Gemeindeschule nur *stellvertretender* Direktor nennen, da er ein Lutheraner ist – welche Schmach!

Aber das alles interessiert mich zunächst nicht. Ich muss mich mit dem wenigen Hab und Gut in meinem kargen Zimmer einrichten. Hauptproblem: Wo ist genug Platz für meine Bibliothek, die vor meinen Augen schon gigantische Ausmaße annimmt? Wunschträume darf man ja haben!

Über die Fächer, die mich in den nächsten vier Jahren gen Abitur bringen sollen, weiß ich schon reichlich Bescheid – eigentlich kein so wesentlicher Unterschied zu dem, was ich aus der Barmer Schule kenne. Allerdings muss ich mich jetzt auf bis zu 36 Wochenstunden einstellen – für eine allzeit lesende Nachtratte nicht so einfach! Die Sprachen, die gelehrt werden, sind die gleichen. Vorrang haben nun Latein und Altgriechisch – allerdings soll in der Secunda Hebräisch dazukommen.

Mathematik und die Naturwissenschaften werden mich gehörig fordern und auf ein Fach freue ich mich, im Gegensatz zu den meisten Altersgenossen, ganz besonders: Philosophie. Darüber weiß ich durch meinen Großvater und natürlich die alten Sprachen schon so einiges – der Unterricht soll leider erst in der Prima beginnen.

Dafür kann ich mich vom ersten Jahr an auf Musisches freuen: Gleich in der Tertia starten wir mit Zeichnen und Kalligraphie und in den oberen Klassen wird auch Gesang gelehrt! Da werde ich die musikalische Marie mit neuem Liedgut beglücken können und mich interessieren vor allem die Choräle. Ich wage es kaum zu sagen: Einer meiner zahlreichen Herzenswünsche für die Zukunft ist, einmal selber zu komponieren …

Nun aber wird es gleich ernst: In der Tertia, im Deutsch-Unterricht, ist es Gepflogenheit, sich den Mitschülern mit einem ausführlichen Referat vorzustellen. Es soll ausführlich und nicht oberflächlich sein. Man soll nicht nur von sich persönlich erzählen – auch die Herkunft, die familiären Hintergründe sind gefragt. Erst einmal fühle ich mich überfordert: Ich will keinesfalls als der Angeber Friedrich Engels Junior gesehen werden! Aber kann man nicht dazu stehen, aus einer erfolgreichen Familie zu stammen? Einer Familie, die dieses Wupper-Tal – genauer gesagt, Barmen – über Generationen wesentlich mitgeprägt hat?

Die Engels

Eigentlich muss ich im 17. Jahrhundert beginnen, als in unserem Tal hauptsächlich Landwirtschaft betrieben wurde – und dies unter schwierigsten Bedingungen. Die Wiesen entlang der Wupper waren größtenteils sumpfig, der lehmige Boden wenig fruchtbar.

Manchmal aber braucht es eine zündende Idee und mit der verändert sich das Leben vieler Menschen oder lockt gar andere an. Die feuchten Niederungen am Wupperufer und ebenso die Wiesen am Brucher Bach, der in die Wupper mündet, eigneten sich ideal, um Garn zu bleichen! Und ich nehme es vorweg: Diese Tätigkeit sollte ein Beruf werden, der meine Heimat fortan geprägt hat und Voraussetzung für eine frühindustrielle Textilwirtschaft war. Damals, vor jetzt etwa 200 Jahren, gab es im Bruch noch etwa 22 Bauernhöfe bzw. sogenannte Kotten. Es lebten kaum mehr als 100 Menschen hier, inzwischen sind es mehr als dreieinhalbtausend!

Einer der Urahnen von mir, der groteskerweise *Benjamin* Engels hieß, hatte sich dort angesiedelt. Dank eines komplizierten Erbvorgangs über mehrere Generationen gelang es dann meinem 1715 geborenen Urgroßvater den alten Familienbauernhof erst zu pachten und dann endgültig auf seinen Namen Johann Caspar Engels I. zu erwerben.

Und welche familienprägende Idee hatte er? Auf seinen Wiesen entlang der Wupper und des Kothener Bachs begann er, Garn zu bleichen. Mehr noch: Er ließ sich eine Kiepe, also ein Tragegestell aus Korb, anfertigen. Mit der zog er durch die Lande, von Haus zu Haus, und verkaufte sein Garn mit gutem Gewinn. Man stelle sich vor: Irgendein findiger Barmer kommt in 100 oder mehr Jahren auf die Idee, mit einem von ihm hergestellten Produkt von Haustür zu Haustür zu ziehen und es den neugierigen, kauflustigen Menschen anzubieten! Besser noch: Er ist gar nicht mehr selber unterwegs, sondern er schickt seine Helfershelfer durch die Lande ...

Doch zurück zu meinen findigen Vorfahren: Mein Urgroßvater, der in seinem späteren Leben neben der Bleicherei schon eine Spitzenmanufaktur gründete, hatte drei Söhne. Der erste war Benjamin (mal wieder ein solcher!), der seinen Wohnsitz in der Brucher Rotte hatte und Stifter der Schule am Lichtenplatz in Barmen wurde. Der dritte war ein gewisser Johann Peter, geboren 1754, ebenfalls Stifter einer Schule – diese direkt im Bruch. Diese beiden wurden jeweils Teilhaber der Firma CASPAR ENGELS SÖHNE. Vor ihm aber kam noch mein Großvater, Johann Caspar Engels II., auf die Welt. Er war wohl der weitaus Findigste des Brüder-Trios und wurde ein enorm erfolgreicher Manufakturbesitzer. Seine erste Frau verstarb in jungen Jahren und so heiratete er eine gewisse Ida Louise Friederike Noot, die später meine Großmutter väterlicherseits wurde. Leider kann ich mich an beide nicht erinnern, denn sie starben, als ich noch ein Baby bzw. Kleinkind war.

Was nun (er)schaffte dieser zweite Caspar, der alles andere als ein Kasperle war? Wenn mein Vater voller Achtung und Stolz von dessen Lebenswerk und ganz konkret von seinen zahlreichen Werken sprach, dann kam ich mir als kleiner Junge manchmal wie in einer Märchenstunde vor: Dies alles soll ein einziger Mensch gehändelt haben?

Ja, ich muss einfügen: Vater redete zwar voller Bewunderung von seinem Zeuger. Doch er vergaß nie zu erwähnen, dass dieses ehedem so kleine und unbedeutende Barmen diverse sehr erfolgreiche Männer, speziell auch Unternehmer, hervorgebracht hat. Und fast schalkhaft fügte er hinzu: »Es werden noch viele folgen! Das Wupper-Tal ist ein magischer Ort. Hier entstehen in der Zukunft garantiert noch so manche Wunderwerke!« Bei diesem Ausspruch war ich mir nie sicher, ob er damit nur Fabrik-Werke meinte oder noch ganz andere Erfindungen ...

Wenn ich aufzählen muss, welche Ideen mein Großvater hatte und auch tatsächlich größtenteils umsetzte, dann kann ich mir sicher sein, dass mir längst nicht alles einfällt. Abgesehen von all dem, was an Fabriken zur Textil-Herstellung und -Verarbeitung gehörte, entstanden Unternehmen, deren Zuordnung einem erst mal kaum gelingen wird.

War mein Großvater auch der Erbauer oder Finanzier des großen Heilbrunnens, dem ‚Barmer Mineralbad'?

Weshalb wollte er in der Werther Rotte eine Dampfziegelei errichten?

Wieso beteiligte er sich mit einem seiner Brüder an einem kleinen Kohlebergwerk in Hasslinghausen?

Was wollte er mit der Pottasche-Fabrik im Springen, die ihm schon im Alter von Zwanzig übertragen wurde?

Warum auch noch eine eigene Schmiedewerkstatt und eine Schreinerei?

Wie kam es bei diesen Engels zu immer mehr Grundbesitz? Heute gehören tatsächlich sage und schreibe mehr als vierzig Häuser meiner Familie!

Natürlich ging und geht es immer zentral um das prosperierende Textilgewerbe, welches stetig kompliziertere Herstellungsverfahren entwickelte. Das letztlich so simpel zu praktizierende Garnbleichen, das keinen Profit mehr versprach, wurde durch Fabrikationen ersetzt, bei denen Handarbeit nicht mehr nur mit einem Werkzeug oder einem Spinnrad und dergleichen geschah. Stattdessen Maschinen, Maschinen, Maschinen ...

Und für diese benötigt man immer größere Fabriken. Und in diesen immer mehr Arbeiter und leider auch Kinder, die unter teilweise unwürdigsten Umständen die Maschinen bedienen. Und diese Menschen, die unseren ehemals so beschaulichen und kleinen Bruch zunehmend bevölkern, brauchen Wohnraum ...

Wenn mein Großvater noch leben würde, er käme aus dem Staunen nicht mehr heraus: Die Industrialisierung nimmt immer mehr an Fahrt auf. Wir sind hier im Wupper-Tal schon ganz schön innovativ – doch wenn wir zum Beispiel nach England blicken ...

Übrigens: Mein Vater tut das ständig und ich halte mir manchmal die Ohren zu, wenn er von all seinen verrückten Plänen spricht – *sein* Vater jedenfalls wäre sehr stolz auf ihn!

Pferde, Pferde, Pferde

Ich sollte noch etwas über meinen Großvater Johann Caspar Engels erzählen. Er muss in vieler Hinsicht ein besonderer Mensch gewesen sein – leider verstarb er ja, als ich ein Winzling war.

Der Vater meines Vaters war wohl nicht nur extrem geschäftstüchtig, er war vor allem auch ein Tierliebhaber, speziell der Pferde. Jeder weiß, wie bedeutsam diese Vierbeiner in unserer Kultur sind: Größere Äcker und Felder werden von ihnen bestellt. Sie dienen als Zugtiere für kleinere oder größere Wagen und natürlich für unsere Kutschen – gezogen von ein oder zwei oder gar mehr Pferdestärken, im Winter entsprechend die Schlitten.

Wie sollten wir sonst Post aus der Ferne erhalten oder die Gebildeten ihre Zeitungen aus anderen Städten?

Wie anders hätten kriegerische Auseinandersetzungen ausgesehen, wenn man nicht die armen Tiere für die Kavallerie missbraucht hätte. Welches Wesen kam da schon unverletzt oder lebendig wieder in den heimischen Stall zurück?

Und dann das Reiten – zum Vergnügen oder bei der Jagd. Dies fasziniert mich auch und ich möchte es unbedingt später mal zu einer gewissen Perfektion darin bringen.

Meine Schwestern, klein und groß, sind zuweilen kaum aus unseren Ställen herauszukriegen: Noch ein Streichler, noch eine Möhre ... und wehe, es gibt Nachwuchs: Jede Neugeburt ist ein großes Ereignis!

Was hat dies alles mit meinem Großvater zu tun? Wieso werden in der Familienrunde ständig Anekdoten über seine vorbildliche Liebe für Tiere und speziell für Pferde erzählt? Einer meiner Onkel meint, es habe mit dem berühmten Dichter und Philosophen Arthur Schopenhauer zu tun. Der war der Meinung, dass des Menschen Verhältnis zu den Tieren auf seinen Charakter schließen lasse. Wer grausam und gemein zu einem Tier sei, der könne auch kein guter Mensch sein – davon bin ich ebenfalls überzeugt!

Dass es mein Großvater nicht nur bei Worten beließ, bezeugt noch heute eine Pferdetränke, die er für die erschöpften Tiere errichten ließ. Wenn sie über den sogenannten Barmer Kohleweg das so lebenswichtige Brennmaterial vom Ennepetal über Oberbarmen und Heckinghausen gen Solingen und Remscheid transportierten, dann mussten sie den steilen Weg nach Lichtscheid schaffen. Dort oben, wo es keinen Fluss gibt, mussten sie sich von dem Anstieg unbedingt erholen – also musste eine anständige Tränke gebaut werden. Auch dafür spendete Johann Caspar Engels das Geld, also nicht nur für Kirchen und Schulen!

Übrigens gibt es dort oben zwei Denkmäler, die ebenfalls mein Großvater finanzierte: eines für den oben genannten Tierschützer Schopenhauer, das andere mit der Aufschrift: ‚*Christus heilt ein misshandeltes Tier*'.

Es tut gut, solche Vorbilder in der Familie zu haben ...

Überraschungen

Ja, ich bin ausquartiert. Ich lebe zwar noch im Wupper-Tal – aber Elberfeld ist eine ganz andere Stadt als Barmen – wahrscheinlich wird das immer so sein. Hat es damit zu tun, dass man hier etwas näher am Rhein, diesem gigantischen Strom, ist? Spürt man in Barmen mehr das, was einen Westfalen angeblich auszeichnet: weniger Temperament und dafür in manchen Dingen eine tüchtige Sturheit? Ich will mich auf solche Vergleiche und Klischees eigentlich nicht einlassen. Das ist genau das, was die Pietisten hier so gerne praktizieren: eine Bibel und hundert Auslegungen. Bringt uns das wirklich weiter, macht uns das echt glücklicher??

Ich versuche, mein Glück anders zu finden: in meinen Büchern, beim Zeichnen, beim Fantasieren. Und dann kommt so ein Glücks-Moment, wenn man ihn überhaupt nicht erwartet: »Besuch für Sie, Herr Engels!«, hör ich im Haus Hantschke. *Herr Engels* ... das klingt gut! Aber *Besuch*? Wer bitte weiß, dass ich hier lebe??

Ich gehe nach unten und traue meinen Augen nicht: Da steht unsere Familien-Kutsche und auf dem Bock sitzt grinsend unser Kutscher. Will der mich etwa wieder abholen?

»Ein Päckchen für Sie! Exklusiv für den Fritze!!«

Er zeigt auf den Sitz neben sich und ich muss hochklettern, um das Päckchen, mit einer feinen roten Seidenschleife verschnürt, zu erreichen.

»Finger weg! Dat is für mich!!«

Hinter mir ist ein größerer Junge aufgetaucht – notdürftig lumpig bekleidet, ungekämmt und mit einem Gesichtsausdruck, der nicht gerade vertrauenerweckend ist. Er versucht, mich beiseite zu drängen, um an das Päckchen zu kommen. »Mach die Fliege, Knabe!«, ruft der Kutscher und lässt haarscharf neben dem dreisten Burschen die Peitsche knallen.

Der hat begriffen: »Wohl wat Besseres, der Piefke, oder?«

Er spuckt einmal aus, ich rieche seine unangenehme Alkohol-Fahne und weg ist er!

Weg ist auch der Kutscher und ich sitze mit Herzklopfen auf meinem Bett. Diese türkischrote Seidenschleife kenn ich: *Made bei Engels*. Den Geruch, der aus dem Päckchen dringt, kenne ich auch: *Original Bergische Waffel* – nach einem Spezialrezept meiner Lieblingsköchin zu Hause. Weg mit dem edlen Einpackpapier – und was ist das?

Ein Briefumschlag, mit einem wohlbekannten Absender: *Von deiner lieben Marie …*

Erst die Waffel oder erst der Brief? Es geht beides gleichzeitig:

Der Mond ist aufgegangen,
Und Du sitzt da gefangen,
In Elberfeld so fern!
Ich sitze hier und weine
Im Barmer Bruch alleine.
Ach komm doch wieder her!

Mir kommen die Tränen und die Waffel wird salzig: Ach Mariechen! Auf der Rückseite steht noch mehr:

Geliebter großer Bruder!
Unsere Mama hat aus Hamm geschrieben: Mir geht es schon viel besser, das neunte Kind ist wohl das schwerste! Bald könnt Ihr das kleine Lieschen streicheln! Allerliebste Grüße an den Großen!
Deine/Eure Euch liebende Mama

Dem ist wohl nichts hinzuzufügen …

14 Jahre gelebt – und nun?

Ich bin an diesem Tag aufgeregt, na klar!

Es gibt gleich nach dem Aufstehen ein vielstimmiges Geburtstagslied – schließlich habe ich ja reichlich Geschwister, die sich als Chor versuchen können. Meine Mama begleitet mit Gitarre und ihrer so wohlklingenden Stimme. Und im Hintergrund sehe ich schon, wie mein Lieblings-Apfelkuchen, mit vierzehn Kerzen versehen, von unserer Magd hereingetragen wird ... es wird bald noch ein zweiter folgen! Ich werde (fast zu) reichlich abgeküsst und es gibt Geschenke. Am meisten freuen mich die Bilder von den Kleinen und die selbstgebastelte Schatulle von Marie, meiner Lieblingsschwester. Sie hat sie mit farbigen Bändern, Kordeln, Litzen beklebt – all das, was in unserem Wupper-Tal so reichlich hergestellt wird.

Mein Vater fehlt noch. Er ist wie immer früh in seinem Kontor – zudem ist er auch keiner, mit dem man den ganzen Tag spielend und tobend verbringen könnte. Umso feierlicher sein Auftritt am Abend. Als Geschenk gibt es tatsächlich die von mir sehnlich gewünschte lederne Reitgerte! Und dann folgt das, was ich schon geahnt hatte – eine Rede, die mir fast wortwörtlich im Gedächtnis bleibt:

»Mein verehrter Sohn, du frisch gekürter Gymnasiast! Nun bist du endgültig auf dem mühsamen Weg ins Erwachsenenalter und dir ist bekannt, was dein Vater und viele in unserer Engels-Familie von dir erwarten. Du hast schon reichlich darüber gehört, wie sich die Engels zu dem entwickelt haben, was sie heute im Bruch, in Barmen, im Wupper-Tal und auch weit darüber hinaus darstellen. Du weißt, wie sehr ich, gemeinsam mit meinen beiden Brüdern, bemüht bin, das zu erhalten, was mein Großvater und mein Vater geschaffen haben. Mehr noch: Mit Gottes Hilfe soll das Imperium noch wachsen und gedeihen und ich möchte alles mir Mögliche tun, um den Herausforderungen der neuen Zeit, der schier galoppierenden Industrialisierung, gewachsen zu sein. Dabei kommt auf die junge Generation, zu der du gehörst, eine bedeutsame Aufgabe zu: Ihr müsst all den technischen Neuerungen gewachsen sein, ihr könnt und müsst sie weiter entwickeln. Und dazu hast besonders *du* eine Chance. Du bist dank deiner Erstgeburt dazu auserkoren, irgendwann einmal mein Nachfolger zu werden ... wie sich deine jüngeren Brüder, der Hermann, der Emil und der kleine Rudolf da einfügen, wird sich zeigen. Ich möchte deinen heutigen Geburtstag dazu nutzen, dir einmal ganz kompakt zu erzählen, wie mein Werdegang war, wie ich zu dem werden durfte, der ich heute bin.«

So fing es an mit der guten väterlichen Belehrung. Vieles, was folgte, war mir natürlich bekannt. Doch noch nie hatte mein Vater sich so konzentriert und umfassend über seinen Werdegang geäußert.

»Anders als du, lieber Friedrich, wuchs ich ja nur mit drei Geschwistern auf: mit deinem Onkel Caspar, der vier Jahre älter als ich ist, mit dem kaum zwei Jahre jüngeren Onkel August und mit meiner drei Jahre jüngeren Schwester, deiner Tante Louise. Ich besuchte zuerst die Brucher Schule, anschließend ging es auf die Barmer Stadtschule. Kein Gymnasium wie du – stattdessen nach der Konfirmation mit 16 ab nach Frankfurt, in eine Lehre bei einem Wollkaufmann. ‚Die Gottseligkeit ist zu allen Dingen, also auch zum Lernen der Comptoir-Geschäfte nützlich!', oder so ähnlich schrieb mir mein lieber Vater sozusagen als Aufmunterung.

Es folgten fortlaufend Mahnungen aller Art und der Wunsch, ja die Verpflichtung, ihn regelmäßig über meine Ausbildung zu unterrichten. Dabei hatte ich großes Glück: Wahrscheinlich, weil ich aus wohlhabendem Hause stamme, musste ich nur von 14 Uhr bis 19 Uhr im Kontor sein. Dafür hatte ich mich morgens gleich um 7 Uhr bei meinem Sprachlehrer einzufinden, um Französisch und Italienisch zu pauken. Danach ging es zum Klavier-, Cello- oder Fagott-Unterricht. Später kam noch Fecht- und Tanz-Unterricht dazu. Zudem war ich angehalten, kreuz und quer mit der Verwandtschaft in Brief-Kontakt zu sein und am Abend natürlich lernen, lernen, lernen ...

Für die Briefkontakte bekam ich strenge Auflagen. Wie du weißt, war das die Zeit, in der Napoleon mit seinen Truppen überall unterwegs war und mit reichlich Auflagen und Gesetzen über unser Leben hier bestimmte. Ich durfte wegen der Briefzensur nichts Politisches berichten – aber ich hatte mir eine schlaue Taktik ausgedacht: Ich legte mir eine Tarnadresse zu und firmierte unter dem schönen Pseudonym *Haberstroh & Leberecht*. Nicht schlecht, oder?«

So ging der Geburtstags-Vortrag weiter und ich war bemüht, ein williger Zuhörer zu sein.

»Ohne Übertreibung, dein Vater war ein fleißiger Lehrling. Er bekam sogar ein Lehrjahr erlassen und dann ging's zurück nach Barmen, in die Firma ‚Caspar Engels Söhne'.

Über diese neue Herausforderung kann ich dir ein anderes Mal erzählen – das steht dir ja auch alles bevor. Von größter Bedeutung für uns, eigentlich für die ganze Familie, war der Einfluss, den die Franzosen in allen Belangen ausübten: politisch, wirtschaftlich, kulturell – noch gar nicht zu reden von Glaubensdingen. Für unsere Familie, mit einer eher preußischen Gesinnung, war das eine gehörig schwierige Zeit. Dein Großvater und einige seiner Freunde wurden gar als Geiseln nach Düsseldorf zitiert. Doch dank des Abmarsches der Franzosen beziehungsweise ‚durch Gottes Wohltat', wie mein Vater es ausdrückte, kam die Befreiung aus dieser wahrlich lebensbedrohlichen Situation. Ich, dann schon einundzwanzig, wurde zum Militär einberufen. Um die Wehrzeit zu verkürzen, meldete ich mich freiwillig bei der Reitenden Artilleriebrigade in Düsseldorf. Diese Zeit war weniger hart, als ich erwartet hatte: Ich konnte, sozusagen als privilegierter Kaufmannssohn, in einem Hotel und später mit zwei Kameraden hier aus dem Tal in einer Privatwohnung absteigen. Zudem hatte ich genug Freizeit, um mich weiterzubilden, der Musik zu widmen und sogar eine Abhandlung über die Geschichte des Artilleriewesens zu schreiben.

Nach dieser Lebensetappe wurde es spannend für mich: Ich durfte reisen! Mein Vater sah es für meine berufliche Zukunft als sehr sinnvoll an, in der weiten Welt Erfahrung zu sammeln. Mit der Kutsche ging es in den Süden von Deutschland, nach Österreich, in die Schweiz und weiter gar bis nach Venetien. Strenge Auflage war dabei: Ich musste akribisch über meine Begegnungen und Erlebnisse nach Hause berichten!

Danach, mit gerade mal zweiundzwanzig, wurde ich vollwertiger Mitarbeiter unseres großen Barmer Familienbetriebs. Unserem Herrgott und meinem Vater sei gedankt: Ich konnte fast gleichberechtigt mit ihm, seinem Bruder Benjamin und meinem älteren Bruder Johann Caspar die Firma leiten und zu neuer wirtschaftlicher Bedeutsamkeit entwickeln. Man hatte gar so viel Vertrauen in mich, dass man mir die alleinige Verantwortung für die familieneigenen Schreinerwerkstätten übertrug. Und unsere Schmieden durfte ich, wie du ja längst weißt, zu einer feinmechanischen Werkstatt ausbauen! Du hörst heraus: Die industrielle Entwicklung schreitet voran und unser Wupper-Tal braucht Impulse und konkretes ‚Know-how', wie man später vielleicht einmal sagen wird, von außen! Dies wurde auch der Grund für weitere Reisen ins Ausland – nach Frankreich, nach Italien und vor allem nach England ... doch darüber mehr an einem anderen Tag!«

Ich muss nicht erzählen, wie erschöpft ich nach diesem Vortrag war. So offen hatte mein Vater tatsächlich mir noch nie sein früheres Leben dargestellt und viele Fragen lagen mir auf der Zunge. Mehr noch: Am liebsten hätte ich ihn gleich gefragt, ob er mich später auch ins Ausland ziehen lässt. Dies unterließ ich tunlichst, denn die Bedingungen waren ja schon herauszuhören: Friedrich Junior muss oder soll dann mit Friedrich Senior und Gott weiß wem zusammen dieses Engels-Imperium – so empfinde ich unseren Besitz inzwischen – führen ...
Gute Nacht!

Gedichte, Gedichte, Gedichte

Ich müsste eigentlich sehr glücklich sein: Schon als Zwerg – mein Vater nannte mich ‚Herzenstippel', weil ich wohl so zappelig und lebhaft war – wurde ich mit lustigen Versen, Liedern und kleinen Gedichten unterhalten. Vor allem meine Mutter konnte mich so ein wenig zur Ruhe bringen: Ich musste dann gut zuhören, um das Gereimte möglichst schnell auswendig zu lernen.

Eines der ersten Lieder, an das ich mich erinnern kann, ist das über den ‚Butzemann':

Es tanzt ein Butzemann
In unserem Haus herum di dum
Er rüttelt sich, er schüttelt sich,
Er wirft sein Säckchen hinter sich.
Es tanzt ein Butzemann
In unserm Haus herum.

Natürlich hab ich jahrelang in allen Ecken unseres Hauses nach dem Butzemann gesucht. Vor allem hätte mich interessiert, was er in seinem Säckchen drin hatte ...

Da es ja in unserer fruchtbaren Engels-Familie nach mir fast alle zwei Jahre neuen Nachwuchs gab, konnte ich ein Geschwisterchen nach dem anderen mit diesen Reimen beglücken. Und dabei merkte ich schon bald, dass in mir selber offenbar ein Dichter schlummerte, der aber zu schüchtern war, das zu gestehen.

Je origineller die Texte, desto mehr fühlte ich mich angesprochen:

Warum?
Darum.
Warum denn darum?
Um die Krumm.
Warum denn um die Krumm?
Weil's nicht grad ist.

Erst viel später erfuhr ich den Titel des Buches, in dem die berühmten Schriftsteller Achim von Arnim und Clemens Brentano solche Texte gesammelt und aus altem deutschen Volksgut überliefert hatten: ‚Des Knaben Wunderhorn'. Genau solch ein Wunderhorn wünschte ich mir schon als kleiner Junge. Die einzige Person, der ich solche Gedanken offen anvertrauen konnte, war Marie. Sie war zwar über drei Jahre jünger als ich – doch schon in jungen Jahren war sie mir am nächsten von allen Geschwistern. Und wenn sie nachsang, was Mama uns Kindern oft mit einem hintergründigen Schmunzeln beim Schlafengehen vortrug, dann war ich gerührt und musste oft eine Träne verdrücken:

Suse, liebe Suse, was raschelt im Stroh?
Das sind die lieben Gänslein, die haben kein' Schuh'.
Der Schuster hat's Leder, kein Leisten dazu.
Drum gehen die lieben Gänse und haben kein' Schuh'.

Ja, so ist das mit den Gänsen ...

Doch schon damals sah ich die vielen armen Kinder in unserer Stadt, die bei Wind und Wetter und gar bei Eis und Schnee ohne vernünftiges Schuhwerk unterwegs sein mussten – wie ungerecht ist eigentlich diese Welt!?

Ich selber versuchte mich heimlich an der Dichtkunst, unter anderem angeregt durch Ferdinand Freiligrath, der später auch in Barmen lebte. Gerade mal 10 Jahre älter als ich, verdiente er seine Brötchen als Kaufmannsgehilfe. Längst nicht so begabt wie die großen Goethe und Schiller, war er dennoch ein Weltgeist, ein Mann mit ausgefallenster Fantasie und vor allem ausgeprägtem Gerechtigkeitssinn. Und ich, als gerade mal Fünfzehnjähriger, versuchte ihm nachzutun:

Mir dämmert in der Ferne
So manches holde Bild,
Wie durch die Wolken Sterne
Leuchten zart und mild.
Sie nahn sich – ich erkenne
Schon ihre Gestalt,
den Tell seh' ich, den Schützen,
Siegfried, den Drachen ungestalt,
mir nahet Faust der Trotz'ge,
Achilles tritt hervor,
Bouillon, der edle Degen
Mit seiner Ritter Chor,
es naht – lacht nicht, Brüder –
Don Quixote der Held, der auf dem edlen Rosse
Durchzieht die weite Welt.
So kommen sie und schwinden
Wie sie vorüber ziehn;
Kannst du sie binden?
Hemmen ihr schnelles Fliehn?
Oft mögen sie dir erscheinen,
Der holden Dichtung Gebild,
Daß sie die Sorgen zerstreuen,
wie sie dir nah'n so mild!

Muss ich mehr sagen zu dem, was mich damals beschäftigte, und wer meine bewunderten Helden waren? Der einzige, der mich verstehen würde und dem ich so viele dichterische Anregungen verdanke, ist mein verehrter Großvater in Hamm. Der allerdings ist momentan sehr krank und ich darf ihn nicht besuchen – ungemein bedrückend!

Hexen-Einmal-Eins

Goethe, Goethe, Goethe ... ich weiß auch nicht genau, was er mir angetan hat und immer wieder antut ... besser gesagt: schenkt!

Wahrscheinlich begann meine Faszination für diesen Dichter, Forscher und Lebenskünstler in ganz jungen Jahren, als mir meine verehrte Mama das Rechnen beibringen wollte:

Du musst verstehn!
Aus Eins mach Zehn,
Und Zwei lass gehen,
Und Drei mach gleich,
So bist du reich.
Verlier die Vier!
Aus Fünf und Sechs,
So sagt die Hex,
Mach Sieben und Acht,
So ist's vollbracht:
Und nun ist Eins,
Und Zehn ist keins.
Das ist das Hexen-Einmal-Eins.

Mein strenger Vater darf nicht wissen, dass ausgerechnet seine geliebte ‚Herzens Elise' mir immer wieder diesen angeblich so gottlosen Johann Wolfgang von Goethe nahebrachte.

Und schon damals, mit drei oder vier, waren es weniger die Zahlen, die mich faszinierten.

Es waren vielmehr die Reime und die Hexerei ...

Elberfeld

Ich bin neugierig, gierig nach Neuem. Ich könnte auch sagen: Ich bin unternehmungslustig – aber Unternehmungen sind nicht immer lustig ...

Da wohne ich jetzt also in Elberfeld (jedenfalls unter der Woche, in der Schulzeit) und ich muss sagen: Es befremdet mich, es ist mir fremd – obwohl dieser Ort sich doch direkt an Barmen anschließt. Man könnte fast sagen: Es ist *eine* Stadt mit *zwei* Seelen in diesem Wupper-Tal. Und es sind ja nicht die einzigen Orte hier, die dank der so forsch fortschreitenden Industrialisierung immer mehr zusammenwachsen!

Im Osten gibt es zum Beispiel Langerfeld – wie der Name sagt: ehemals ein weites, baumfreies Feld, das wohl einer Familie Langer gehörte. Auch hier, wie in Barmen und Elberfeld, ließen sich vor etwa 100 Jahren Weber und Bleicher nieder und verdrängten mehr und mehr die Bauernschaft. Südlich von Langerfeld liegt Beyenburg. Bereits 1189 wurde dort ein Steinhaus gebaut, während rundum nur Holzhäuser standen. Die große Bedeutung dieses befestigten Ortes aber war es, die Wupperbrücke zu sichern, über die eine ehemals wichtige Handelsstraße führte.

Gen Westen geht es weiter nach Ronsdorf. Auch dort gilt ein mittelalterlicher Hof als erster Siedlungsplatz. Über den eigentlichen Gründer der Stadt, Elias Eller, gäbe es einiges zu erzählen. Es ist vor allem die Bandwirkerei, die den Ort bis heute prägt.

Weiter südöstlich liegt Cronenberg – bekannt für seine attraktiven Märkte. Dieses Städtchen ist der älteste, urkundlich erwähnte Ort in unserem Wupper-Tal, seit 1827 übrigens zu Elberfeld gehörig.

Ganz im Süden von Elberfeld liegen die winzigen Ortschaften Schöller und Dornap. Über sie ließe sich viel Ritterliches und auch Räuberisches erzählen.

Nicht minder räuberisch ging es nördlich von Elberfeld, im kleinen am Deilbach gelegenen Dönberg, zu – ein dichtes Waldgebiet, in dem heute auch vor allem Weber und Bandwirker tätig sind.

Aber ich wollte von Elberfeld erzählen, das ich nun endlich zu erkunden gedenke. Natürlich ist es auch hier die Wupper, die der Stadt (übrigens etwa so groß wie Barmen) das Gepräge gibt und ihr zu wirtschaftlicher Bedeutung verhilft. Mich aber zieht es bei meinen Spaziergängen – egal bei welchem Wetter, unter Tags oder auch an Abenden – zu einem gigantischen Bauwerk aus rosafarbenem Sandstein, an dem man nun schon seit ungefähr sieben Jahren arbeitet: Es ist die St.Laurentius-Kirche, die man sogar als Basilika bezeichnet. Meinem Vater werde ich von meiner Faszination nichts erzählen. Denn erstens ist es eine *katholische* Kirche. Außerdem steht sie dank ihrer besonderen Architektur und Größe in direkter Konkurrenz zur evangelischen Unterbarmer Hauptkirche – und die wurde mit wesentlicher finanzieller Unterstützung durch meine Familie erst vor wenigen Jahren errichtet! Über die ewigen Rangeleien, Neidereien und Machtspiele zwischen den verschiedenen christlichen Glaubensrichtungen in diesem merkwürdigen Wupper-Tal gilt es vielleicht an anderer Stelle nachzusinnen.

Ich vermag nicht zu beurteilen, ob mich genau diese, eigentlich ja so unchristliche Rechthaberei an die Stelle führt, wo jetzt ein Symbol für die vermeintlich Schwächeren, die bei uns immer noch nicht gleichberechtigten Katholiken, entsteht. Sicher ist es auch das, was die Italiener *grandezza* nennen: etwas *Großes* bei seiner Entstehung beobachten!

Ich kann aber auch stundenlang den armen Arbeitern zusehen, wie sie schuften, um etwas zu errichten, in dem man zukünftig Gott näher sein soll. Sie tun mir ebenso leid wie diejenigen, die in unseren Fabriken meistens nur für einen Hungerlohn rackern. Aber immerhin: An dieser Baustelle sehe ich keine Kinder, die als billige Arbeitskräfte missbraucht werden!

Doch natürlich ist es nicht nur diese Kirche, die mich lockt. Es gibt hier in Elberfeld momentan gewiss ebenso viele Baustellen wie in Barmen – alles deutet auf wirtschaftlichen Aufschwung hin. Und welche Folgen diese Entwicklung hat, kann ich hier in der Stadt tagtäglich hautnah erleben. Da ist erstmal der Straßenbau, der ja fast im ganzen Tal notwendig wird, um dem zunehmendem Verkehr gerecht zu werden: Wo immer mehr Menschen leben, muss immer mehr transportiert werden. Und das, was transportiert werden muss, wird immer schwerer. Ich meine nicht die Menschen, ich rede von dem Material, womit neue Gebäude errichtet werden oder was in denen, vorrangig den Fabriken, produziert wird. Natürlich auch: Je reicher die Menschen werden, desto schicker und größer müssen ihre Gefährte werden – ich komme ja selber immer mal wieder in den Genuss einer solchen Kutschen- oder Schlittenfahrt. Nebenbei erwähnt: Die Engels gehören hier in unserem Tal nicht zu den Oberprotzen ... Und wenn ich von Verkehr rede, so muss ich natürlich auch das erwähnen, was hier seit einiger Zeit Tagesgespräch ist: die geplante Eisenbahn!

Was mich jedoch bei meinen Spaziergängen durch diese Stadt immer wieder beschäftigt: Auch dieses Elberfeld, in den ersten Urkunden 1161 und 1176 Burg Elverfeldt genannt, war einstmals nicht mehr als eine kleine Siedlung mit dem Namen ‚Freiheit'. Ich kenne aus der Schule ein Gemälde aus dieser Zeit: Unweit der Wupper erheben sich mehrere Burgtürme, umgeben von kleineren Gebäuden aus Stein. Rundum, zum Schutz gegen alle Feinde, eine Burgmauer und im Hintergrund, ganz idyllisch, die damals üppig bewaldeten Höhen.

Etwas Stadtähnliches konnte allerdings erst entstehen, als die Burg – inzwischen mehrmals verpfändet oder den Besitzer wechselnd – durch ein Großfeuer gänzlich abgebrannt war. Die offiziellen Stadtrechte erhielt Elberfeld dann 1610 und etwa hundert Jahre später wurde durch den damaligen Kurfürsten auch ein sogenanntes ‚Stadtgerichtsprivileg' erteilt. Der Umgang mit dem Recht war davor in diesem Elberfeld (nicht nur da!) so eine spezielle Sache: Es gab in diesem 17. Jahrhundert einen, wie man es so nannte, ‚Narrenkasten'. Der war eine dem Schafott ähnliche Konstruktion, ein Pranger, an dem Diebe, Landstreicher und andere Missetäter angebunden wurden. Und man mag es kaum glauben: Das vergnügungssüchtige ‚Volk' traf sich dort, um die Übeltäter unflätig zu beschimpfen, zu bespucken, zu bewerfen oder gar auf sie einzuprügeln. Dann wohl lieber ins ‚Schelmenloch' oder den ‚Brummstall', wie man das Gefängnis, das Zuchthaus, damals nannte!!

Und damit sind wir bei dem, was mich bei meinen Spaziergängen durch Elberfeld oft gruseln lässt. Es wimmelt hier von armseligen Gestalten jeden Alters, bei denen man nicht weiß: Sind sie gerade arbeitslos und deshalb so betrunken? Kommen sie irgendwo aus der Umgebung und wollen in der Stadt nur betteln? Sind es arbeitsscheue Jugendliche, die nach irgendeinem Sinn in ihrem Leben suchen – von Gott übersehen oder gar zu diesem Schicksal verbannt?

Fragen, Fragen, Fragen, die mich Tag und Nacht beschäftigen ...

Wandern ...

Vorab etwas Wichtiges: Bei aller übertriebenen Fürsorge meiner Mutter, trotz aller Strenge meines Vaters, durfte ich mich schon als kleiner Junge meistens ziemlich frei und eigenständig bewegen. Obwohl unser Barmer Wohnbezirk Auf Bruch sozusagen mitten in der Stadt liegt und der Verkehr von Jahr zu Jahr zunahm – meine Eltern vertrauten mir oder überließen mich schlichtweg der Obhut Gottes. Und ich machte reichlich Gebrauch von dieser Großzügigkeit. Mit jedem Jahr, das ich älter wurde, wurden auch meine Ausflüge länger und wagemutiger. Ich erinnere mich an viele Szenen, in denen ich zum ersten Mal in einer Gegend landete, die mir gänzlich fremd war. Im lang gezogenen Tal der Wupper sind die einzelnen Orte, die mehr und mehr zu quasi einer Stadt zusammenwachsen, allesamt von sehr unterschiedlicher Atmosphäre – sei es in der Architektur, sei es durch verschiedene Gewerbe, die dort betrieben werden.

Aber das Städtische ist das eine, was mich interessierte. Mindestens so wichtig war und ist die Natur, die mich lockt. Und von dieser haben wir ja reichlich in unserem Tal und erst recht an den Hängen, die sich diesseits und jenseits der Wupper hochziehen – einige davon immer noch landwirtschaftlich genutzt, andere mit neu entstehenden Parkanlagen verschönt, wieder andere wild bewaldet.

Obwohl es in unserer Region schon immer reichlich Wegelagerer, Strauchdiebe und richtige Räuberbanden gab – ich hatte das Glück, nicht einmal überfallen zu werden. Wer wusste auch schon, aus welch wohlhabender Familie ich stammte! Und so zog es mich mit zunehmendem Alter immer mehr in die Ferne, ins Fremde und durchaus Riskante. Nicht nur einmal hatte ich mich verlaufen in einem wilden Waldgelände, wurde von einem Gewitter überrascht oder hatte mal wieder vergessen, dass jeder Hinweg zwangsläufig auch mit dem Rückweg verbunden war. Es war eine Stärke von mir, genau dies vor lauter Wanderlust zu vergessen! Schwuppdiwupp kam die Dämmerung und die Orientierung ging verloren. Als letzte Hilfe für den Rückweg gab es dann glücklicherweise oft das vertraute Rauschen der Wupper in der Nähe! Und manchmal war ich dann auch so mutig, einen vorbeifahrenden Pferdewagen oder sogar eine Postkutsche anzuhalten: Per Anhalter sozusagen ging es zurück in die Brucher Rotte.

Natürlich hatten mir meine Mutter, mein Hammer Großvater oder andere Verwandte schon in ganz jungen Jahren vom Wandern erzählt oder mir vorgesungen:

Das Wandern ist des Müllers Lust,
Das Wandern ist des Müllers Lust,
Das Wandern.
Das muss ein schlechter Müller sein,
Dem niemals fiel das Wandern ein,
Das Wandern, das Wandern, Wandern,
Das Wandern, das Wandern,
Das Wandern, das Wandern.
Vom Wasser haben wir's gelernt,
Vom Wasser haben wir's gelernt, vom Wasser.
Das hat nicht Ruh' bei Tag und Nacht,
Ist stets auf Wanderschaft bedacht,
Ist stets auf Wanderschaft bedacht, das Wasser.

Und weiter geht's mit den Rädern, die nicht stille stehn und den tanzenden Steinen ...

Diese Reime wurden schon zum Ohrwurm bei meinen Spaziergängen und Wanderungen – längst bevor mich der nächste befiel: *Die Gedanken sind frei ...*

Über all diese meine Leidenschaften, die mir keineswegs Leiden verschafften, konnte ich mich am ehesten noch mit meinem Großvater in Hamm austauschen. Der verstand mich in meinen tiefsten seelischen Tiefen und er war selbst ein leidenschaftlicher Wanderer – vielleicht weniger in der Natur, umso mehr aber in der Literatur! Er erzählte mir von den verschiedensten Dichtern und Denkern, die sich mit diesem Bewegungsdrang befasst hatten. Da gab es zum Beispiel im letzten Jahrhundert den berühmten Jean-Jacques Rousseau, einen Franzosen, der nicht wie Napoleon mit Waffen in die Weite zog, um die Lande zu erobern und zu unterwerfen. Nein, dieser Dichter hatte andere Motive:

Ich weiß niemals anzukommen. Ich liebe ein gemächliches Marschieren und mache gerne Halt, sooft es mir gefällt. Ein wanderndes Leben passt am besten für mich.

Dabei interessierten ihn die Städte und die feine Gesellschaft überhaupt nicht. Ihn, den Schriftsteller, den ‚träumend einsam Schweifenden', zog es in die freie Natur. Und dafür hatte er triftige Gründe:

Die Mühe zu denken bereitet mir jeden Tag mehr Pein. Ich liebe es, zu träumen, aber ganz frei, indem ich meinen Kopf irren lass, ohne ihn irgendeinem Gegenstand untertan zu machen, und jetzt, wo ich dies schreibe, werde ich dann gleich meine Feder verlassen, um Ihnen beim Spazieren tausenderlei zauberhafte Dinge zu sagen, die schwinden, sobald ich mich wieder meinen Papieren zuwende. Dieses müßige und kontemplative Leben, dass Sie nicht schätzen und das ich nicht entschuldigen will, wird mir von Tag zu Tag herrlicher. Irren, ohne Ziel und ohne Unterlass, zwischen Bäumen und Felsen, die meine Bleibe umgeben, träumen oder genauer: extravagabundieren, wie es mir gefällt und Maulaffen feilhalten ...

Ganz so krass ist es bei mir nicht. Extravagabundieren und Maulaffen herzlich gerne. Das mit den Papieren jedoch ist nicht mein Problem. Im Gegenteil: Je mehr Bedrucktes und zu Schreibendes vor oder nach den Spaziergängen auf mich zukommt, desto zufriedener bin ich. Und sollte ich mich langweilen, dann mache ich eben meine Karikaturen oder versuche mich im Dichten.

Und ein bekannter Dichter, dessen erste Werke ich schon in Barmen auf der Schule kennen lernte, gab mir diese Weisung:

Wem Gott will rechte Gunst erweisen,
Den schickt er in die weite Welt,
Dem will er seine Wunder weisen,
In Berg und Tal und Strom und Feld.
Die Bächlein von den Bergen springen,
Die Lerchen schwirren hoch vor Lust;
Was sollt' ich nicht mit ihnen singen
Aus voller Kehl' und frischer Brust?
Den lieben Gott lass ich nur walten;
Der Bächlein, Lerchen, Wald und Feld
Und Erd und Himmel will erhalten,
Hat auch meine Sach' aufs best' bestellt.

Von Joseph von Eichendorff stammt dieser Liedtext. Dieser Dichter ist sicher nicht so bedeutsam wie seine Kollegen

Goethe und Schiller. Allerdings hat die Erzählung, in dem diese Reime vorkommen, den lustigen Titel ‚Aus dem Leben eines Taugenichts'.

Da kann ich nur schmunzeln, wenn ich an den Friedrich Senior denke: Für ihn bin ich ja häufig genau so ein Typ – doch was weiß er wirklich von mir??

Geschwister habe ich, wie öfter erwähnt, ja reichlich. Wie und warum es zu so einer reichen Kinderschar kam, müsste ich meine Eltern ganz persönlich fragen – dies jedoch lass ich mal lieber. Wie lästig so Kleine sein können, brauche ich nicht zu berichten.

Wie verschieden Weibchen und Männchen geartet sind, beschäftigt mich immer wieder. Weshalb sie in verschiedene Schulen gehen oder getrennte Eingänge benutzen müssen, ist mir stets ein Rätsel gewesen. Warum die einen vor Erwachsenen einen Diener und die anderen einen Knicks machen sollen, begreife ich auch nicht richtig – da müsste man mal den berühmten Freiherrn von Knigge befragen.

Wie und wieso auch immer – ich habe zu Hause mit beiden Geschlechtern zu tun: manchmal nervig und zuweilen auch so, dass ich mich wohl in meiner Rolle als der ‚große Bruder' fühle! Ich habe weit mehr als sie erlebt, bin viel länger in der Schule und im Übrigen erzähle ich ja auch gerne.

»Fritze«, kommt der kleine neugierige Emil zu mir, »warum ist eigentlich die Wupper manchmal so rot?«

»Fritz«, nervt mich Hermann, »ich soll in der Schule über die Entstehung von Barmen berichten! Hast du da ´ne Ahnung?«

Wenn es das Wetter eben erlaubt, setzen wir uns dann in den Garten oder gehen zum Wupperufer und ich genieße es, der Älteste zu sein.

»Kennt ihr das Wappen von Barmen«, frage ich die beiden.

»Löwe!«, sagt Emil und wird sogleich von Hermann korrigiert: »Stolzer Löwe mit Krönchen und mit einem Garnstrang darunter!«

»Jawohl«, lege ich los. »Dieser Löwe ist das Wappentier vom Herzogtum Berg, in dem wir hier leben. Fast alle Orte, die an unser berühmtes Barmen angrenzen, benutzen diesen König der Tiere als Symbol für ihre Stärke und Macht.«

»Und wieso bei uns der Garnstrang?«, will Emil wissen.

»Garn, Garn, Garn!«, belehrt ihn Hermann. »Hier dreht sich doch alles ums Garn! Guck doch den Papa an und seinen Papa und deinen Urgroßvater! Seit Ewigkeiten Gegarne und noch anderes Textilgedöns ...«

Nun muss ich meinen schlauen Bruder etwas bremsen: »Also hört zu, ich kann euch das mal genauer erzählen mit diesem Barmen! Eigentlich muss ich damit beginnen, als es vor etlichen Millionen Jahren uns Zweibeiner noch gar nicht gab. Da war das Klima, das Wetter noch ein vollkommen anderes. Es war extrem warm und feucht. Im Dschungel lebten hier Nashörner und andere vorzeitliche Riesen. Im Gewässer tummelten sich Seekühe und Krokodile. Als der Meeresspiegel langsam anstieg, existierten hier in der Ur-Wupper sogar Haie.

Dann, vor etwa 2 Millionen Jahren kam die Eiszeit. Keine Palmen mehr, die meisten Tiere starben aus oder wanderten in wärmere Gefilde aus. Mammuts und Rentiere konnten überleben und dann, über hunderttausende von Jahren veränderte sich die Form unserer Landschaft, weil die Erde nie Ruhe gibt.«

»Erdbeben!«, warf Emil ganz aufgeregt dazwischen. »Na klar«, bremste ihn Hermann, »lass den Fritze weiter erzählen!«

»Ja, kaum vorstellbar gewaltige Kräfte im Erdinnern sorgten für das Bergische Land, so wie wir es heute kennen.«

»Berge, Berge, Berge!«, meldete sich Emil zu Wort und wurde von Hermann sogleich eines Besseren belehrt: «Das heißt so, weil die Grafen von Berg hier die Herrscher waren! Erzähl weiter, Fritz, es ist echt spannend!«

»Ja, wenn ihr rauf zur Hardt wandert, könnt ihr in den alten Gesteinsschichten noch herumklettern. So entstand auch das so genannte Rheinische Schiefergebirge – dort wo wir uns seit

Jahrhunderten die Schieferplatten für unsere Häuser holen.«

»Und die Menschen, wann kamen die hierher?«, wollte Hermann wissen.

»Wahrscheinlich einige Jahrhunderte vor Christi Geburt begann die Besiedlung. Große Einzelhöfe entstanden, die ersten Fachwerkhäuser wurden gebaut, Ackerbau und Viehzucht sorgten für die Ernährung. Man ging auf die Jagd und fischte aus der Wupper fette Lachse. Nun könnte ich euch viel über die Germanen, die Römer und andere Völker erzählen, die sich hier herumtrieben. Aber ihr wollt ja vor allem etwas über unser Barmen wissen, wo es Jahr für Jahr munterer zugeht, weil sich hier so viele interessante Menschen tummeln!«

»Wie ich und du der Hermann da!«, warf Emil schmunzelnd ein.

»Wie unser Papa und seine Familie«, ergänzte Hermann stolz.

»Ja«, gab ich ihm Recht. »Solche ideenreiche, unternehmensfreudige und fleißige Menschen mussten sich hier ansiedeln. Nur so können richtige Städte entstehen!«

»Und, du kleiner Emil, solltest auch wissen«, konnte sich Hermann nicht verkneifen: »Man braucht vor allem einen Fluss, an dem man Garn bleichen kann!«

»Und in dem Haie leben!«, sagte Emil grinsend.

»Du meinst Lachse!«, verbesserte ihn Hermann.

»Oder fast gar keine Fische mehr, weil die Wupper inzwischen eine vom Färberabwasser türkischrot gefärbte Kloake ist«, konnte ich mir nicht verkneifen.

»Auch mit unserer ganzen Scheiße und allen Abfällen«, ergänzte Hermann zutreffend. »Aber vorher gab es andere Katastrophen im Tal der Wupper, zum Beispiel die Pest vor etwa 250 Jahren und immer wieder große Brände. Dann allerdings waren die Siedler nicht mehr fernzuhalten. Um

1700 waren es bereits etwa 2000 Menschen, die hier lebten. Hundert Jahre später waren es gar sieben mal so viele und die Zahl steigt und steigt – auch wenn mal die Pockenseuche, wie vor 20 Jahren, viele Menschen dahinraffte.«

»Aber das Garn, das Garn!«, erinnert mich Emil. »Was hat das mit dem komischen Stadtwappen zu tun?«

»Davon später!«, beende ich die Befragung. »Wir müssen pünktlich am Tisch sitzen.«

»Mit frisch gewaschenen Händen!«, ergänzte Hermann schmunzelnd. »Heute bin ich dran mit dem Abend-Gebet!«

Die Hardt

Wer hat schon das Glück, in einem so idyllischen Tal zu leben! Ich erinnere mich an die ersten Ausflüge, die mich als kleiner Junge sehr anstrengten: Es ging bergauf, immer bergauf, und ich war manchmal ganz außer Puste. Mama war dabei, mein Papa wohl ganz selten und nur sonntags. Zuweilen begleitete mich auch eine unserer beiden alten Hausmägde, Drütschen oder Mineken.

Der Berg, den wir bestiegen, hieß Hardt, was tatsächlich Wald-Berg heißt.

Heute würde ich es eher als Anhöhe bezeichnen – eine der vielen Erhebungen, die dem Tal der Wupper so einen besonderen landschaftlichen Charakter geben. Als Winzling allerdings kommt einem vieles riesig vor, was dann mit den Jahren zu realer Größe schrumpft.

Dennoch: Diese Hardt ist wirklich mehr als ein Hügel, eine Erhebung! Es gibt sogar richtige Felsbrüche, die nach wie vor betrieben werden. Natürlich reizte es mich, dort in dem wilden Gestein herumzuklettern – doch das wurde erst möglich, als ich ohne Begleitung unterwegs war. Solche Ausflüge erlaubte man mir tatsächlich schon in sehr jungen Jahren ... oder ich haute einfach ab, wenn unsere lieben Angestellten reichlich mit der Aufsicht und Versorgung meiner kleinen Geschwister beschäftigt waren. Vater war, wie nicht oft genug zu erwähnen, von morgens bis abends in seinem Kontor, in den Fabrikgebäuden oder Werkstätten und nicht zuletzt wurde im Engelschen Bruch ständig neu gebaut oder Bestehendes, wie unser Wohnsitz, immer herrschaftlicher und moderner ausgestattet.

Obendrein gab es ja auch noch alle zwei Jahre Zuwachs. Mama war da reichlich ausgelastet, verbrachte die Zeit vor und direkt nach der Geburt meistens in Hamm. Dort gibt es reichlich elterliche Fürsorge und keine städtische Hektik. Zudem hatte man offenbar großes Vertrauen in den kleinen Fritz – wenn er dann mal zu sehr über die Stränge schlug, waltete natürlich (oft im Nachhinein) väterliche Strenge. Ich möchte da keine Details erzählen.

Zurück zur Hardt, neben der Wupper mein liebstes, nahes Ausflugsziel: Hier konnte und kann ich gehen und gehen, tagwandeln und träumen, mich in die Wiese setzen und Vokabeln lernen oder lesen, lesen, lesen ...

Diese Hardt, die mehr und mehr ein Park wird, ist auch deshalb etwas Besonderes, weil man von dort oben einen fantastischen Ausblick hinunter nach Barmen und Elberfeld hat. Mehr noch: Auch andere Ortschaften des Wupper-Tals sind bei gutem Wetter in alle Richtungen erkenn- oder ahnbar: Sonnborn, Vohwinkel, Ronsdorf oder Wichlinghausen, Heckinghausen und einige mehr, die immer dichter zusammenwachsen. Sind da nicht sogar die Ausläufer von anderen prosperierenden Industrie-Orten erkennbar: Schwelm, Remscheid, Solingen ...?

Zur Zeit wird an der höchsten Stelle der Hardt der ‚Elisenturm' gebaut. Bisher stand dort eine große Windmühle – daraus wird jetzt ein attraktives Gebäude mit einer Beletage, darüber eine Wohnung für den Besitzer und darauf noch eine Aussichtsplattform mit Observatorium. Solche Prunkgebäude entsprechen nicht unbedingt meinem Geschmack – sie werden aber zusehends hier im Wupper-Tal beziehungsweise fast allerorten an den Hängen von den Wohlhabenden, den Unternehmern, errichtet – ob zur Freude der Handwerker und Arbeiter, das sei mal dahingestellt!

Auch dieses Thema darf ich bei meinem Vater nicht ansprechen – je mehr ich mich damit auseinandersetze.

»Gott hat die Welt so erschaffen!«, bekomme ich dann zur Antwort.

Ob das so eine gerechtere Welt wird, möchte ich sehr bezweifeln ...

Doch ich bin auch ein Genießer und vor allem ein Natur- Liebhaber.

Die Belohnung für einen anstrengenden Aufstieg vom Wupper-Ufer bis hier oben kann man sich in einer Schankwirtschaft, in einem schönen Fachwerkhaus, servieren lassen: frische Kuhmilch, Bauernplatz oder Brezeln zum Beispiel. Außerdem gibt es hier oben ein kleines Wächterhaus, sozusagen eine Eremitage, und nicht zuletzt ein bedeutendes Denkmal. Dies wurde zu Ehren eines gewissen Dr. Johann Stephan Anton Diemel aus Elberfeld errichtet. Denn dank seiner Initiative wurde 1807 eine Art Bürgerverein gegründet, der für diese inzwischen so ausgedehnte Parklandschaft Geld sammelte. Und es war und ist leider bis heute keine Selbstverständlichkeit, dass etwas Derartiges *von* Bürgern *für* Bürger organisiert und finanziert wird.

Ja und die Natur! Vor langer Zeit war es hier oben wohl bewaldet. Dann jedoch, vor allem in Kriegszeiten, wurde gerodet und genommen, was nur irgendwie verbrennbar war. Nur eine uralte Eiche ließ man stehen, sozusagen als ‚Galgenbaum'. Denn in der Tat: Noch im Siebenjährigen Krieg, der von 1756 bis 1763 stattfand, wurde hier das Todesurteil durch Erhängen praktiziert. Die Hardt wurde aus diesen Gründen früher auch als ‚Galgenberg' bezeichnet – da gäbe es viel Gruseliges zu erzählen!

Nun aber gibt es wieder mehr und mehr Bäume – trotz des ziemlich unfruchtbaren Bodens: Buchen, Ahorn, Birken, Linden, Kastanien, verschiedene Nadelgehölze und auch wieder

Eichen (an denen niemand mehr aufgehängt wird!). Und im Sommer finden hier oben Feste statt – für *alle* Bürger, für Reich *und* Arm –, mit Aufführungen des Barmer und Elberfelder Musikvereins und anderen Vergnügungen – wahrlich noch längst keine Selbstverständlichkeit – trotz der groß verkündeten *Freiheit, Gleichheit, Brüderlichkeit* für alle Menschen hier im Lande! Ich könnte hierzu noch vieles sagen, doch noch fehlen mir die gut formulierten Worte für meine eigenwillige Meinung.

Ich muss wohl noch viele Spaziergänge hier oben und anderswo machen, um meinen Gedanken freie Entfaltung zu verschaffen ...

Kurz erzählt, lang gebaut: Die Barmer Allee

Eigentlich müsste ich jetzt ganz lange über Napoleon erzählen, aber das können die Geschichtslehrer (vielleicht) besser. Wie jeder weiß: 1789 fand die Französische Revolution statt – ein ungeheuer bedeutsames, weltbewegendes Ereignis, das jahrhundertealte Gegebenheiten auf den Kopf stellte, auch und besonders bei uns, in deutschen Landen. Ich nenne nur die drei markanten Thesen:

LIBERTÉ – ÉGALITÉ – FRATERNITÉ ...
FREIHEIT – GLEICHHEIT – BRÜDERLICHKEIT

Ist das alles so geworden?

Auch darüber mögen die Historiker berichten. Für mich sind das Begriffe, über die ich jeden Tag nachdenken könnte und möchte. Und ich vermute mal: Daran wird sich mein ganzes Leben nichts ändern!

Mit bzw. nach der Revolution kam Napoleon Bonaparte ins Spiel der Mächte: Zuerst als Soldat, dann als ehrgeiziger Feldherr und schließlich gar als Kaiser – mit allem Größenwahn, die diese Herren meistens auszeichnet. Und wie reagiert man darauf? Ich erinnere nur an Ludwig van Beethoven: Erst mal große Bewunderung, Begeisterung: eine große Symphonie komponiert und dem kleinen Großen gewidmet! Dann aber die Erkenntnis: Der Mann hat seine eigenen Werte verraten. Folge: Widmung gestrichen!

Sollen wir nun die große Allee, die durch Barmen führt, die uns mit Elberfeld verbindet, an der in den letzten Jahren so viele prächtige Häuser gebaut wurden, wieder verkleinern oder gar verschwinden lassen – nur weil sie unter anderem auch als Prachtstraße für den französischen Herrscher gedacht war?

Nein, ich sage: NEIN! Es gab schon immer das GROSSE, das ERHABENE, das PRÄCHTIGE – nicht nur gebaut, sondern auch als Gedankengut ... die Bibel ist voll davon. Da stehen Pyramiden in Ägypten, prächtige Gebäude hier und dort, die die Perser, die Griechen, die Römer, die Chinesen, die Inder und andere große Kulturen errichtet haben – wollen wir die alle vernichten, weil damit auch Niederträchtiges, Krieg und Unterdrückung verbunden ist? Ich bin zu jung, um eine endgültige Antwort auf diese Frage zu geben!

Aber ich kann etwas zu unserer Allee sagen: Ich mag sie, ich bin schon als kleiner Junge auf ihr auf und ab gegangen. Ich hab hingebungsvoll den Bauarbeiten zugesehen, wenn wieder ein prächtiges Haus gebaut wurde oder neue Allee-Bäume gepflanzt wurden. Ich habe es selbst erlebt, wie viel besser man mit der Kutsche über eine gute Pflasterung als durch lauter Schlaglöcher fährt. Doch ich verhehle nicht, dass ich Mitleid mit den Arbeitern hatte, die da bei jedem Wetter, nur notdürftig bekleidet und wahrlich nicht wohlgenährt, ihre Knochen-Arbeit verrichteten!

Mein Problem damals und letztlich auch noch heute: Mit wem soll ich solche Bedenken teilen? Wer versteht mein Mitleid? Wer beruhigt mich nicht gleich mit den Worten: »Das ist Gottes Fügung!«

Aber zurück zur Allee und den angrenzenden Bereichen, die schließlich ein Teil meiner Heimat vom ‚Bruch' sind. Ich muss dazu eigentlich nur den guten Dr. J. F. Knapp zitieren, der als kundiger Journalist bemüht ist, mit seinen Worten ein authentisches Bild unserer Zeit zu zeichnen:

‚Wir haben uns an der Rathhausbrücke von Gemarke getrennt, durch die Straße Neuenweg die breite durch Unterbarmen nach Elberfeld führende Chaussee betreten.

Dies nimmt vor Allem durch Eigenthümlichkeit, Schönheit in Natur und Kunst die Aufmerksamkeit in Anspruch. Der größte Theil dieser, eine starke halbe Stunde lange Straße ist nun mit schönen geschmackvoll erbauten Häusern eingeschlossen, von welchen schon der Neueweg den Anfang macht, dem der Cleef mit vielen schönen Wohnungen und Gartenanlagen vorangeht. Von hier der unteren Dörnenbrücke gegenüber, links von der Chaussee liegt der Bruch. Dies ist eine Anhäufung von vielen kostbaren Fabrikanlagen, Wohnhäusern und Gärten, die ein anziehendes Gemälde lebendigen Betriebes, soliden Wohlstandes und lieblichen Aeußern anbieten. Die geachtete Familie Engels ist Eigenthümerin der schönsten und meisten dieser Anlagen, worin C. Engels lange Jahre so edel wirkte. Es sind dort auch noch andere bedeutende Fabrikanlagen und schöne Gebäude einschließlich des eigenen Schulhauses, welche zusammen mit den übrigen Bauten einen Ort von mehreren Straßen bilden, wo auch viele andere kleinere Gewerbetreibende neben der Masse Fabrikarbeiter wohnen. Der Bruch liegt zum Theil rückwärts von der Straße links nach dem Hügel, doch an diese anstoßend. Hier reiht sich ihm nun bei geringer Unterbrechung die Häuserreihe Unterbarmens im engeren Wortsinne an. Diese sind großentheils neu, darunter mehre Fabrikgebäude und Wohnhäuser mit drei bis vier Etagen hoch, die meistens mit Schiefer an den Seiten bekleidet oder mit freundlichem Anstriche versehen sind, wovon die hier und anderwärts im Wupperthale stets frisch unterhaltenden Farben bekunden, wie viel man für ein freundliches Aeußere Aufmerksamkeit und Kosten verwendet, wie denn überhaupt auch Reinlichkeit und Abwechselung in den Farben, jedoch vorzüglich das Grüne an den Läden, Thoren und Thüren vorherrschend ist. Diese

Häuser sind von ebenso gemischter Bevölkerung bewohnt, Fabrikherren, darunter der best renomirten und wohlhabendsten, Groß- und Kleinhändler, Oekonomen, Eisen-, Manufaktur- und Specereihändlern, Bäcker und Metzger etc.. Auch wohnt hier der rühmlich bekannte Orgelbauer und Klaviermacher Ibach, und der ausgezeichnete Baukünstler Herr Heyden.

Auf der lang sich hinter diesen Besitzungen hinziehenden Abdachung des Hügels, beleben noch mehr das Gemälde viele darüber herabsehende Höfe, Landgüter, Gärten, Wiesen und Büsche, darunter die schöne Villa des Herrn Karl Feldhoff von Elberfeld. Untern von dieser, ungefähr in der Hälfte Unterbarmens auf der linken Seite, wo auch die Barriere ist, führt eine Chaussee aufwärts nach dem eineinhalb Stunden entfernten Ronsdorf. Der Anfang derselben ist ebenfalls mit schönen Häusern angebaut, unfern davon ziemlich oben rechts liegt der Kirchhof der evangelischen Gemeinde Unterbarmen, friedlich, einsam zur ewigen Ruhe einladend, mit Denkmälern, Trauerweiden in frischem Grün geziert, das irdische Hienieden nicht verschmähend.

Nicht weniger ansprechend als die linke ist die rechte Seite der Barmer Chaussee. Denn auf dieser behält man mit wenigen Unterbrechungen durch die Häuserreihe, die hier in geringerem Verhältnisse als gegenüber ist, den geschlängelten Lauf des Wupperflusses in dem breiten frisch grünen mit Rot- und Weißgarn überdeckten Thale, der Zug des mit Gehölz bedeckten Hardtergebirges ihm folgend, vor Augen.

Von der untersten mehr erwähnten Dörner Brücke folgt eine lange und schöne Häuserreihe, darunter viele Fabriken und die Apotheke des Herrn Werth. Hier führt eine breite Straße nach der neuen steinernen Loher Brücke und über die Wupper auf die jenseitige beschriebene Chaussee, wo die

Barriere ist und mehre nette Häuser-Anlagen sind, die eine äußerst reizende Aussicht nach der großen Chaussee haben und in gleicher Weise für die dortigen Bewohner einen angenehmen Punkt bilden. Durch diese Brücke stehen also die beiden nach Elberfeld führenden Barmer Landstraßen mit einander in Verbindung. Wenige Schritte weiter nach Elberfeld führt ein ähnlicher zehn Fuß breiter Weg, der mit Bäumen bepflanzt ist, nach der nahe der Wupper stehenden neuen evangelischen Kirche, auf jeder Seite eine drei Etagen hohe Pastoratwohnung. Es bildet diese, wie wir wissen, 1832 vollendete Kirche der Unterbarmer vereinigten evangelischen Gemeinde einen wunderschönen Punkt für die ganze Gegend.
Rechts neben dem Haupteingang ist das marmorne Denkmal, das die dankbare Gemeinde ihrem Stifter Caspar Engels errichtete.'

Sie sind sehr neugierig, meine Brüder ... bin gespannt, ob Rudolf, der jüngste, auch mal so wird. Vorläufig nervt er seine Mama und die immer wieder wechselnden Kindermädchen ...

Und Wilhelm? Wie mag es ihm im Himmel gehen?? Mir kommen öfter die Tränen, wenn ich an sein so trauriges Ende denke. Selbst mein Vater zeigt, wenn das Thema auf das frühe Ende seines Jüngsten kommt, Regungen, die ich bei ihm sonst nicht kenne. Für Mama ist es gewiss ein Glücksfall, dass sie bald darauf wieder schwanger wurde und sich jetzt um die winzige, süße Elise kümmern muss.

Und ich? Ich hab immer wieder, wenn ich nach Hause komme, Hermann und Emil am Hals:

»Du hast uns fest versprochen, das mit dem Garn im Barmer Wappen zu erklären!«, werde ich von Emil bedrängt. »Weißt du eigentlich nicht, wie Papa und seine Brüder ihr Geld verdienen«, provoziert ihn Hermann. »Übrigens auch schon dein Groß- und dein Urgroßvater!«

»Mit Arbeit und mit Beten«, erwidert Emil keck und ich muss mir das Grinsen verkneifen.

»Los, runter zur Wupper!«, drängt Hermann. »Dort ist der richtige Platz fürs Spinnen!«

Ich muss erneut grinsen und bin einverstanden: Ab auf die weiten grün-bunten Ufer-Wiesen – flussaufwärts und flussabwärts hier im Bruch ...

»Ich muss weit zurück in der Vergangenheit«, beginne ich meinen Vortrag. »Es war vor mehr als 300 Jahren, als eine bedeutsame Urkunde von Düsseldorf in unser Wupper-Tal gebracht wurde. Sie war hochamtlich unterzeichnet im Namen eines gewissen Grafen und Herzogs Johann von Jülich und Berg, der damals hier in unseren Landen das Sagen hatte.

Und auf diesem Papier tauchte zum ersten Mal das Wort ‚Garnnahrung' auf.«

»Garn zum Essen?!«, unterbrach mich Emil.

»Quatsch, lass den Fritz weiter erzählen!«, brachte Hermann ihn sogleich zum Schweigen.

»Was für die eine Region das Erz, eine andere das Holz, die nächste die Kohle, wieder eine andere die Fischerei oder die Seefahrt ... so war hier in unserem Land schon seit Langem das Bleichen, neben der mühseligen Landwirtschaft, die Haupteinnahmequelle der Menschen. Die Wupper, mit ihrem kalkarmen, weichen Wasser und ihren weitläufigen Wiesen, war der ideale Platz, um Garne zu bleichen und diese dann mit Gewinn zu verkaufen.«

»Und nicht, um sie zu essen!«, konnte sich Hermann nicht verkneifen.

»Selbst wenn es mal länger nicht regnete – die Wupper bekam immer reichlich Zufluss. Von den nördlichen Höhen rauschen die Varresbeek, die Wichlinghauser, die Mirker, die Schwarze Beek und wie die Bäche alle heißen, in die Wupper. Vom Süden kommen die Rutenbeek, die Dalster, die Ossenbeek, der Kothener und der Murmelbach und noch einige andere als Zuflüsse. Die einzigen Probleme: Wehe, es regnete zu viel oder der Winter wurde zu streng!

Ansonsten ideale Bedingungen, um nun – sogar urkundlich abgesichert – eine Wirtschaft zum Blühen zu bringen. Immer mehr Bleicher und Kaufleute siedelten sich hier an, um gekaufte Garne zu bleichen und dann mit Gewinn in die weite Welt zu verkaufen. Schon damals gab es in Elberfeld ganz offiziell 33 Bleichen und bei uns in Barmen gar 77!«

»Aber Papa hat doch nicht nur Bleichen, der hat doch auch Fabriken und noch alle möglichen Werkstätten!«, warf Emil ein.

»Ach, Emilio«, gab Hermann zu bedenken. »Das Leben steht doch nicht still! Du wirst mit Gottes Gnaden immer größer und hoffentlich auch schlauer. Ich bin jetzt voll in der Pubertät und hab immer neue Ideen. Und der Fritze geht aufs Gymnasium und hat garantiert Flausen im Kopf, mit denen er mal die Welt verändern will!«

Dem war eigentlich nichts hinzuzufügen – doch Emils Neugier war nicht zu bremsen:

»Und wie ging das damals weiter?«

»Das Spinnrad und der Bandstuhl wurden erfunden«, setzte ich meinen Vortrag fort. »Mühlen wurden in Gang gesetzt, um nicht nur Mehl sondern auch Öl und Farben zu mahlen. Immer mehr Technik kam ins Spiel. Was aber das Bedeutsamste war: Die Menschen hier – Alteingesessene und auch Zuwanderer – entwickelten immer mehr Fantasie, was man an neuen Textilprodukten herstellen könnte ...

Doch nochmal zurück zum Garn und dem Bleichen, welches immer mehr zu einer für Barmen spezifischen Vollkommenheit entwickelt wurde: Tatsächlich konnte es fast drei Monate dauern, bis das naturfarbene braune Garn leuchtend weiß war – so, wie es reiche und anspruchsvolle Kunden wünschten. Dazu wurde das Garn in Strängen gebunden, zwölf Stunden in großen Kupferkesseln in Lauge gekocht, danach gespült und in der Bütt, einer Holzwanne, mehrere Male mit heißer Lauge übergossen – man sagt auch: gebeucht. Erst dann ging es auf die Wiesen, die sogenannte Bleiche. Je länger die Sonne schien, desto besser: Das Garn wurde immer wieder mit dem weichen Wupperwasser gefeuchtet, anschließend noch mehrere Mal gebeucht und immer wieder gebleicht – bis das strahlende Weiß entstanden war. Dann zum Trocknen rauf auf die Holzgestelle, die ihr kennt, und schließlich zum Lagern in die Holzschuppen, die man auch Garnkästen nennt.

»Und da bleibt es dann und vergammelt«, meldete sich mal wieder Emil schmunzelnd zu Wort.

»Nee, Kleiner«, belehrte ihn Hermann. »Nun geht es erst richtig los: Jetzt können die Garne zu Stoffen verarbeitet werden, wieder gefärbt werden und dann entsteht all das, was früher nur an kleinen Webstühlen und mit großer Handfertigkeit von vielen Anwohnern hier im Wupper-Tal hergestellt wurde. Später dann den in den Fabriken, zum Beispiel mit der berühmten ‚Spinning Jenny' und dann immer komplizierter ...«

»Und kreativer«, ergänzte ich. »Darüber könnte euch Marie viel erzählen. Die ist nämlich Spezialistin für bunte Bänder, Litzen, Kordeln und alles, was man so spinnen kann, zum Beispiel aus türkischroter Seide ...«

»Spinnen will ich auch!«, rief Emil. »Aber jetzt hab ich Hunger auf frische Waffeln mit Apfelmus!«

– 1835 –

Das Wupper-Tal um 1810

Wippern und wuppern ...

Ich muss noch ganz klein gewesen sein, als meine Mama mir diese Sage erzählte: »Vor langer, langer Zeit lebte bei uns hier im Bergischen Land ein Zwergenkönig. Er war mal wieder in der Wildnis – dort etwa, wo heute Börlinghausen liegt – unterwegs und bekam einen riesigen Hunger. Doch nichts Essbares war in der rauen Gegend zu finden. Da begegnete ihm eine Frau, die für ihre hungrigen Kinder mit einiger Mühe Walderdbeeren sammelte. Voller Mitleid und ohne Angst vor dem kleinen, buckligen Gnom, gab sie ihm ein paar von den Beeren zu essen und klagte ihm, wie durstig sie sei. Kaum waren die Frau und der Hunger verschwunden, griff der Zwerg nach seinem Zauberstab. Um seine Dankbarkeit zu zeigen, stieß er ihn kräftig in die Erde. Und was geschah? Frisches Wasser kam aus dem Loch gesprudelt! Dies soll die erste Quelle der Wipper gewesen sein – zum Segen der Frau, ihrer Kinder und aller Menschen, die hier in unserem Tal leben.«

Solche wunderbaren Sagen und Märchen erzählte mir und später auch meinen Geschwistern Mama mit ihrer liebevollen Stimme. Oft waren es auch Lieder, die sie uns vorsang und manchmal mit der Gitarre begleitete. Aber diese Geschichte vom Zwergenkönig blieb mir besonders haften und ich hatte nur einen Wunsch: Dieses Zauber-Loch einmal selber sehen!

Entsprechend groß war die Freude, als einige Zeit später mein Vater unseren Kutscher zu sich rief:« Bitte anspannen! Wir benötigen die Land-Kutsche!«

Und in der Tat: Es wurde eine lange Tour – anfangs noch auf gut befahrbaren Straßen und Feldwegen. Doch je weiter wir ins Oberbergische vordrangen, desto holpriger wurden die Wege. Mehr als einmal mussten wir die Köpfe einziehen, um nicht von wildem Gezweig getroffen zu werden. Doch dann jedoch kam die Enttäuschung: kein Zwerg irgendwo! Und das besagte Loch wusste mein Vater auch nicht zu finden!

Allerdings kannte er sich in der Gegend dann doch besser aus, als ich erwartet hatte. Er erzählte uns von fünf oder gar sieben Quellen, aus denen dieses Flüsschen namens Wipper sich speiste. Eine konnten wir sogar im Dickicht entdecken und ich mochte kaum glauben, dass daraus mal unsere breite Wupper im Tal werden sollte.

Ja, es wipperte in dieser Wildnis munter gen Tal! Ich vernahm Vogelstimmen, die mir gänzlich fremd waren. Manche Gewächse wirkten exotisch und hier und da tat sich eine Höhle auf, die mir, bei aller Neugier, unheimlich war.

Nur von dem Zwergenkönig keine Spur!

Der begegnete mir jedoch hinfort im Traum – nichts so Außergewöhnliches, denn da hatte ich es regelmäßig mit Zwergen, Riesen und noch ganz anderen Fabelwesen zu tun.

Der Ausflug mit der Kutsche über Stock und Stein wurde allerdings noch abenteuerlich: Unser sonst so höfliche Kutscher fluchte ein ums andere Mal und prompt passierte es, kaum hatten wir Wipperfürth, einen größeren Ort, erreicht: Ein Rad brach, die beiden Pferde waren kaum noch zu halten ... und mein Vater auch nicht:

»Ich muss heute Abend noch in den Gottesdienst! Und im Kontor warten die Abrechnungen!!«

Ich kannte diese Erregungen und wusste ihn zu beruhigen: Ab in die nächste Schenke – für ihn ein frisch gezapftes Bier, für mich frisch gemolkene Milch (zu warm!) und eine knusprige Brezel, die eine Spezialität in unserer Gegend ist.

Auf der verspäteten Rückfahrt von Wipperfürth ins Wupper- Tal erfuhr ich noch mehr über unseren berühmten Fluss, der jetzt immer breiter und bald zur Wupper wurde. Sie ist, kaum zu fassen, sogar älter als der Rhein!

Vor etwa 30 Millionen Jahren – man nannte diese Zeit Oligozän – schlängelte sich die Ur-Wupper durch damals wohl gänzlich flaches Land, um dann in einem vorzeitlichen Meer zu münden. Man höre und staune (oder glaube es nicht): Damals tummelten sich Haie und Seekühe in dem Gewässer. Nashörner und andere exotische Säugetiere durchstreiften die Savanne, hier und da tauchten sogar Krokodile aus den Tiefen der Wupper auf ...

15 Millionen Jahre vergingen – man spricht jetzt vom Miozän – und nun entstanden Torfwälder und an den Küsten Sumpfwälder. Noch immer ging hier der Weiße Hai auf Jagd und Menschenwesen waren eine Utopie ...

Erst vor circa zwei Millionen Jahren, im sogenannten Pliozän, kam so richtig Bewegung in den Urgrund dieser Region – inzwischen hatte sich auch der Ur-Rhein gebildet: Hügel und Berge aus Schiefer erhoben sich und so langsam entstand die Landschaft, die wir heute Bergisches Land nennen. Das hiesige Klima änderte sich auch weiterhin vielmals und schaffte immer wieder veränderte Lebensbedingungen für Flora und Fauna.

Dann, im Pleistozän-Zeitalter, sucht sich der Fluss sein Bett, das bis heute mehr oder weniger das gleiche geblieben ist: Es wippert und wuppert, bis endlich der inzwischen so breite Rhein erreicht ist.

Eines sei aber hier erwähnt: Die Wupper war und ist für mich seit diesem Erlebnis ein magischer Ort!

Ich weiß längst viel, sehr viel über ihre wirtschaftliche

Bedeutung bei uns zu Hause und vielerorts an ihren Ufern. Es gibt jedoch reichlich andere Beobachtungen und Erlebnisse, die einen in jeder Jahreszeit an diesem Fluss geschenkt werden. Dazu gibt es an anderer Stelle noch genug zu sagen ...

Ginkgo Biloba

Ich weiß nicht, ob ich es schon erzählt habe: Die größte Überraschung und Freude bei der Weihnachtsbescherung: Mama schenkt mir einen kleinen Gedichtband von Johann Wolfgang von Goethe, diesem ‚gottlosen Dichter'! Ob sie dieses Präsent mit meinem alten Herrn abgesprochen hat, werde ich wohl nie erfahren: Seine Elise Franzisca, die er auch sein ‚Herzens Fräuken' nennt, ist zwar eine allzeit höfliche, aber keineswegs eine unterwürfige Frau! Jedenfalls war ich beglückt wie selten und verbrachte fast die ganze Nacht damit, mich dem Wohlklang der Sprache hinzugeben – mal abgesehen von dem tiefen Erleben oder den Geschichten, die Grandseigneur Goethe zu erzählen weiß. Einige Gedichte kannte ich – aus dem Deutschunterricht oder eher von meinen Großeltern in Hamm: den ‚Erlkönig', den ‚Zauberlehrling' und das zauberhafte ‚Heideröslein'. Doch dann verwirrt mich ein Titel, der sich beim Lesen der drei Strophen von selbst erklärt:

GINKGO BILOBA

Dieses Baumes Blatt, der von Osten
Meinem Garten anvertraut,
Gibt geheimen Sinn zu kosten,
Wie's den Wissenden erbaut.

Ist es ein lebendig Wesen,
das sich in sich selbst getrennt?
Sind es zwei, die sich erlesen,
Dass man sie als eines kennt?

Solche Fragen zu erwidern
Fand ich wohl den rechten Sinn.
Fühlst du nicht an meinen Liedern,
Dass ich eins und doppelt bin?

Logischerweise wollte ich dieses rätselhafte Gewächs leibhaftig betrachten: Doch niemand kannte diesen Baum und niemand konnte mich zu einem solchen an den so reich bewachsenen Hängen des Wupper-Tals führen. So musste ich meinen Biologielehrer bemühen, etwas Genaues über dieses Blatt, diesen Baum herauszufinden. Und ich muss gestehen: Die floristischen Fakten sind mir bis heute ein Wunder. Der Ginkgo ist wohl der älteste Baum der Welt, weder Nadel- noch Laubbaum und zweihäusig getrenntgeschlechtlich: Es gibt das weibliche Exemplar, das im Herbst Früchte trägt, die gereift fürchterlich stinken. Und ohne den männlichen Baum gäbe es keinen Nachwuchs: Er nämlich produziert Pollen, die begeißelte Spermatozoiden abgeben, die die weibliche Nuss befruchten. Das klingt irgendwie bekannt und ist sehr erregend ...

Aber wie kommt Goethe auf jenes eigentlich fast ausgestorbene Gewächs?

Ja, dieses Genie war unter anderem auch noch Naturforscher, hat den Ginkgo angeblich im niederländischen Leiden entdeckt und danach ein kleines Exemplar in seinem eigenen Garten gepflanzt.

Das Gedicht entstand aber wohl deshalb, weil sich der alte Dichter mal wieder (unglücklich) verliebt hatte. Der jungen angebeteten Marianne, fast 35 Jahre jünger als er, widmete er die Verse, zeigte ihr bei einem der wenigen heimlichen Treffen ein Exemplar dieses Baumes im Schlossgarten von Heidelberg. Später schickte er ihr ein Blatt mit dieser so besonderen Form, im Herbst für wenige Tage goldgelb getönt wie kein anderes

Blatt auf unserem Kontinent. In Asien gilt der Ginkgo Biloba übrigens als ein heiliger Baum – als Symbol für das vereinte Yin und Yang, das Weibliche und das Männliche.

Vielleicht wird ja dieses so einmalige Gewächs auch bei uns, im Tal der Wupper, eines Tages angebaut und erfreut die Menschen mit seiner Exotik ...

An der Wupper

Ich habe schon erzählt, wie der Sage nach ein Gnom für die Entstehung der Wupper sorgte. Da ich ja nicht alles glauben mag, was mir die Erwachsenen verklickern wollen oder was hier und da von der Kanzel gepredigt wird, habe ich auch kleine Zweifel an dieser Geschichte. Aber wenn ich sie jetzt meinem kleinen Bruder Rudolf erzähle (denn Mama hat inzwischen so viel anderes zu tun!), dann ist der ähnlich angetan wie ich damals. Nur ist mein Vater derweil noch viel seltener als früher bei uns im Tal. Und zudem bezweifle ich, dass er sich so ein Abenteuer ein weiteres Mal antun würde – auch wenn die Wege und Straßen Jahr für Jahr besser ausgebaut werden, weil der Verkehr bei uns so zunimmt.

Mich selber zieht es inzwischen auch gar nicht mehr so an diese winzige Wipper. Viel mehr fasziniert mich der Rhein-Strom, den ich leider viel zu selten erlebe – außer in den rheinischen Sagen, Märchen und Gedichten!

Es reicht mir oft, hier in Barmen oder auch mal am Oberlauf am Unterlauf der Wupper zu weilen. Als kleiner Junge durfte ich nie allein ans Ufer, obwohl sie quasi vor unserer Haustür fließt. Zwar konnte man mich nicht mehr vor gefährlichen Haien warnen, doch es gab genug Gründe, mich da fernzuhalten:

»Du darfst nicht quer über die Bleichwiesen!«

»Am Ufer ist es glatt und glitschig und wehe, wenn du dann ins Wasser fällst!«

»Wenn du da runter gehst, will der wilde Hermann garantiert auch mit!«

Aber meine Eltern waren oft genug nicht zu Hause und das Personal hatte mehr Vertrauen (oder weniger Angst um mich), und so suchte ich mir meine Lieblingsstellen, an denen ich mich ungestört der Natur hingeben konnte. Ich wusste noch nicht so viel über die großen Zusammenhänge unseres Kosmos, über die Ur-Elemente Wasser, Feuer, Luft und Erde – aber jedes einzelne Element konnte mich beeindrucken: begeistert in der Erde buddeln, stundenlang die Wolkengebilde beobachten, fasziniert den Flammen in der Schmiede oder im Kamin zuschauen, verträumt das fließende Wasser verfolgen ...

Letzteres tat ich am meisten: Denn ähnlich wie beim Wandern das Sichselbstbewegen, ist es an einem Fluss das Bewegtwerden – ohne dass man selber im Wasser sein muss! Oft nahm ich mir was zum Lesen mit an die Wupper oder machte dort meine Hausaufgaben – nicht selten aber wollte mich Hermann, mein kleiner Bruder, begleiten. Eine unserer Lieblingsbeschäftigungen war dann, etwas schwimmen zu lassen und so lang wie möglich zu beobachten, bis es versank oder um die nächste Flussbiegung verschwand. Hermann war Spezialist im Basteln von Papierschiffchen, die wir dann mit guten Wünschen auf die Reise schickten. Mir reichte es oft, nur ein Blatt oder einen kleinen Zweig ins Wasser zu werfen, um dann zu verfolgen, wie sie mit diesem bewegten Element klarkamen.

Mit Marie waren es wieder andere Wupper-Erlebnisse: Meine verträumte Schwester wollte der Wupper Geheimnisvolles anvertrauen – und sie erhoffte sich irgendwann eine Antwort. Nicht nur einmal, wenn wir zu zweit an die Wupper gingen, zauberte sie eine Flasche aus ihrer Tasche – immer mit einem kleinen Briefchen (das nicht einmal ich vorher lesen durfte!) versiegelt im Inneren. Und dann wurde es feierlich:

»Liebe Wupper, sei so gut und nimm sie mit! Pass gut auf, dass sie heil bleibt! Lass sie in dir wuppe(r)n, so lang du magst! Und dann schenke sie jemandem, der meinen Brief lesen mag und mir bitte, bitte antwortet!«

Ich hatte und habe immer meine Geheimnisse. So auch Marie, meine Lieblingsschwester: Nie erfuhr ich von ihr, ob oder welche Antworten sie erhielt.

Viele Male war ich mit Hermann, Marie oder auch dem kleinen Bruder Emil an der Wupper – allein jedoch war das Erleben das Intensivste.

Eines Tages jedoch hatte ich eine Begegnung, die mein Verhältnis zur Wupper nochmals gehörig bereicherte …

Der Angler

Meine besonderen Begegnungen …

Natürlich sind es vor allem die Menschen, die es real gar nicht gibt: die tollsten und interessantesten Charaktere und Helden in Mythen, Sagen, Märchen, Theaterstücken und Romanen. Sie wurden und werden bei mir so lebendig, dass sie mir in jedem Fall in meinen fantastischen Träumen wie leibhaftig erscheinen.

Da gibt es gewiss auch Typen – nicht nur männliche! – in meiner Familie, die eine besondere Strahlkraft haben und mich bislang zu dem Wesen geprägt haben, das ich heute bin. Und hier und da tauchen bei den größeren Festen oder Konzerten in unserem feinen Haus auch Persönlichkeiten auf, die mich durch Worte oder nur durch ihre Erscheinung beeindrucken.

Ja, ich lebe in einer wohlhabenden Familie – die dies schon seit mehreren Generationen ist. Auch wenn meine Bleibe in Elberfeld höchst karg und mehr und mehr eine Bücherstube mit Bett wird – es bleibt dabei: Ich komme aus sehr reichem Hause! Und mein Vater stellt alles an, um den Reichtum, sein Kapital, zu vergrößern. Solange ich nicht in eine andere größere Stadt ziehe, um dort zu studieren und dann endlich ohne Kontrolle meinen eigenen Lebensstil zu finden, wird man mir anmerken, aus welchem Hause ich komme – nicht nur an der Kleidung. Es gibt da ja auch noch gewisse Erziehungsmethoden, die einen prägen …

Ich sage hier nur: *Adolph Freiherr von Knigge!*

Doch im Grunde, ich will das nicht verhehlen, führe ich ein Doppelleben. Meinem Vater gegenüber muss ich das total verbergen. Meine Mutter ahnt davon, sie ist jedoch wegen ihrer ständigen Schwangerschaften und der langen Aufenthalte in ihrem Elternhaus in Hamm (fast) kein Hinderungsgrund. Und bei meinem Patenonkel, der sich permanent um meine, vor allem christliche, Erziehung bemüht, muss ich eben gehörig tricksen.

Das Doppelleben begann eigentlich schon in meinen jungen Jahren hier bei uns zu Hause:

Es waren zuerst unsere Mägde, zu denen ich mich hingezogen fühlte. Nicht nur wegen der Extra-Verwöhnungen aus der Küche und den Streicheleinheiten, die ich mir als Erstgeborener reichlich abholen konnte. Irgendwas faszinierte mich an diesen Frauen, die mal älter, mal jünger waren. Sie redeten anders – natürlich meistens Barmer Platt. Sie hatten ständig was zu scherzen und zu lachen und wenn es dann mal Streit gab, dann flogen die Fetzen – anders als oben bei uns im Salon oder sonst wo. Ähnlich unverblümt und letztlich viel derber ging und geht es natürlich zwischen unseren Handwerkern zu, in der Schmiede, im Reitstall und erst recht in den Fabrikhäusern. Als kleiner Junge sollte mir diese Welt eigentlich mehr oder weniger erspart bleiben. Doch es war meine Mutter, die mich mit in die Fabrik oder auf die Bleicherwiesen nahm. Hier entstand der eine oder andere Kontakt mit denen, die so unfassbar anders ihr Leben bewältigen müssen. Und je älter ich wurde, desto weniger Berührungsängste hatte ich und desto mehr interessierten mich die Lebensbedingungen, unter denen diese Armen lebten …

Aber jetzt endlich zu dem Angler!

Wie so oft erwähnt: Der Fluss, die Wupper, faszinierte mich, egal in welcher Jahreszeit. Ich beobachtete ihre ständigen Verfärbungen, die permanent zunahmen, weil unser Barmer Gewerbe (auch das in Elberfeld), an dem meine Familie wesentlich beteiligt war, vor allem das der Färberei war. Inzwischen nannte man die Wupper schon »Regenbogen-Fluss«, weil es neben dem Indigo- und vor allem Türkischrot-Färben immer wieder neue Färbe-Versuche gab, um die Kundschaft in vielen Ländern der Welt mit den Textilprodukten aus dem Wupper-Tal zu beglücken.

Was, in Gottes Namen, wollte denn der Angler fangen, den ich meinte, schon in jungen Jahren gesehen zu haben? Er stand längst nicht mehr im Bruch, hier in Unterbarmen, am Ufer. Wie eine Spielzeugpuppe, die immer wieder zur Abwechslung einen neuen Platz braucht, wanderte dieser Angler stetig weiter flussaufwärts, wo es weniger Färbebetriebe gab. Da stand er dann wie eine Statue mit Angel und regte sich nur, wenn sich etwas besonders im Wasser regte.

Ich hatte großen Respekt vor diesem Mann, der etwa in seinen Vierzigern sein mochte: Diese besinnliche, fast meditative Ausstrahlung, diese Geduld, diese stummen Dialoge, die er wahrscheinlich mit den Fischen führte ... Aus diesem Grunde beobachtete ich ihn seit Langem auch nur aus gebührendem Abstand.

Warum ich mich an diesem einen Tage anders verhielt, vermag ich selber nicht zu sagen. Es war die Szene, die ich seit einigen Jahren kannte: wirklich spannend eigentlich nur dann, wenn endlich etwas angebissen hatte ... ich muss das nicht beschreiben. Nun aber näherte ich mich dem Mann mit sehr bedachtsamen Schritten sozusagen auf Rufweite und dann gar noch etwas näher. Es war schon etwas dämmrig und es meldeten sich Vogelstimmen, die den ganzen Tag über nicht zu vernehmen waren. Ich war stehen geblieben, rührte mich nicht und musste lächeln: Falls in diesem Moment jemand hier entlangkäme, würde er gar zwei Statuen oder Spielzeugfiguren sehen ...

Nicht mehr lange: Denn, ohne auch nur eine Regung von mir gegeben zu haben, wandte sich der Angler, wie in Zeitlupe, nach mir um. Ich glaubte, einen Hauch von Lächeln wahrzunehmen. Er drehte sich wieder von mir ab und konzentrierte sich auf seine Angel. Ich verharrte stumm und hatte seltsamerweise Herzklopfen. Dann die gleiche Bewegung des Anglers, dieser eindeutig freundliche Blick, und wieder das Abwenden.

Ich möchte nicht übertreiben – doch das wiederholte sich sicher sieben Mal.

Schließlich eine kleine, doch eindeutige Geste mit dem Kopf: Komm her!

Ich gehorchte dieser Aufforderung – wieder mit Herzklopfen. So eine merkwürdige Situation hatte ich noch nie erlebt und irgendwas war aufregend rätselhaft. Und so blieb es: Ich stand jetzt neben diesem Angel-Mann, der neben sich ein paar Utensilien am Ufer liegen hatte – also nichts Spektakuläres.

»Alexander«, kam es freundlich aus seinem Munde. »Kannst mich auch Alex nennen!« Dann ein Grinsen und mit gespielt strengem Ton: »Aber keinesfalls ‚Lexi'!«

»Friedrich«, entgegnete ich freundlich. »Sie können mich auch Fritz nennen!«

Wir sahen uns an, waren uns wohl beide auf Anhieb sympathisch. Nur weitere Worte kamen weder aus seinem noch aus meinem Munde. Wir bildeten nun gemeinsam eine stumme Statue, mit Blick auf das vorbeifließende Wupperwasser, das in diesem Moment seine bunte Färbung eher durch die untergehende Abendsonne erhielt.

Keine Ahnung wie lang wir da so schweigend standen, die Stimmung genießend und ich natürlich mit einigen Fragen im Kopf. Doch ich kam nicht mehr dazu, ihn etwas zu fragen, denn Alex beendete jetzt sein Fischfang-Ritual – offenbar ohne die kleinste Beute.

»Komm wieder, wenn du magst!«, sagte er mit warmer Stimme. »Tschö ...«

»Tschö«, kam auch von mir, und auf merkwürdige Weise beseelt trat ich meinen Heimweg an.

Die Gedanken sind frei

So manches steht nicht in der Bibel (oder in einem der verschiedenen Glaubensbücher) – vielleicht ist es aber dort auch nur anders und nicht in Reimen ausgedrückt ...

Wann ich diese Worte, eigentlich diese Melodie, zum ersten Mal vernommen habe – keine Ahnung. Es könnte eine unserer alten Hausmägde gewesen sein, über deren Lippen sie kamen – keinesfalls zur Freude meines so strenggläubigen Vaters:

Die Gedanken sind frei
Wer kann sie erraten?
Sie fliehen vorbei
Wie nächtliche Schatten;
Kein Mensch kann sie wissen,
kein Kerker verschließen
Wer weiß, was es sei?
Die Gedanken sind frei.

Ja, so ist es. Ja, so sollte es sein ... für jeden von uns ... männlich oder weiblich ... reich oder arm!

Für mich ist dieses Lied ein Ohrwurm. Er kommt beim Einschlafen gekrabbelt. Er weckt mich in der Früh. Und er begleitet mich besonders gern bei meinen langen Spaziergängen. Meiner Lieblingsschwester Marie habe ich dieses Lied zur Sicherheit noch nicht vorgesungen. Sie hat eine wunderhübsche Stimme und kann ganz, ganz viele Lieder auswendig. Gewiss würde sie es sofort begeistert lernen und im ganzen Haus herumträllern. Doch wehe, unser strenger Vater bekommt es zu hören: Dann bin ich mal wieder der Übeltäter!

Orgel, Orgel, Orgel

Ja, diese Musik, dieses unbeschreibliche Erfasstwerden von Tönen und Melodien!

Ich erlebe das von Kleinkind an und es ist nicht weniger geworden, im Gegenteil!

Wahrscheinlich waren es die regelmäßigen Gottesdienste, in denen ich solche Seelen-Schwingungen zuerst erlebte – von einem riesigen Instrument ausgelöst, das ich ja gar nicht so genau orten konnte ...

Na klar, es wurde auch bei uns zu Hause regelmäßig musiziert, nicht nur bei Hauskonzerten. Aber was ist eine Blockflöte gegen diese Flöten-Vielzahl einer Kirchenorgel?

Und wie harmlos klingt ein Fagott, an dem sich mein Vater immer wieder abmühte?

Immerhin hatte er sich bereit erklärt, uns ein Klavier zu kaufen. Auch wenn unser Haus im Bruch nicht gerade ein kleines war – wo bitte sollte er (extra für mich) eine Orgel einbauen lassen?

Glücklicherweise durfte ich schon in jungen Jahren den einen oder anderen aus meiner Familie zu einem Orgel-Konzert in der Kirche begleiten. So wurden mir Namen wie Händel und Bach oder diese amüsanten wie Gluck und Buxtehude geläufig.

Aber vielleicht brauchte es noch den besonderen Anstoß, als ich hörte, dass ein sehr fähiger Orgelbauer, ein gewisser Johann Adolph Ibach, unweit von Barmen, in Beyenburg, im Alter von 28 Jahren eine Werkstatt für Klavier- und Orgelbau gegründet hatte.

Irgendjemand, vielleicht mein erster Musiklehrer, zeigte mir ein Bild, wahrscheinlich einen Kupferstich, von diesem Mann: Dieser markante Kopf, mit dem vollen, wallenden Haar, blieb seitdem in mir haften!

Vielleicht gibt es ja nicht nur Ohrwürmer, sondern auch unsichtbare Augenwürmer ...

Kurzum: Dieser Klavier- und Orgel-Ibach zeugte sage und schreibe 11 Kinder, die fast alle in seinem Unternehmen mitarbeiteten. Und dann kam er hier nach Barmen! Nicht so weit von meinem Elternhaus entfernt, in der breiten Allee, kaufte die Familie Ibach ein Grundstück und errichtete darauf ein Wohn- und Geschäftshaus.

Und dann war folgende Ankündigung zu lesen:

‚Herr Ibach gibt sich die Ehre, einem achtungswerthen Publico anzuzeigen, daß er alle Gattungen von Forte-Pianos, so auch Flügel von der besten Qualität und von dem feinsten Geschmacke, so wie auch größere und kleinere Flöten-Werke verfertigt und größere Orgeln und deren Reparatur nach den billigsten Bedingungen in Bestellung nimmt.‘

Bisher sind dort inzwischen etwa zehn Orgeln konstruiert worden. Eine davon erklingt in der Elberfelder Laurentius-Kirche.

Es würde mich nicht wundern, wenn auch dieses innovative und ehrgeizige Familien-Unternehmen aus Barmen, die älteste Klavierfabrik der Welt, einmal Geltung und größte Anerkennung weit über unsere Grenzen hinaus erfahren wird ...

Alexander

Ich habe schon von ihm erzählt. Er geistert durch meine Träume: als Angler, dann als berühmter Herrscher, außerdem noch als bekannter Weltreisender.

Es ist nicht ungewöhnlich, dass sich in meinen Tag- und erst recht den Nachtträumen die Menschen vermengen. Reale Personen werden teilweise zu historischen. Historische Persönlichkeiten tauchen in meinem Alltag auf und reden ganz selbstverständlich mit mir. Sogar Helden aus der Weltliteratur wollen mit mir auf Reisen gehen: der verrückte Ritter Don Quijote, der sagenhafte Odysseus, der Lügenbold Münchhausen – ich könnte da noch einige andere nennen.

Und dann dies: Eine Person, mit der ich grad mal den Namen ausgetauscht habe, bekommt eine Lebendigkeit und Bedeutsamkeit, die ich nicht begreife. Mal steht dieser Alex-Alexander nur als Statue irgendwo an der Wupper, mal besucht er mich zu Hause, um mir einen frisch gefangenen Fisch zu bringen, dann wieder sehe ich ihn mit kargem Gepäck, wie er herzlich von mir Abschied nimmt. Fast jedes Mal, wenn ich am Wochenende nach Barmen komme, begebe ich mich ans Wupper-Ufer, wandere flussaufwärts und halte Ausschau nach diesem Phantom. Flussabwärts in Elberfeld und weiter gen Schloss Burg brauche ich nicht zu suchen: Da steht es teilweise noch viel schlimmer um den Fischfang: In dieser farbigen Drecksoße mag kein Lebewesen rumschwimmen!

Dann endlich habe ich Glück: Es dämmert schon und es ist, wie so häufig in unserem Tal, nieselig – da entdecke ich ihn: notdürftig gegen Kühle und Feuchtigkeit geschützt, in der rechten Hand die selbstgeschnitzte Angel, neben sich ein paar Utensilien, die so ein Angler braucht ... und wieder reglos, wie beim ersten Mal.

Doch dieses Mal bemerkt er mich sofort, obwohl ich fast geräuschlos durch die nasse Wiese wate: Er dreht sich nach mir um. Ich sehe ganz deutlich ein Lächeln. Mit einer winzigen Kopfbewegung winkt er mich zu sich ...automatisch muss ich auch lächeln und bekomme wieder Herzklopfen: Von diesem Mann geht etwas Magisches aus! Ich erlebte so etwas schon als kleiner Junge: Trotz meiner Neugier ließen mich die meisten Menschen kalt, sogar nahe Verwandte. Mir war zwar Höflichkeit anerzogen – der Diener gehörte immer dazu –, nur das war's auch schon. Fast jede Frage war mir lästig oder machte mich verlegen, ich wollte so schnell wie möglich weg! Dafür genau das Gegenteil zum Beispiel bei meinem Großvater in Hamm oder manchmal sogar bei meinem lieb-strengen Patenonkel: nicht erklärbare Faszination und Anziehung – so, als wären da magische Kräfte im Spiel. Dies erlebe ich übrigens auch beim Lesen: Viele Bücher, die ich in der Schule lesen muss, lassen mich kalt und erzeugen null Interesse. Dann nur ein paar Reime von Freiligrath, erst recht von Schiller oder Goethe oder Heinrich Heine – und sie stellt sich ein, diese magische Anziehung, dieses Klopfen des Herzens ...

So stehe ich nun vor diesem Alex, der seine Angelschnüre mit dem Ausdruck des Bedauerns einzieht: »Heute nur drei Forellchen, davon kann keine Familie satt werden!«

Sofort habe ich einen unserer Fischlieferanten mit einem riesigen Barsch oder Karpfen vor Augen: »Hoffentlich reicht das für heute! Am nächsten Freitag kommt die nächste größere Lieferung für die Herrschaften ...«

Mein Gegenüber hier hat dennoch gute Laune: »Immer Ausschau nach dir gehalten, nun bist du endlich da!«

»Ich genauso, hier und dort, nun hab ich dich gefunden!«, sage ich frohester Stimmung. »Lass uns da unter die Brücke setzen. Ich würd gern mehr von dir erfahren, Alex!«

Alexander ist einverstanden und ich wundere mich, dass unser Austausch so selbstverständlich ist, obwohl mein Gegenüber ja weit mehr als doppelt so alt sein muss. Wir machen es uns auf zwei Steinen gemütlich und sind im Nu in einem Gespräch. Ich erfahre, dass Alexander oben in Wichlinghausen wohnt, in einem winzigen Häuschen, mit einem winzigen Garten, gemeinsam mit seiner alten Mutter, einer alten Tante – ohne Geschwister, ohne Ehefrau: »Ist vieles schief gegangen in unserer Familie. Krankheiten, Unfälle, immer nur das Allernötigste zum Essen ... aus dem Garten, aus der Wupper und durch den Verkauf von Gewebtem. Gott hat uns offensichtlich nicht so lieb.«

»Webt ihr selber?«, will ich wissen.

Alex nickt: »Der einzige Besitz sind ein alter, aber immer noch funktionierender Webstuhl, ein paar Spinnräder ... und die Freude am Herstellen von bunt Gewebtem ... das habe ich schon als kleiner Junge gelernt. Nur jetzt mit dem Zeug aus den Fabriken, mit den modernen Geräten viel schneller hergestellt – da können wir nicht mithalten. Man hat mir einen Arbeitsplatz in einer neuen Fabrik im Bruch angeboten – doch da will ich nicht hin! Zwölf Stunden malochen für kaum mehr als einen Hungerlohn. Vielleicht sogar das Häuschen aufgeben, wenn unser Webstuhl es nicht mehr macht ... nein, da muss ich mir was anderes einfallen lassen!«

Ich habe längst Mitleid mit Alex und zu seiner Bemerkung über eine Fabrik im Bruch möchte ich besser nichts sagen. Ich möchte mehr über sein Leben erfahren:

»Und was ist mit dem Angeln, lohnt sich das nicht?«

»Ich sag dir nur: Türkischrot!«, ist seine sarkastische Antwort. »Stinkende Abfälle, Scheiße!«, fügt er noch mit Bittermiene hinzu. »Wer will schon stinkroten Fisch essen ... oder was für Farben massenweise in den Fabriken verwendet werden. Früher, als wir noch nicht so viel Zuwanderer hatten und jeder bei sich zu Hause gewerkelt und gefärbt hat, da konnte unsere gute Wupper das verkraften. Ich könnte dir x verschiedene Fischsorten nennen, die ich noch vor einigen Jahren hier an der Angel hatte!

»Auch Lachse?«, frage ich schmunzelnd.

»Das waren noch andere Zeiten«, klärt mich Alex auf und betrachtet mich zum ersten Mal etwas kritisch: »Und du?«

Ich habe befürchtet, dass ich irgendwann etwas über mich erzählen muss. Mir ist nicht nur in dieser Situation bewusst, dass man mir meine Herkunft irgendwie ansieht. Zwar trage ich mit Absicht keine edlen Klamotten – das brauche ich nicht für mein Selbstbewusstsein. Aber vom Schuhwerk bis zur Regenjacke sieht man: Der Typ kommt aus wohlhabenderem Haus!

»Ich ... ich«, wusele ich herum. »Ich wollte dir was erzählen, besser gesagt, dich etwas fragen.«

Alex wartet, dass ich weiterspreche.

»Weißt du eigentlich, dass du einen ganz berühmten Namensvetter hast?! Hast du mal etwas über Alexander den Großen gelesen?«

Alex lächelt: »Ich kann nicht lesen.«

Ich muss erst einmal meine Gedanken ordnen: Wie alt ist dieser sympathische Kerl? Seit wann gibt es Schulpflicht bei uns? Will er mich auf den Arm nehmen??

Er nimmt wahr, dass ich etwas verwirrt bin: »Das ist die Wahrheit. Ich kenn zwar alle Buchstaben, kann auch einfache Wörter erkennen. Kurze Sätze gehen auch. Aber ein richtiges Buch habe ich noch nie gelesen, ehrlich!«

Wie soll ich jetzt reagieren, ohne dass er verlegen wird oder sich gar zurückzieht?

»Du musst dir keine Gedanken machen, Fritz! Ich bin hier im

Tal wahrlich nicht der Einzige, der keine Schulbildung hat. Und blöd bin ich drum auch nicht. Ich lerne sogar Englisch ...!«

So langsam fühle ich mich der Situation nicht mehr gewachsen und dieser Alex scheint es zu spüren: »Du wolltest mir was über einen berühmten Namensvetter sagen!«

Ich gucke in die ungemein sympathischen Augen meines Gegenübers und versenke nebenbei alle Verlegenheit in dem türkischroten Wupperwasser.

»Also, vor weit mehr als 2000 Jahren, lange bevor Christus auf die Welt kam, wurde in Makedonien – das liegt hoch im Norden des späteren griechischen Reiches – ein Junge namens Alexander geboren. Sein Vater war König Philipp von Makedonien, seine Mutter die Königin Olympias. Beide stammten angeblich vom Göttervater Zeus ab – das war ja nun nicht alltäglich, oder?«

Alex sieht mich recht ungläubig an und fragt: »Ist dieser Zeus auch der Vater von *unserem* Gott?«

»Darauf würde ich dir gerne eine Antwort geben. Mich beschäftigen solche Fragen auch – doch bisher finde ich da noch keine Lösung – vielleicht sogar nie.«

»Und dieser kleine Alexander war also groß gewachsen, oder was?«, fragt Alex hintergründig.

»Keine Ahnung«, antworte ich. »Seine Größe erwarb er sich auf eine ganz andere Art. Er wurde von seinem Vater zum König ernannt, führte große, sehr erfolgreiche Feldzüge und schaffte damit ein großes Reich.«

»Schade, dass ich nicht so einen Vater hatte!«, sagt Alex schmunzelnd. »Allerdings mag ich keine Feldzüge. Da gibt es nur Tote und Verwundete und anschließend kommt meistens die Armut, oder?«

Ich gebe ihm Recht und darf mich neuerlich wundern:

»Sag mal, Fritz, du hast doch auch einen berühmten Namensvetter, oder?«

Hat er mich erkannt? Weiß er, dass mein Vater auch Friedrich heißt??

»Es hat doch mal so einen *Friedrich den Großen* gegeben, oder irre ich mich da?«

»Den gab es tatsächlich. *Der Alte Fritz*, wie man ihn nannte, war im letzten Jahrhundert König von Preußen ...«

»Na also«, unterbricht mich Alex, »dann haben wir beide ja berühmte Vorfahren. Lebt denn dein Vater noch?«

»Ja, darüber erzähl ich dir beim nächsten Mal«, ergreife ich die Flucht aus diesem Gespräch.

»Ich muss schleunigst nach Hause, sonst bekomme ich Ärger mit meinem alten Herrn. Der heißt übrigens auch Friedrich ...«

»Wir sehen uns«, sagt Alex verständnisvoll.

»Das hoffe ich sehr«, erwidere ich mit Herzklopfen, mache instinktiv einen Diener und ziehe höchst verlegen von dannen.

Mein kleiner Bruder Wilhelm

Heute, am 11. August 1835, ist es unheimlich still in unserem Haus Auf Bruch. Es sind Schulferien und wir sind leider nicht, wie meistens sonst im Sommer, in Hamm bei den Großeltern.

Es scheint zwar draußen die Sonne, die geöffneten Fenster lassen frische Luft herein, es ist eigentlich wie sonst in den letzten Tagen. Die edlen Möbel und die Spiegel sind wie immer auf Glanz gewienert. Die teuren Teppiche ohne Flusen, kein Stäubchen ringsum – dafür sorgt täglich unser verlässliches Personal. Seit ich die meiste Zeit in meiner Kaschemme in Elberfeld verbringe, fällt mir viel mehr als früher auf, in welch unglaublichem Luxus wir leben!

Mein Vater ist drüben in seinem Kontor, meine Geschwister sind wohl alle im Garten, in der Küche werkelt leise die Köchin – aber wo ist Mama?

Ich gehe sinnierend von Zimmer zu Zimmer und lasse die Atmosphäre auf mich wirken. Dann halte ich inne, weil ein intensiver Rosenduft in meine Nase dringt.

Blumen sind eine Selbstverständlichkeit in unserem Haus und in unserem gepflegten Garten wachsen sie auch reichlich. Ich kenne jeden ihrer Gerüche, ich beobachte seit meiner frühen Kindheit ihr Gedeihen – von der Knospe bis zum Vertrocknen oder Erfrieren. Natur fasziniert mich und schenkt mir viel: Wer bitte hat all diese Vielfalt und Schönheit geschaffen?

Doch dieser eindringliche Duft verwirrt mich und führt mich an einen Platz, auf dem keine Vase steht: Auf dem Sekretär meiner Mutter liegt eine einzige, ungemein prächtige rote Rose – das ist höchst ungewöhnlich!

Ich überlege, ob ich eine Vase mit Wasser für dieses arme Wesen holen soll – da taucht auf leisen Sohlen meine Mama auf. Ein Blick und ich weiß: Sie hat soeben ihre Tränen mit ihrem feinen Seidentaschentuch entfernt. Sie scheint mich kaum wahrzunehmen und neue Tränen rinnen über ihre zarten Wangen. Sie verharrt vor dem Sekretär, sie greift nach der Rose, hält die Blüte ganz nah an ihre Nase, schließt die tränenfeuchten Augen und zieht den Duft ein – es ist wie eine Art Meditation ...

Flash! Plötzlich habe ich begriffen – genau in dem Moment, als sie flüstert: »Wilhelm ...«!

Ja, ja! Und ich bekomme schlagartig ein ganz schlechtes Gewissen.

»Von Friedrich ...«, haucht sie kaum hörbar.

Ich weiß, dass mein Vater gemeint ist.

Mama legt einen Arm um mich, sie lässt mich an der Blüte riechen. Aus einem ihrer Finger tropft frisches Blut und ich komme mir vor wie in einer Theater-Szene ...

Wie verabredet kommt nun auch noch Marie ins Zimmer – lautlos und offenbar alles begreifend. Sie streift mich mit einem Blick, geht zu Mama, zieht ihr geblümtes Taschentuch heraus und tupft damit die Bluttropfen ab.

»Es geht ihm gut da oben!«, flüstert sie.

Mama nickt und nun huscht gar ein dankbares Lächeln durch ihr Gesicht.

Und wie gerufen tauchen jetzt auch meine anderen Geschwister auf – so leise und rücksichtsvoll wie fast nie. Nur die kleine Elisabeth, auf dem Arm ihrer Amme, möchte etwas kundtun und streckt die Arme nach ihrer Mami aus ...

Ja, da sind wir – am zweiten Todestag meines kleinsten Bruders Wilhelm – alle vereint: der zwölfjährige Hermann, die neunjährige Anna, der siebenjährige Emil, die fünfjährige Hedwig, der vierjährige Rudolf, die vor wenigen Tagen ein Jahr gewordene Elisabeth, Marie als Achte im Bunde und ich. Obwohl es erst später Nachmittag ist und die Sonne noch nicht untergegangen, stimmt Marie ganz leise ein Gutenacht-Lied für ihren Bruder an, der nicht einmal ein Jahr werden durfte:

Wer hat die schönsten Schäfchen?
Die hat der gold'ne Mond,
Der hinter unseren Bäumen
Am Himmel droben steht.
Er kommt am späten Abend,
wenn alles schlafen will,
Hervor aus seinem Hause
Zum Himmel leis und still.
Dann weidet er die Schäfchen
Auf seiner blauen Flur;
Denn all die weißen Schäfchen
Sind seine Sterne nur.
Sie tun sich nichts zu Leide,
Hat eins das andre gern,
Wie Schwestern und wie Brüder,
da oben Stern an Stern.

‚Friedrich Engels Senior', wie er sich jetzt manchmal spaßeshalber nennt, geht mir Tag und Nacht durch den Kopf. Eigentlich hatte ich gehofft, mit meinem Umzug nach Elberfeld würde sich da etwas ändern: Pustekuchen!

Auch vorher habe ich ihn ja nicht jeden Tag gesehen. Entweder er war ewig lang in seinem Kontor. Oder er hatte Treffen mit seinen Geschäftsfreunden und seinen Brüdern, die mit ihm geschäftlich verbandelt sind. Oder es gab Sitzungen im Kirchenvorstand, bei dem mein Vater seit Ewigkeiten mitmischte. Oder er war auf Geschäftsreisen – wahrlich auch keine Seltenheit.

Also auf einen Nenner gebracht: Geschäfte, Geschäfte und nochmals Geschäfte ...

War oder bin ich selber im Hause Engels anwesend, so tönt es unentwegt und durchaus liebevoll:

»Wann ist Papi endlich wieder da?«

»Papi hat doch versprochen ...!«

Oder eine(r) unserer diversen Bediensteten im Haus, in der Küche, für die Kinderbetreuung, im Pferdestall und im Garten nerven meine Mutter:

»Ihr werter Gatte hat verlangt ...«

»Wann bitte trifft die Weinlieferung aus Rüdesheim und Bacharach ein, die der verehrte Herr für das große Familienfest angekündigt hat!«

»Mit welcher Kutsche wünscht der geschätzte Herr Engels morgen seine Reise nach Mailand anzutreten?«

Ich halte mir oft die Ohren zu, denn erstens nervt mich der unterwürfige Ton, den die meisten draufhaben. Zudem ist ja auch unsere Mutter eine eigenständige Person mit viel Einfluss auf das häusliche Geschehen. Und was wohl in anderen Familien, auch bei den Wohlhabenden, keine Selbstverständlichkeit ist: Meinem Vater ist ihr Rat in geschäftlichen Dingen sehr viel wert!

Natürlich gibt es auch Vorkommnisse in der Familie, die ich nicht einfach hinnehmen will oder verdrängen kann. Da bekommen meine Brüder mal eben so eins drüber, weil dem alten Herrn ihr Ton nicht gefällt oder das Kindermädchen sich über dieses oder jenes beschwert hat! Mit den Mädchen geht er vorsichtiger um – auch wenn ihn Maries vorpubertäres Auftreten gehörig nervt oder die Kleinen ungefragt am Essenstisch reden, das Tischgebet nicht mitsprechen oder irgendwas an unserer edlen Einrichtung verschmutzt haben ...

Alles nicht so dramatisch, sage ich mir so oft. Doch da ist ein unterschwelliges Unbehagen, manchmal gar ein Widerwillen. Es sind auch häufig nicht Worte, die das auslösen. Vielmehr ist es die Mimik, sind es spezielle Blicke, die mich verstören und mich bis in meine Träume verfolgen ...

Vielleicht ist die Sache ja auch so kompliziert, weil wir beide den gleichen Vornamen tragen. Ich will jedoch nicht ewig als der ‚Friedrich Junior' durchs Leben gehen – auch wenn mein Vater mich öfter durchaus mit Stolz so vorstellt. Er verkündigt ja liebend gern, was er mit seinem Ältesten vorhat. Auch da schalte ich meistens auf taub – meine Zukunftswünsche sind ganz andere!

Wenn ich dann mal erzählen will, was ich gerade gelesen habe, so ist die Reaktion meistens Schweigen ... und eben der besagte Blick, der nicht unbedingt verächtlich ist – nur so richtig ernst scheint er mich in diesen Belangen nicht zu nehmen!

Manchmal würde ich gerne mit meinem Großvater in Hamm oder meinem Patenonkel über diese verquere Beziehung reden. Da stoße ich allerdings meistens auf eine seltsame Art der Zurückhaltung. Ist es Respekt vor meinem Vater? Ist es eines der vielen Gebote, die nicht wortwörtlich in der Bibel stehen:

»Achte deinen Nächsten, auch wenn er dir noch so sehr auf den Keks geht!«

Am ehesten kann ich noch meine verehrte Mutter ins Vertrauen ziehen. Sie hat mich wohl im tiefsten Inneren begriffen – in ihrem eigenen und ebenso meinem. Es braucht oft keine Worte – nicht von ihr, nicht von mir. Auch hier sind es die Augen, die etwas ausdrücken: Achtung, Wertschätzung und zuweilen nur lächelndes Hinnehmen von einer Meinung, die eventuell nicht ganz die ihrige ist ...

Dennoch suche ich, wenn ich mal wieder eine arrogante oder gar herablassende Bemerkung meines Vaters nicht aus dem Kopf bekomme, das Gespräch mit ihr – natürlich nur, wenn ich sicher sein kann, dass niemand zuhört. Dann ist die Atmosphäre fast so wie früher, wenn Mama mir meine Lieblingsmärchen erzählt hat oder mich mit ihrer schönen Singstimme beglückte.

Ja, sie hört mir zu. Sie wartet, bis ich zu Ende geredet habe. Sie nimmt mich schlichtweg ernst!

Und dann geschieht etwas, das mich rührt, verwundert und nachhaltig glücklich macht:

»Friedrich, zweifele bitte nicht an seiner tiefen Liebe für dich! Du warst der Erste und du wirst es immer sein«, sagte sie mit sanfter Stimme, geht zu ihrem Sekretär, zaubert irgendwie einen kleinen Schlüssel her und öffnet eine Schublade, offenbar eine Art Geheimfach.

Es dauert eine Zeit, bis sie in einem Stapel von Papier, offensichtlich alles Briefe, das Gesuchte gefunden hat. Und fast feierlich (gar mit Tränen in den Augen?) entfaltet sie einen Bogen:

»Mein lieber Sohn, ich lese dir jetzt etwas vor, das dein Gemüt beruhigen soll!«

Mir ist die Situation fast peinlich und ich spüre, dass hier ein Tabu gebrochen wird. Fast möchte ich sie daran hindern, mir vorzulesen ...

»*Mein Herzens Fräuken!*« – so beliebte er mich am Anfang unserer Ehe gern zu nennen.
»*Dein lieber Brief vom 5. gewährte mir eine rechte Beruhigung, denn ich sah daraus, daß es dir und dem kleinen Herzenstippel gut geht. Du glaubst gar nicht, Herzensmama, wie sehr du und er mir ans Herz gewachsen seyd, und du glaubst auch gar nicht, wie unbehaglich und ekelig mir zu Muthe ohne Euch is. Ich habe hier überall freundliche Gesichter, wo ich hinkomme, aber dem ohngeachtet fühle ich eine Leere. Aber höre einmal, Elise, meine Briefe darfst du niemanden lesen laßen, darauf muß ich mich verlaßen dürfen, sonst geniere ich mich und glaube immer, auch auf andere Rüksicht nehmen zu müßen, wenn ich gerne zärtlich mit Dir, Du altes, liebes Gesicht, wäre. – Hörst Du, Du läßt meine Briefe nicht lesen, nicht wahr?*«

Ich mache eine Geste, ich möchte meine Mama unterbrechen. Doch sie winkt ab und liest an einer anderen Stelle weiter:

»*Deine Erzählung vom kleinen Friedrich mit seinen Waßermühlen hat mir vielen Spas gemacht:*
gieb acht, ob kein Mechanicus drin stekt.
Nun adieu, es ist gleich elf Uhr. Küße mein liebes Kind.
Schreibe mir doch jeden Posttag ein paar Worte,
willst du, es thut mir so gut.

Lebe recht wohl, Du Herzenskind,
und behalte mich so lieb wie ich Dich.
Grüße Eltern und Geschwister herzlich von deinem
treuen Friedrich«

Mama und ich atmen, wie abgesprochen, gleichzeitig tief durch.

»Damals weilte ich in Hamm bei meinen Eltern und war schon im sechsten Monat schwanger mit deinem Bruder Hermann. Du warst gerade etwas älter als eineinhalb.«

Ich kann das nicht so unwidersprochen geschehen lassen:

»Mama, was machst du hier?! Papa bat dich, den Brief niemandem lesen zu lassen!«

Meine Mutter lächelt verschmitzt und sagt: »Hab ich auch nie getan! Hab ihn dir nur *vorgelesen!*«

Da kann auch ich nur schmunzeln.

»Ich möchte, mein lieber Sohn, dass du glaubhaft erfährst, mit welcher Liebe dein Vater mich immer verwöhnt hat! Und nicht minder waren und sind seine Gefühle zu dir. Nur angemessen ausdrücken kann er das oft nicht – schon gar nicht vor anderen Menschen!«

»Aber er ...«, will ich mich dazu äußern und werde ausnahmsweise von Mama unterbrochen:

»Männer sind da anders gestrickt als wir weiblichen Wesen. Guck dich in unserer Verwandtschaft um oder nimm den Hermann als kleines Beispiel. Mein Papa ist da eine große Ausnahme. Vielleicht auch, weil seine Familie aus den Niederlanden stammt.«

Ich hätte noch einiges zu diesem Thema zu sagen. Aber mir ist in dem Moment wichtiger, dass Mama den Brief wieder in seinem Versteck verschwinden lässt ...

Vater, Vater!

Mein Vater hat aber auch andere Seiten! Die Grenze ist mal wieder überschritten: Ich bin stinksauer auf meinen alten Herrn!

Mit wem soll ich reden?

Klar, einige in der Schule sind mir jetzt schon näher, die Graebers zum Beispiel.

Doch es gibt ungeschriebene Gesetze in diesem pietistischen Tal. Man redet in der geldigen, reichen Oberschicht nicht schlecht übereinander – jedenfalls nicht in der Öffentlichkeit.

Und wehe, du machst das als Kind, als Jugendlicher!

Gott hört immer mit und er allein entscheidet, wem er gibt oder nimmt. Das habe ich tausendmal von der Kanzel gehört. Und wenn der fanatische Krummacher in Elberfeld sich dazu äußert, dann klingt das so, als sei der Teufel im Spiel. Wen interessiert es schon, dass Faust diese Glaubensfragen mit Mephisto auf einer ganz anderen Ebene austrägt?

Und wer in meinem familiären Dunstkreis will gar vernehmen, was die katholischen Glaubensbrüder über dies oder das denken? Die gehen zur Beichte, wenn sie was Krummes, Verbotenes gemacht haben. Ein paar Rosenkränze ... und alles ist wieder gut ...

Ich will noch gar nicht von noch anderen Religionen reden. Was machen die erst, wenn jetzt Buddhisten oder Muslims in unser Tal einwandern!

Dann schon lieber Kreuzzüge in alle Welt, um die Menschheit zum Christentum zu bekehren!

Hallo, Friedrich, versuche ich mich dann zu beschwichtigen: *Die Gedanken sind frei!*

Doch zurück zu meinem Vater: Was so extrem nervt, ist die zunehmende Bedrängerei, mich für die neue Technik zu interessieren! Tu ich zwar gern und öfter als er denkt. Nur will ich die ganzen industriellen Neuerungen nicht ständig unter dem Profit-Gedanken betrachten!

Na klar, die sind vor allem in England aber auch teilweise in Italien oder Frankreich weiter als wir, von Nordamerika gar nicht mal zu reden.

Nur wenn ich dann mit einem fremdsprachigen Autor komme, der mich begeistert und der ein grandioses Buch geschrieben hat – auweia – was hat das für Folgen!

Es geht um ‚Don Quijote'! Man schreibt ihn übrigens mal mit j, mal mit x, mal mit ch in der Mitte. Er ist einer meiner großen Helden, man könnte fast sagen: Vorbilder!

Erfunden, quasi ins Leben gesetzt, hat ihn der berühmte spanische Schriftsteller Miguel Cervantes. Der wurde 1547 geboren und führte ein verrücktes Leben – und so verrückt und abenteuerlich sind die Abenteuer seines ‚Möchtegern-Ritters', der sich mit seinem alten Gaul Rosinante und einem rührigen Diener namens Sancho Pansa auf Reisen begibt ...

Ich hatte mir das Buch ausgeliehen und las es heimlich in der Nacht bei Kerzenlicht – wohl darauf bedacht, dass mich niemand dabei erwischte! Und dann geschah Folgendes: An einem Sonntagabend musste ich mal wieder nach Elberfeld gen Gymnasium aufbrechen. Ich hatte mich schon von allen verabschiedet. Die Mägde hatten mir noch reichlich Extra-Proviant für die Woche zugesteckt. Die Kutsche wartete vor dem Haus – da fiel mir ein: Ich habe meine momentane Lieblings-Lektüre vergessen!

Ich husche leise ins Haus zurück, um nur ja niemand zu begegnen. Das Buch ist in meinem Privat-Sekretär versteckt – doch bis dahin schaffe ich es nicht. Ich komme am Salon vorbei und höre Mama mit jemandem reden: leise, mit seltsam erregter Stimme. Ihr Gesprächspartner ist mein Patenonkel, der nicht minder leise, gar nicht richtig verstehbar, spricht. Mit Herzklopfen und schlechtestem Gewissen schleiche ich mich so nah wie möglich an die angelehnte Salon-Tür und lausche. Ich vernehme jetzt ein Papierrascheln und dann nur noch die Stimme meiner Mutter, die eindeutig sehr aufgeregt ist: »Ich lese dir vor, lieber Karl:

Friedrich hat mittelmäßige Zeugnisse in voriger Woche gebracht. Im Äußeren ist er, wie Du weißt, manierlicher geworden, aber trotz der früheren strengen Züchtigungen scheint er selbst aus Furcht vor Strafe keinen unbedingten Gehorsam zu lernen. So hatte ich heute wieder den Kummer, ein schmieriges Buch aus einer Leihbibliothek, eine Rittergeschichte aus dem dreizehnten Jahrhundert in seinem Sekretär zu finden. Merkwürdig ist seine Sorglosigkeit, mit welcher er solche Bücher in seinem Schranke lässt. Gott wolle sein Gemüt bewahren, oft wird mir bange um den übrigens trefflichen Jungen.
Gestern erhielt ich durch Friedrich einen Brief von Dr. Hantschke vom 22. August, den er wohlweislich so spät erst an die Mägde gab, daß er mir erst um halb neun abends zukam. Wahrscheinlich hat er ihn also schon am Sonntage gehabt. Dr. Hantschke schreibt mir, daß ihm das Anerbieten gemacht werde, zwei Pensionäre ins Haus zu nehmen, daß er aber dieses ablehnen werde, falls wir vorzögen, Friedrich länger als Herbst bei ihm zu lassen. Daß Friedrich fortwährend der Aufsicht bedürfe, daß der weite Weg seinen Studien hinderlich sei etc. Ich habe ihm gleich geantwortet, daß ich ihm sehr danke, daß er mir bei dem vorteilhaften Anerbieten dennoch die Wahl lasse, und ich ihn bäte, den Friedrich ferner bei sich zu behalten, daß er mich aber durch Mitteilung seiner …«

Hier höre ich vor lauter Herzblubbern einiges nicht – der Rest ist aber wieder mühsam verstehbar:

»Du wirst es so mit mir gewiss auch fürs Beste halten. Auf Geld dürfen wir bei dem Wohle des Kindes nicht sehen, und Friedrich ist ein so eigentümlicher beweglicher Junge, daß eine abgeschlossene Lebensart, die ihn zu einiger Selbständigkeit führen muss, für ihn das Beste ist. Noch einmal, der liebe Gott wolle den Knaben in Seinen Schutz nehmen, damit sein Gemüt nicht verderbt werde. Bis jetzt entwickelt er eine beunruhigende Gedanken- und Charakterlosigkeit, bei seinen übrigens erfreulichen Eigenschaften.«

Nichts wie weg! Raus aus dem Haus, ab in die Kutsche und holper-holper, über die Allee, gen Elberfeld!

Um mein gedankliches Wirrwarr zu schildern:

Wieso schnüffelt mein Vater in meinem Sekretär?

Was meint er mit ‚beunruhigender Gedanken- und Charakterlosigkeit'??

Was bitte versteht er unter ‚unbedingtem Gehorsam'???

Es sind viele Tage, in denen ich mich kaum auf den Unterricht und abends auf die neuen verrückten Erlebnisse meines ritterlichen Helden konzentrieren kann.

Was erwartet mein Vater eigentlich von mir?

Soll ich sein makelloses Ebenbild werden??

Sind seine unternehmerischen Pläne, von denen er unentwegt erzählt, wertvoller und wichtiger als die kulturellen Dinge, die mich faszinieren???

Nein, ich will nicht ein Duplikat von meinem Herrn Vater werden!

Ja, ich bewundere seinen Fleiß. Ich schätze sein Engagement

in der Kirche und auch in unserer Gemeinde. Ich bekomme seit meiner frühen Kindheit mit, wie sehr er meine Mama liebt und ehrenvoll behandelt – daran hat sich nichts geändert. Aber, aber, aber ...

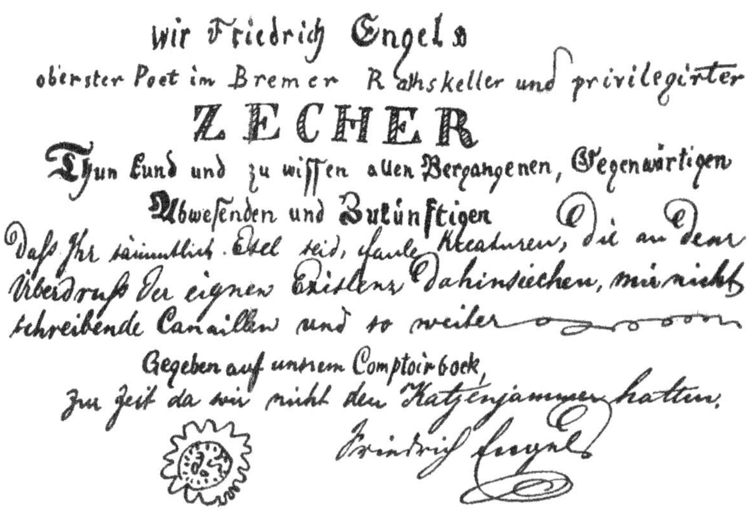

Wir Friedrich Engels
oberster Poet im Bremer Rathskeller und privilegirter
ZECHER
Thun kund und zu wissen allen Vergangenen, Gegenwärtigen
Abwesenden und Zukünftigen
Daß Ihr sämmtlich Esel seid, faule Kreaturen, die an dem
Überdruß der eignen Existenz dahinsiechen, mir nicht
schreibende Canaillen und so weiter
Gegeben auf unserm Comptoirbock,
zur Zeit da wir nicht den Katzenjammer hatten.
Friedrich Engels

Auswandern?

Je älter ich werde, desto mehr erweitert sich mein Kosmos, desto weiter gehen meine Gedanken-Reisen. Dank der Sagen und Mythen, die mir mein Großvater von klein an erzählte und dann auch zum Lesen gab, war mein Horizont sehr früh ein weiter. Ich lebe nicht nur in Barmen, im Wupper-Tal, in deutschen Landen, die für mich bis heute ein rätselhaftes, sich dauernd veränderndes Nicht-Ganzes sind. Nein: Der Globus zeigt mir die verschiedenen Ozeane und Kontinente – vielerorts noch gar nicht voll entdeckt ...

Zudem ist mir ja mein Vater seit Geburt, besser gesagt, seitdem ich mich erinnern kann, ein Vorbild. Bei aller Kritik, bei allen Zweifeln – er ist ein hoch intelligenter Mann. Er ist ungemein ehrgeizig und er ist stets auf der Suche oder bei der Umsetzung von etwas Neuem. So konservativ oder zuweilen auch engstirnig er in seinem Glauben ist (von solchen Charakteren gibt es ja im Wupper-Tal reichlich!), so offen ist er in seinem Denken und Handeln als Geschäftsmann, besser gesagt: als Industrieller.

Das ist für viele, auch gebildete Menschen hier im Tal, noch immer ein Fremdwort: *Industrialisierung*!

Hier lebten früher nur Bauern, natürlich auch Handwerker aller Art. Dann kam die Idee und offizielle Erlaubnis für die Garnnahrung. Das Bleichen und Färben sorgte für mehr Wohlstand und eine vielfältige Textilkultur entstand, die uns in etlichen Ländern der Welt einen besonderen Ruf (und Einnahmen) verschaffte.

Dann jedoch kamen junge Kaufleute (und dazu zählt eben mein Vater), die neue Ideen entwickelten, die die Wirtschaft hier im Bergischen Land und darüber hinaus revolutionieren wollen: weg von der Handarbeit in den Kleinfamilien, stattdessen große und immer größere Webstühle. Fabriken, Fabriken, Fabriken. Bergwerke und Gießereien in Dimensionen, die man sich vor ein paar Jahren noch nicht vorstellen konnte. Und dies alles vor allem durch eine Erfindung: die Dampfmaschine ...

Diese neue, gigantische Antriebskraft wurde nicht hier bei uns entwickelt – wie so viele technische Neuerungen, die unser Leben offensichtlich total verändern und weiterhin verändern werden. Um diese Art der Industrialisierung aber in unseren Regionen zum Blühen zu bringen, braucht es eben Menschen, die auf Reisen gehen, die sich dort informieren und inspirieren lassen, wo die Industrie schon weiterentwickelt ist. Und zu solchen Erneuerern, speziell in unserem Tal, zählt eben auch mein Vater!

Mein Kosmos allerdings wurde noch auf ganz andere Weise erweitert ... und dazu musste ich nicht einmal selber auf Reisen gehen.

Ich habe von Alexander, dem Angler erzählt, habe berichtet, wie magisch seine Ausstrahlung auf mich wirkte – auch wenn er da nur mit seiner Angel an der Wupper stand und auf einen guten Fang spekulierte. Inzwischen habe ich ihn öfter getroffen – immer weiter weg vom Bruch, um keinen türkischroten oder indigoblauen Fisch zu fangen.

Es waren fast nur stumme Begegnungen, ein Miteinander ohne banalen oder hochgeistigen Austausch – einfach miteinander das Rauschen des Flusses genießen, die warme oder kühle oder frostkalte Luft auf sich wirken lassen!

Dennoch kam eines Tages die fast schüchterne Bitte von Alex: »Erzähl mir doch mal von *deinem* Elternhaus! Wie bist *du* eigentlich aufgewachsen?«

Es war nicht das erste Mal, dass es mir eher peinlich war, mich als einer der in Barmen so bekannten Engels vorzustellen.

Natürlich war ich durchaus auch ein wenig stolz auf das, was meine Familie hier in Barmen geschaffen hat.

Wer stiftet schon so viel Geld, dass damit ein Schulhaus oder eine riesige Kirche gebaut werden kann? Wer lässt so ein edel ausgestattetes Haus errichten, in dem wir Auf Bruch leben? Wer hat zahlreiche Reit- und Kutschpferde zur Verfügung? Wer kann sich diverse Angestellte leisten und bei wem wird tagtäglich feinstes Essen serviert? Wer hat für jede Jahreszeit die angemessene Kleidung aus bestem Material?

Natürlich gibt es in Barmen, in Elberfeld und im ganzen Bergischen Land eine größere Zahl von so gewichtigen und wohlhabenden Familien. Aber wie kann solcher Reichtum entstehen? Wer macht die Dreckarbeit? Wer bekommt kaum die Chance, eine Schule zu besuchen oder schläft beim Unterricht ein, weil er schon zehn oder zwölf Stunden geschuftet hat?

Solche Gedanken gingen mir durch den Kopf, als mich Alex nach meiner Herkunft fragte und in der Folge die eine oder andere Frage nachreichte – niemals mit eifersüchtigem oder neidischem Unterton.

Und dann verblüffte er mich eines Tages mit einem ganz einfachen Satz: »*Ich* wandere aus!«

»Wie bitte?! Wohin denn??«

»Nach Amerika!«, war die knappe Antwort. »Was meinst du, warum ich Englisch lerne?«

»Und warum? Wie willst du das schaffen?? Was versprichst du dir davon???«

»Ich will raus aus dieser Armut! Ich muss auf ein Schiff, auf dem ich mir die Überfahrt durch Arbeiten verdiene. Ich möchte in einem Land leben, wo die Flüsse breiter und nicht so verdreckt sind. Und ich will große, leckere Fische fangen, im Mississippi oder direkt am Meer!«

Das sagte Alex mit so großer Überzeugung, dass von mir

kein Widerspruch angebracht war.

»Ich will meiner Mama und meiner Tante jeden Monat Geld schicken, damit sie ein würdiges Leben im Alter führen können. Ich habe einen Onkel, der hat das auch geschafft, leider hören wir nichts mehr von ihm. Jetzt muss ich so schnell wie möglich rausfinden, wie ich das alles hinkriege.«

Alex beeindruckte mich mit seinen Plänen und es war ein Wort, das ich aus seinem Munde nicht erwartet hätte: *würdig*!

»Ich würde dir gern bei der Umsetzung deiner Pläne behilflich sein«, sagte ich spontan – noch gar nicht genau wissend, wie das möglich war.

»Danke, du junger Fritz!«, kam es von Herzen, und es waren wieder Alex' Augen, die so viel Wärme und Liebe zu mir sandten.

Und dann kam mir eine Idee: »Du, ich hab vor kurzem ein Buch entdeckt, in dem es um Auswanderung, speziell nach Amerika, geht. Das könnte dir vielleicht helfen!«

»Ich hab dir doch gesagt, Fritz: Ich kann nicht richtig lesen!«, sagte Alexander ganz ohne Verlegenheit und schmunzelnd.

»Aber ich!«, entgegnete ich. »Wir sehen uns, bald!«

Auswandern!

Ja, es ist momentan ein großes Thema ... in den Zeitungen sowieso – und wir diskutieren darüber auch in der Schule. Zu allen Zeiten und in allen Kulturen sind die Zweibeiner dorthin gewandert, wo es Wasser und etwas zu essen gab – übrigens auch die Tiere!

So kommen immer mehr Menschen in unser Tal, wo es die Wupper und Arbeit gibt – das sollte doch zum Überleben reichen. Aber nein: Da stimmt was nicht mit der Wupper und auch nicht mit der richtigen Verteilung des Kapitals!

Ich habe zuweilen so eine Ahnung oder gar den Wunsch, mich mit diesem Problem später mal intensiver auseinanderzusetzen.

Jetzt ist es ein ganz aktuelles Thema für mich – ausgelöst durch meinen erwachsenen Freund Alexander und durch ein Buch, das mir in die Hände gefallen ist – genau zum richtigen Zeitpunkt (das passiert mir öfter)!

‚*Beschreibung der Vereinigten Staaten von Nord-Amerika*', geschrieben von einem H. W. E. Eggerling – vor wenigen Jahren zum ersten Mal veröffentlicht.

Ich verschlinge dieses Buch, wie schon so viele vorher. Es weitet meinen Horizont und es lässt mich in ein Land, auf einen Kontinent reisen, wo sich das Leben in manchen Regionen längst weiter als hier in Europa entwickelt hat. Weitere bleiben zu entdecken ... und vielleicht ist Alexander einer von denen, die sich diesem Abenteuer aussetzen.

Schon das Eingangskapitel weckt mein Interesse – da schreibt der Verfasser:

‚Man klagt in Deutschland allgemein über die Abnahme der Ehen und oberflächliche Strafredner schreien deshalb über

Sittenlosigkeit, ohne zu bedenken, daß die Noth die wahre Ursache dieser Erscheinung, die Sittenlosigkeit hingegen lediglich die Folge, und zwar die unvermeidliche Folge davon ist. Das ist nun freilich eine bejammernswürdige unnatürliche Lage unsers armen Vaterlandes, welche sich von selbst nimmermehr ändern wird. Das einzige wahre Hilfsmittel ist: Beförderung der Auswanderungen.'

Ich bin nicht mit jedem dieser Worte, z. B. *nimmermehr*, einverstanden und meinem Vater würden beim Lesen die Haare zu Berge stehen ...

Und dann heißt es weiter:

,Lenken wir unsere Blicke auf ein Land hin, wo wir so viele Tausende von Unglücklichen, Verfolgten und Heruntergekommenen wieder zu Wohlstand, zur Ruhe und zu wahrer Zufriedenheit gelangen sehen, wo das theilnehmende Herz an dem heiteren Blick auf eine verjüngte Menschheit sich innig ergötzt.'

Und zugleich pessimistisch und optimistisch schreibt der Autor weiter:

,Wenn man einst nach dem natürlichen Lauf des Steigens und Fallens aller Staaten und Nationen auch die Größe und Cultur Europas dahin gesunken seyn wird, dann wird in jenem schönen neuen Abendlande das Andenken Deutschlands stets gesegnet bleiben. Man wird mit Freude bekennen, daß man deutschem Fleiß den schönsten Anbau der abendländischen Fluren dankt; daß vorzüglich Deutsche es waren, welche die grenzenlose Einöde, Wälder und Sümpfe

in liebliche Auen und Gefilde verwandelten. Und wenn die Deutschen jenes Asyl, wie bisher, auch fernerhin sich ausersehen werden, um dort die schönsten Früchte ihres Fleißes, ihrer Frömmigkeit und Rechtschaffenheit zu hinterlassen, so werden deutsche Sprache, deutsche Sitten, deutsche Wissenschaften und Künste sich über jenes ungeheure Festland ausbreiten, wie die belebenden Strahlen der Frühlingssonne über die winterliche Erde.'

Ich bezweifle sehr, ob Alex solch schwülstigen Worte als Verstärkung seiner Auswanderungsabsicht benötigt. Aber ich finde viele Passagen in diesem Buch, die ihn ermuntern oder ihm helfen könnten.

Noch ein Abschied

Sind es die vielen Gottesdienste, ist es die biblische Erziehung durch meinen Patenonkel oder ist mein Vater das Vorbild? Je älter ich werde, desto deutlicher kristallisiert sich bei mir eine Eigenschaft heraus: Ich möchte hilfsbereit sein! Das ist vielleicht sogar eine angeborene Anlage – denn schon als ganz kleiner Junge, wollte ich den Mägden in der Küche helfen, wollte im Pferdestall misten und die Pferde striegeln oder meiner Mama oder der Amme helfen, die Mini-Geschwister zu versorgen.

Längst aber spüre ich diesen Drang nicht nur in unserem häuslichen Revier ... ich möchte auch wildfremden Menschen auf der Straße helfen! Wenn ich in Elberfeld durch die Straßen streune und diese ärmlichen Gestalten gleich welchen Alters sehe, wenn mich bettelnde Kinder oder Erwachsene ansprechen, wenn mir, vor allem am Wochenende, diese vielen Angetrunkenen (übrigens auch in Barmen!) begegnen – dann ist es eine Mischung aus Mitleid und dem Bedürfnis zu helfen ... manchmal möchte ich mich dem auch nur beklommen oder schlichtweg traurig entziehen!

Ich würde übrigens liebend gerne einen Gesprächspartner haben, mit dem ich auf gleichem Niveau und ganz ohne die üblichen Vorurteile oder Rechtfertigungen diskutieren kann. Vielleicht würden wir so, mit viel Austausch, Lösungen finden.

Nun aber ist es ganz konkret ein lieber, sympathischer Mensch, dem ich ein wenig helfen kann.

»Großer Alexander«, sage ich zu ihm bei unserem nächsten Treffen, »ich hab noch was ganz Interessantes in meinem Amerika-Buch gefunden. Soll ich dir das vorlesen?«

Alex strahlt – offensichtlich können auch Worte ein Geschenk sein.

»Nicht allein ergötzt sich hier in Amerika das Auge an dem in mannichfaltigster und in schönster Abwechselung strahlendem Reichthume des Gefieders, sondern der Gaumen des Menschen erfreut sich auch an dem Wohlgeschmack der vielen ebenso wohlschmeckenden als gesunden Fische, mit denen das Wassergebiet der Union so reichlich versorgt ist. Eine große Quelle des Reichthums aus dem Thierreich bietet das Meer dar, das hier den Wallfisch, das Wallroß, den Seehund und so viele Hunderte von Arten kleinerer Fische in seiner Tiefe nährt. Sehr große Vortheile bieten sich den Vereinigten Staaten aus den Fischereien der Stockfische und der Makrelen dar, welche für Küstenstaaten sicher ebenso einträglich sind als das beste Kornland. Es finden sich alle Arten der trefflichsten Fische an den Seeküsten, nur fällt die Häringsfischerei hier ärmlich aus.«

Alex grinst beglückt: »Die mag ich sowieso nicht!«

Fritz grinst ebenso: »Ich auch nicht!«

Ja, es ist längst eine echte Freundschaft zwischen uns. Demnächst an der Wupper vergeblich Ausschau nach ihm zu halten: eine tieftraurige Vorstellung ...

Aber noch ist es nicht so weit. Es mangelt noch an ganz konkreten Informationen über das Wie und das Wohin. Und Alexander vermeidet das Thema: Er benötigt Reisegeld! Er braucht anständige Kleidung, um für so eine Überseereise, bei einem Wetter, das man nicht vorausahnen kann, gerüstet zu sein. Und was für ihn wohl am wichtigsten ist: Seine alte Mutter und seine Tante müssen irgendwie und so lange versorgt sein, bis er den ersten Lohn nach Wichlinghausen schicken kann!

Um all diese Probleme sozusagen als Paket geschnürt zu lösen, braucht es einen Trick und einige Überwindung von mir:

Erst einmal muss ich doch mehr über meine Herkunft und den Reichtum der Engels erzählen. Dann muss Alex mir hoch und heilig versprechen, etwas von mir ganz ohne schlechtes Gewissen anzunehmen:

»Wenn du da drüben Fuß gefasst hast und vor lauter Reichtum nicht mehr weißt, wohin damit«, mache ich ihm klar: »dann zahlst du mir alles mit Zinsen zurück oder du lädst mich zu dir in die Staaten ein! Das ist ein Vertrag!!«

Handschlag ... und nun kann ich handeln.

Erster Ansprechpartner ist mein Snethlage-Onkel! Der ist ein vorbildlicher Christ, wird von meinem Vater hoch geachtet und der weiß auch über dessen geschäftliche Verbindungen nach Bremen bestens Bescheid. Zudem traue ich ihm zu, ein Geheimnis mit mir zu teilen.

Nächster Ansprechpartner ist meine Mutter, die ich gewöhnlich mit größeren Anliegen nicht behellige – sie hat reichlich genug mit ihrem Kinder-Garten zu tun. In diesem (Not)Fall jedoch habe ich das Gefühl, dass sie mein Anliegen unterstützen wird: Ich erzähle ihr von meiner Freundschaft mit einem armen Angler und sie merkt sofort, wie wichtig mir das Anliegen ist.

»Wir haben doch so viel Zeug, was Vater nicht mehr trägt: Jagd-Klamotten, Regenzeug, das er bei seinen Schiffsfahrten brauchte ... bestimmt auch einen alten Reisesack. Demnächst ist er doch wieder länger unterwegs – da merkt er nicht, wenn du was entsorgst!«

Und dann kommt der Ober-Trick und der kostet mich einen Batzen von meinem Taschengeld. Ich schnappe mir unseren Kutscher, der für die längeren Touren zuständig ist.

»Wir müssen ein Geschäft machen, Bernhard! Wenn du demnächst wieder nach Bremen fährst, um für Vater den Tabak, Gewürze und die anderen bestellten Übersee-Sachen abzuholen, kannst du sicher einen verlässlichen Zweitkutscher gebrauchen. Der steht mit seinem Reisesack an einer Brücke, die ich dir noch nenne – sozusagen als Anhalter. Der zeigt dir einen Brief von meinem Onkel, wo alles Nähere drinsteht. Von mir bekommst du den Extralohn, es ist eine Überraschung für meinen Vater! Also kein Wort darüber, verstanden?!«

Da ich ihm bei den letzten Worten einen kleinen, gewichtigen Lederbeutel überreiche, müssen keine Worte mehr gewechselt werden.

Natürlich hat sich Alex mit seinen beschränkten Möglichkeiten längst Informationen über die Ausreise nach Amerika besorgt. Er weiß, dass Bremerhaven inzwischen die beste Verschiffung bietet. Er hat auch schon die nötigen Papiere, die von den Behörden und von dem zuständigen Kapitän verlangt werden.

Und nun kann ich ihn informieren, wie er erstens kostenlos an die Weser, nach Bremen kommt, wer ihn dort empfangen wird und verlässlich nach Bremerhaven einschiffen kann ... den Rest hat er ja schon selbständig organisiert.

Nein: Die Versorgung seiner Mutter und seiner Tante – das muss auch noch gesichert sein!

Auch hier habe ich eine Idee, die gar nicht so abwegig ist: Die Menschen im Wupper-Tal gelten auch als hilfsbereit – vielleicht helfen da die regelmäßig besuchten Gottesdienste. Und viele, natürlich vor allem Frauen, freuen sich, wenn sie ihrem Haushalt oder ihrer Kleidung etwas neues Fein- und Handgewebtes aus unserer Stadt beifügen können. Was liegt also näher, als ein paar mir nahe Menschen zu überreden, mal in ein kleines Häuschen nach Wichlinghausen zu fahren ...

Lebt da in mir, noch sehr verborgen, etwa so eine Art Kaufmann?

Mein Vater würde sich freuen, doch der darf nichts von meinen ganzen Tricksereien erfahren.

Der Coup ist (fast) gelungen

Die Schiffsreise von Bremerhaven nach Boston oder New York ist eine Unternehmung von (weit) mehr als einem Monat – aber die Kutschfahrt von der deutschen Hafenstadt ins kleine Barmen dauert auch etliche Tage. Eine Ewigkeit, wenn man auf eine wichtige Nachricht wartet ...

Endlich ist Bernhard eingetroffen – mit all den exotischen amerikanischen Luxuswaren, die mein Vater gern und großzügig vor allem für die Bewirtung seiner Geschäftsfreunde verwendet. Aber noch mehr kommt aus dem hohen Norden: Der Kutscher winkt mich strahlend zu sich und wedelt mit einem Briefumschlag:

Für *FRITZ* von *ALEX* steht da in eher kindlicher Handschrift!

Mein Herz klopft und die Situation wird unerwartet, ungewünscht kompliziert: Der kleine, neugierige Emil kommt angerannt: »Na, wer schreibt dir denn da, Fritze? Etwa ein Liebesbrief?!«

»Husch in die Kusch!«, jagt Bernhard meinen Bruder ins Haus.

Und ich? Natürlich hätte mich so einiges von Alexanders Ankunft in Bremen interessiert ... und ist er vor allem heil auf das Schiff in Bremerhaven gekommen? Der Brief kann ja eigentlich gar nicht von ihm, der die deutsche Sprache mehr oder weniger nur mündlich beherrscht, sein ...

Ich verziehe mich in die hinterste Ecke des Gartens und kann mich nur wundern:

Dear Fritz!
Thank you! Thank you!
I'm sitting here in Bremen at harbour. In front of me a

big ship. The Captain is so nice. He asked me: From where do you come? Why to America?
I told him: I'm coming from Barmen, a little nice town in Preußen. There is a river called Wupper. I'm a fisherman. But the water in the river is red and blue and stinky.
No fish to eat. My family is very very poor and I want to help them.
I have a young friend there in town. He gave me money and more to come to America. His name is Friedrich Engels. That means ANGEL! But they cannot fly, these Angels. But they are very important people in Barmen!

Lieber Fritz!
Du weißt, ich kann nicht Deutsch. Der Captain hat es für mich geschrieben:
Liebe Grüße an die Engel im Wupper-Tal! Ich kenne sie schon lang und weiß, was sie mit Gottes Gnaden geschafft haben. Ich verspreche: Mit meiner Hilfe kommt Alexander über den Ozean. Er kann auf dem Schiff helfen und in dem reichen Amerika findet er Arbeit. Dafür sorge ich! Schließt mich bitte in euer Gebet ein!
Mit Grüßen der Hochachtung von Captain Koch

Ich brauchte einige Zeit, um zu kapieren, wer hier was geschrieben hatte. Das Wichtigste aber war: Mein Freund war offenbar in besten Händen!

Bitte kein Geburtstag!

Morgen, Samstag, ist wieder so ein blöder Feiertag – so geht es mir, kindisch formuliert, durch den Kopf.

Warum will ich diesen Tag am liebsten aus dem Kalender streichen?

Liegt es an der Zahl 15?

Will ich nicht älter werden?

Im ganzen Haus riecht es nach Gebackenem – diese süßen Düfte mag ich eigentlich. Das hat aber weniger mit meinem Geburtstag zu tun. Übermorgen ist nämlich 1. Advent und da geht es wie jedes Jahr in der Küche putzmunter zu: Die vier Kleinen dürfen beim Plätzchenbacken mitmachen, Engelchen und Sterne ausstechen, mit Zuckerguss und Schokolade rumkleckern, Teig naschen, bis ihnen schlecht wird ... und dazu Adventslieder singen.

Die winzige Elisabeth ist natürlich nicht dabei – die kräht mal wieder und keiner weiß so recht, warum.

Hermann setzt sich bei solchen Anlässen schon seit einiger Zeit ab – er ist voll in der Pubertät und niemand darf ihm in die Quere kommen.

Marie ist auch nicht zu sehen: Wir alle haben bei ihr strenges Zimmerbetretverbot: Trotzdem hab ich sie leibhaftig und mit all ihrer Leidenschaft vor Augen: Um sie herum bunte Perlen und Pailletten, Kordeln, Bänder, Litzen, Gesponnenes und Gewebtes aus unseren Barmer Werkstätten, dazu feinste handgeschöpfte Papiere und natürlich entsprechendes Werkzeug dazu: Vielleicht entsteht wieder so ein origineller Adventskalender für die ganze Familie und etwas für mich persönlich, etwas, das mich an meinem Geburtstag garantiert nicht ärgert.

Ich bin eigentlich kein neidischer Typ – aber manchmal würde ich gerne so wie meine Schwester nur mit den Händen aktiv und kreativ sein, dabei summen und singen, pure Zufriedenheit im Gesicht und dann mit dem Gewerkelten anderen Freude bereiten.

Ich stehe dazu: Ich bin komplizierter als Marie und als viele, viele andere! Besonders in letzter Zeit quälen mich Fragen, Fragen, Fragen:

Wie bekomme ich meine so zahlreichen Interessen in den Griff?

Wann werde ich endlich meine nervende Schüchternheit los?

Wer erlöst mich von dem quälenden Mitleid, das mich so häufig befällt, wenn ich verarmte und unglückliche Menschen, gleich welchen Alters, sehe?

»Was wünscht du dir zum Geburtstag?«, werde ich wie jedes Jahr von meiner Mama, von meinen lieben Großeltern in Hamm und von meinem zukünftigen Paten gefragt.

Mein Herr Vater fragt nicht und meinen Wunsch an ihn darf ich nicht laut aussprechen:

»Bitte nicht wieder so eine Rede wie beim letzten Geburtstag!«

Und dann ist es so weit – der Langschläfer wird von einem Geschwister-Chor geweckt:

Dort oben auf dem Berge,
Da steht ein hohes Haus,
Da fliegen alle Morgen,
Zwei Turteltäubchen raus.

Ach wenn ich nur ein Täublein wär!
Wollt fliegen aus und ein,
Wollt fliegen alle Morgen!
Zu meinem Brüderlein!

Ich bin gerührt. Mich überkommt ein Dankbarkeitsgefühl: Es ist ein Geschenk, so viele liebe Geschwister zu haben!

Mit ganz anderen Geschenken geht es weiter, kaum habe ich meine Katzen-, besser gesagt Katerwäsche gemacht. Unser liebes Hauspersonal steht da mit einer riesengroßen gebackenen **15**!

Weitere Geschenke erwarten mich gleich nach dem Frühstück. Natürlich hat Marie mal wieder ihre künstlerische Begabung spielen lassen – dieses Mal allerdings zusammen mit Emil, Anna, Hedwig und sogar dem vierjährigen Rudolf. Die fünf haben mir für mein kärgliches Zimmer in Elberfeld ein großes Bild geklebt – mit Gewebtem, Geflochtenem, Gehäkelten und Gestricktem – kunterbunt und mit einer persönlichen Widmung für den ‚LIEBSTEN ALLERGRÖSSTEN BRUDER'!

Na ja ... lieb zu sein ist mir schon ein Anliegen. Aber mit meiner Größe habe ich momentan so meine Probleme: Körperlich mag sich das ja alles so entwickeln ...

Nur: Womit beweist man sich und anderen Persönlichkeits-Größe?

Zugestanden: Ich fühle so etwas wie Größe in mir. Doch wie und womit kann man die angemessen zum Ausdruck bringen??

Mein Problem: Ich habe so ungemein viele Interessen und je älter ich werde, desto mehr Bereiche sind es, in denen ich etwas ‚Großes' schaffen möchte!

»Mach erst mal dein Abitur«, gebe ich mir selber Aufschub. »Dann studierst du und dann wird sich herausstellen, wozu so ein Barmer Junge fähig ist!«

Ein anderer Barmer Junge kommt wie immer am Wochenende erst kurz vor dem Mittagessen aus den Federn ... miesepetrig und mit lockerem Spruch: »Stimmt, mein oller Bruder hat ja heute Geburtstag!«

Er verschwindet noch einmal kurz in seinem Zimmer, kommt dann auf mich zu, die Hände hinter dem Rücken und mit einem Spruch, den ich so von ihm nicht erwartet hätte: »Alles Gute für die nächsten 365 Tage, Fritze-Bruder! Manchmal wäre ich gern so schlau wie du!«

Und mit einem frechen Grinsen überreicht er mir ein ledernes Etui mit zwei edlen Federhaltern und diversen Tuschfedern: »Damit du deine Ideen aufs Papier bannen kannst!«

»Das ist ja lustig!«, taucht erst jetzt unsere Mutter mit ihrem Geschenk auf: »Garantiert nicht abgesprochen zwischen uns!«

Lächelnd übergibt sie mir ein großes Buch, wunderschön in Naturfaser-Gewebe gebunden – mit reichlich Seiten aus handgeschöpftem Papier, wie ich es schon als kleiner Junge liebte.

»Darin ist reichlich Platz für Gedichtetes und Gemaltes von dir!«, erklärt sie mir in heute besonders liebevollem Tonfall. »Als Anregung habe ich dir darein ein paar Sprüche von deinem geliebten ‚gottlosen Dichter‘ geschrieben ... die mögen dich dieses Jahr begleiten und stärken!«

»Goethe?«, flüstere ich verlegen – aber meine Geschwister sind schon davon, um sich über das Geburtstags-Gebäck herzumachen.

»Würde ich an deiner Stelle nicht offen liegen lassen!«, rät mir Mama mit einem Unterton, der alles zum Ausdruck bringt. »Er lässt sich mit allen lieben Grüßen und väterlichen Wünschen entschuldigen!«

Ich muss die Gute einmal kräftig drücken und ihr einen Kuss geben: Ich kenne viele Gleichaltrige, die mich um solch eine Persönlichkeit von Mutter beneiden würden ...

Der Stein des guten Glücks

Was ist Glück? Wie kann man es finden??

Vater würde wieder einmal sagen: »Das ist Gottes Gabe! Der eine bekommt es geschenkt, der andere muss sich mehr darum bemühen. Letztlich aber ist es eine Fügung des Herrn.«

Für mich ist das nicht so einfach.

Vielleicht war es mal wieder Goethe, der mir einen Denkanstoß gab, aber eher wohl mein Großvater in Hamm, von dem ich so unzählbar viele Impulse bekam. Ob er selber mal in Weimar weilte, wo der Dichter so viele Jahrzehnte auch als Politiker verbrachte, oder wo immer er den Kupferstich her hatte – ich weiß es nicht.

Doch dieses Denkmal, das Goethe nach eigenem Entwurf unweit seines Gartenhauses errichten ließ, ist quasi als Lebenssymbol in mein Gedächtnis eingestanzt: ein großer Kubus, ein Würfel, auf dem eine riesige Kugel ruht – wunderschön!

Es gibt ja den sogenannten ‚Goldenen Schnitt', mit dem Maler vielen ihrer Werke, die passenden Proportionen geben. Er wurde schon in der Antike von einem gewissen Euklid nach einer raffinierten Formel berechnet. Goethe, selber nicht nur Dichter sondern auch Forscher und beeindruckender ‚Viel-Wisser', muss davon gewusst haben. Ihm waren auch die Begriffe Yin und Yang geläufig. Und genau dieses harmonische Zusammenspiel von dem Weiblichen und dem Männlichen, von Kugel und Kubus, ist ihm perfekt gelungen!

Ob das in unser aller Leben auch einmal so gelingen wird?

Ich wünsche es mir ...

– 1836 –

Die Eltern von Friedrich Engels

Künstler-Schicksal

An einem kalten Winterabend, das Jahr 1836 hat gerade begonnen, gibt es ein Tisch-Gespräch meiner Eltern, das mich eigentlich nicht interessiert: Ein gewisser Heinrich Christoph Kolbe ist nach langer schwerer Krankheit in Düsseldorf verstorben. Irgendwie kommt mir der Name bekannt vor. Als die Rede dann auf die ‚Düsseldorfer Kunstakademie' kommt, werde ich aufmerksamer. Malerei zählt zwar nicht zu meinen Hauptinteressensgebieten (außer dem Karikieren!), dennoch sind mir Künstler aus der sogenannten ‚Düsseldorfer Malerschule' leibhaftig vor Augen: An einem meiner Lieblings-Ausflugsziele, dem wilden Neandertal, kann man sie antreffen: malend, schlemmend, süffelnd, die urige Natur genießend ...

»Von diesem Kolbe stammt doch das Porträt deiner Mutter, als sie so krank war, oder?«

Mein Vater nickt und blickt sehr ernst: »Und die ausdrucksstarken Bilder von meinem Vater und meinem wohlbeleibten Onkel Benjamin!«

»Jetzt fällt mir etwas ein!«, sagt meine Mutter, indem sie mich anblickt. »Hat er nicht auch Goethe in Weimar porträtiert? Ich meine mich sogar an zwei Bilder aus einem Buch zu erinnern ...«

»Nicht nur diesen Goethe«, erwidert mein Vater in dem Ton, den ich bei ihm nicht gerade schätze. »Er durfte auch zweimal den Großherzog Carl August porträtieren.«

Nun ist doch mein volles Interesse geweckt: Weimar und das Wupper-Tal ... das gehört ja bei mir irgendwie zusammen. Und ob das nur an dem großen Dichter und Denker liegt, weiß ich nicht. Schließlich haben sich in dieser thüringischen Stadt auch noch andere große Künstler niedergelassen ... wie zum Beispiel Schiller und Herder!

»Was geht dir durch den Kopf?«, bemüht sich meine Mutter, mich in das Gespräch einzubeziehen.

»Weiß man denn, wie dieser Kolbe ausgerechnet nach Barmen kam?«, frage ich die beiden.

Mein Vater hat die Erwähnung Goethes verkraftet und scheint sich über mein Interesse zu freuen: »Ja, Friedrich, wie das Leben so spielt oder anders gesagt: wie es Gott mit uns vorhat! Der Kolbe war längere Zeit in Paris abgetaucht und hatte sich dort in die Malerei vertieft. Als er zurück nach Düsseldorf kam, ging es schlichtweg ums Überleben. Er und seine französische Gattin hatten inzwischen zwei Kinder, sein Wunsch, an der Akademie zu lehren, wurde erst mal nicht erfüllt. Also brauchte er Mal-Aufträge, die ihm Geld brachten. Wie und wann er zum ersten Mal in unser Tal kam, weiß ich nicht. Aber ich erinnere mich, dass meine Eltern zu den Ersten gehörten, die von ihm porträtiert werden wollten. Und wie das hier in Barmen und Elberfeld so ist: Jeder kennt jeden ... ich meine, unter uns Geschäftsleuten ... und dann wird so ein guter Maler weiter empfohlen, von Familie X an die Familie Y und so weiter und so fort. Da wollte damals auch niemand vor dem anderen zurückstehen, jeder wollte ein schmuckes Haus haben und dazu gehören eben auch attraktive Bilder, verstehst du?«

Ich verstehe und blicke mich so um: Unser Engels-Haus gehört gewiss mit seiner edlen und wertigen Einrichtung, den riesigen Malwerken, Vorhängen, Kaminen und dem stilvollen Mobiliar genau zu diesen Häusern.

Mein Vater scheint meine Gedanken zu ahnen: »Junge, das hier bei uns ist alles noch sehr bescheiden! Da musst du mal gucken, was die De Weerths, die Wuppermanns, die Von der Heydts, die Bredts und wie sie so alle heißen, hier seit geraumer Zeit bauen lassen.«

Konkurrenten

Mein Vater hat mich durch das Kolbe-Gespräch neugierig gemacht:

Wie gestalten eigentlich die Familien ihr Leben, die, wie wir Engels, in Barmen, oder in Elberfeld und den umliegenden Industriestädten ihre großen Geschäfte machen?

Vorrangig ist es ja die Textilbranche, in der hier, in vielen Sparten, Geld verdient wird. Aber schon das nahe Remscheid und Solingen sind von anderen Industriebranchen geprägt und damit sogar international erfolgreich. Hier unter anderem die moderne Werkzeug-Herstellung, dort Messer und Klingen. Schaut man gen Ruhrgebiet, so entwickeln sich der Bergbau und die Gießwerke mit einer Rasanz und in einer Größenordnung, die kaum jemand erahnen konnte. Mit der Erfindung und der Weiterentwicklung der Dampfmaschine sind nun in den großen Fabriken ganz neue Produktionsmöglichkeiten entstanden – mindestens so bedeutsam ist jedoch das Schienennetz, welches der dampfbetriebenen Eisenbahn demnächst ermöglicht, Kohlen, Erz, Waren von einer Industriestätte zur nächsten zu transportieren.

Und was offenbar nicht minder bedeutsam ist: Alsbald wird der Mensch sich auf diese Weise fortbewegen! Was Jahrhunderte lang nur mit der Pferdekraft in Kutschen und Karren und im Winter mit Schlitten möglich war, wird demnächst mit vielfacher Geschwindigkeit (allerdings auch mit viel, viel Ruß) und viel wetterunabhängiger in dieser Eisenbahn möglich sein – das ist wahrlich so etwas wie eine Revolution!

Manche meiner Schulfreunde nerve ich längst, weil ich so intensiv mit diesem Thema beschäftigt bin und mich auch darüber nicht nur mit meinem werten Vater austauschen will. Im Gegenteil: möglichst nicht mit ihm! Denn ihn interessieren vorrangig die neuen Geschäftsmöglichkeiten, die sich auftun. Mich aber beschäftigt mehr und mehr die Frage: Was geschieht mit den Gewinnen, die erzielt werden? Wofür gibt man sie aus? Wieso treffe ich in vielen Stadtteilen auf so viel bettelnde und total verarmte Menschen? Wenn ich deren kärgliche Kleidung, deren Schuhwerk und vor allem deren von Hunger und Entsagung geprägte Mimik sehe, überkommt mich Mitleid. Und mein Gewissen ist wenig beruhigt, wenn ich hier und da und dort etwas von meinem Taschengeld abgebe.

Oft werde ich dabei sogar noch angepöbelt, denn viele dieser armen Menschen sind (gelinde gesagt) angetrunken! In unserem Tal entsteht eine Brauerei nach der anderen und billigen Fusel kann man sich offensichtlich auch selber brennen.

Und dazu in einem Kontrast, der mir nicht in den Kopf will, ist der oben erwähnte Luxus, der sich mehr und mehr auch darin ausdrückt, was und wie die Reichen bauen. Na klar: Burgen, Schlösser und Prachtvillen hat es schon in vielen Kulturphasen gegeben. Nun aber sind es nicht mehr Kaiser, Könige, Fürsten, Grafen, die damit protzen oder es sich einfach gut gehen lassen, sofern sie nicht gerade Kriege führen – jetzt ist es eine Art »Geld-Adel«, der sich nicht nur durch feinste Kleidung (siehe die Kolbe-Bilder meiner Familie!) und ihre üppige Nahrung vom einfachen Volk abhebt – er präsentiert sich auch durch prächtigste Villen und Gärten!

Eines sei, bei all meiner Skepsis, aber auch erwähnt: Einigen der so Betuchten ist es ein großes Anliegen, dem »einfachen Bürger« Oasen der Ruhe und des Genusses zu bieten. Entweder werden solche öffentlichen Gärten und Parks mit den eigenen Einnahmen finanziert. Oder es wird in Kreisen der Bürger, die ebenfalls reichlich Geld verdienen, für diesen guten Zweck gesammelt. Ein Beispiel, das ich schon erwähnt habe, ist die Hardt, wo ich mich so gerne aufhalte, um meine

Gedanken in die Ferne fliegen zu lassen und mich, wörtlich gesagt, im ‚Weit-Blick' zu üben ...

Eine ganz andere Art von prächtigen Parks und Villen, die von berühmten Architekten geplant sind, präsentieren einige Konkurrenten meines Vaters.

Da gibt es zum Beispiel den Terrassengarten der Familie Wuppermann, auch Scheuren, Schüren oder gar, nach dem berühmten königlichen Vorbild in Potsdam, ‚Sanssouci' genannt. Es ist eine vielstufige Gartenanlage mit riesigen Springbrunnen und einem Nutzgarten, in dem unter anderem edle, gar exotische Früchte und Gemüse angebaut werden, zum Beispiel Wein, Melonen, Artischocken und Spargel. Im zentralen Haus werden Einladungen für die zahlreichen Verwandten und die Geschäftsfreunde gegeben, das alles abgeschirmt vor neugierigen Blicken durch eine riesige Mauer. Rundum haben die Wuppermanns ihre Produktionsstätten für textile Produkte und natürlich reichlich Wiesen zum Bleichen und Färben.

Eine andere berühmte Kaufmanns-Familie im Wupper-Tal sind die de Weerths. Ihnen gehört die sogenannte Lustanlage am Brill, eine künstlich geschaffene Miniatur-Landschaft. Dank einer eigenen Quelle und des Briller Bachs war es möglich, Teiche mit verschlungenen Wasserläufen anzulegen – rundum feinste Gartengestaltung mit Wegen zum Lustwandeln durch gepflegte Rasen- und Blumen-Anlagen ...

Ich muss nicht erwähnen: Auch diese teure Kreation ist nicht für den Mann (oder gar die Frau) von der Straße geschaffen!

Erwähnenswert ist in diesem Zusammenhang auch der Besitz des Fabrikanten Friedrich August Jung. Er erwarb ein altes Gutshaus nebst Mühle auf der Höhe eines Felsens über der

Wupperaue in Sonnborn. Sein geschäftliches Konzept war ein sehr spezielles: Er ersetzte das alte Gebäude durch Neubauten und errichtete an Stelle der Mühle eine Spinnerei, die bald die größte von ganz Europa wird. Aber zugleich bleibt er bei der Landwirtschaft in größerem Stil. Nicht nur für den privaten Gebrauch, sondern auch für den Verkauf, werden Getreide und Kartoffeln angebaut, wird Heu geerntet, um im Winter Futter für die Milchkühe vorrätig zu haben. Vielen angestellten Arbeitern wird auf dem weitläufigen Gelände eine kleine Wohn- und Garten-Parzelle zur Selbstversorgung zur Verfügung gestellt – übrigens eine Idee, die auch mein Vater im Bruch umgesetzt hat. Im Gegensatz zu ihm war Friedrich August Jung einer der Fabrikanten, der Herrschaftliches liebte. Während meine Familie in den Bau von Kirche, Schule und Armenhaus investierte, ließ sein Konkurrent auch einen gepflegten Park mit Fischteichen anlegen und sein Haus zierten Spaliere für Wein, Pfirsiche und Aprikosen ...

Mitten in der Stadt, in Elberfeld, ließ eine andere berühmte Familie, die von der Heydts, ein teures, doch im Stil eher schlichtes Gebäude errichten – allerdings mit einem klassischen Tempelgiebel. Für einen Park war hier, unweit der Wupper, kein Platz und eine Fabrik mit riesigen Webstühlen und anderen dampfbetriebenen Maschinen braucht es auch nicht: Diese reiche Bankier-Familie muss nur Raum für Geld-Tresore und Schuldscheine haben. Mein Vater macht ja seit geraumer Zeit auch Finanz-Geschäfte – mit so einem Groß-Bankier kann und will er jedoch nicht konkurrieren.

Ein Junge namens Till

Ich kann nur immer wieder sagen: Diese Engels, zu denen ich gehöre (ob ich will oder nicht), sind eine merkwürdige Familie: Mein Vater ist dauernd auf Achse (oft im Ausland) und meine Mutter ist dauernd schwanger – irgendwie aber klappt das ungewöhnlich gut mit ihrer Liebe. Nun sind sie schon ungefähr eineinhalb Jahrzehnte zusammen und wenn ich sie dann so zusammen erlebe: Sie wertschätzen sich gegenseitig!

Was aber so besonders und in der heutigen Zeit keine Selbstverständlichkeit ist: Meine Mama hat als Frau bedeutende Rechte. Sie ist in die geschäftlichen Angelegenheiten meines Vaters voll einbezogen. Sie ist ihm eine wichtige Ratgeberin. Sie darf in den Engels-Firmen sogar Verträge unterschreiben!

Wie viele Jahre mag das noch dauern, bis so etwas in unserer Gesellschaft eine Selbstverständlichkeit ist?

So wundert es auch nicht, dass meine Mama, wenn Vater unterwegs ist, dann und wann sogenannte Kontrollgänge in den verschiedenen Betrieben macht. Das könnte zwar auch durch die Brüder meines Vaters, die immer noch Teilhaber sind, erledigt werden – aber vielleicht hat Vater zu seiner geliebten Elisa mehr Vertrauen?

»Hast du Lust, mit mir durch die Fabrik zu gehen?«, fragte mich eines schulfreien Tages meine Mama.

Wenn ich ehrlich bin: So richtig Lust hatte ich keine!

Tatsächlich hatte ich nicht selten ein Problem damit, Sohn eines großen bedeutenden Fabrikanten zu sein. Die Besuche in den Ställen, in der Schmiede, in der Schreinerei – überall dort, wo nur wenige Menschen arbeiteten – waren für mich unproblematisch, sogar reizvoll. Sobald ich aber Fabriken mit Dutzenden von Arbeitern sah – Menschen, die da in Ruß und

Rauch und Maschinenlärm rackerten und schufteten, war ich verlegen.

Ich kam da in feinen, sauberen Klamotten und musste keinen Finger rühren. Wie konnten diese Arbeiter wissen, welche Mühe mir oft genug die Schule bereitete, dass ich nicht selten wie sie einen Zwölf-Stunden-Tag hatte ...

Es wiederholte und verdichtete sich der Gedanke: Weshalb leben die Menschen in so verschiedenen Verhältnissen? Ist das wirklich gerecht?

Und immer wieder die Frage: Hat das unser lieber Gott so gewollt? Oder haben da noch andere ihre Hände im Spiel??

Doch zurück zum Geschehen dieses Tages, das ich nicht verhindern konnte, weil ich meine Mama nicht enttäuschen oder kränken wollte: Dieser Fabrik-Besuch hatte völlig unerwartete Folgen!

Wir gingen durch eine Halle mit einem riesigen, eben erst in Betrieb gestellten Webstuhl: gigantisch lang, hoch und laut, mit einer Mechanik, die ich wahrscheinlich nie begreifen werde, weil sie mich letztlich auch nicht interessiert.

Meine Mama sah meine Verwirrung und deutete sie falsch: »Einer von den Jungs kann dir die Mechanik erklären!«

Am liebsten wäre ich auf der Stelle geflohen, denn sie sprach etwas an, was ich eigentlich zum ersten Mal so konzentriert wahrnahm: Da waren rund um mich herum nicht nur etliche schwitzende und schwer atmende Männer am Werk ... es gab auch zahlreiche Kinder, manche höchstens sieben oder acht Jahre alt, die unter den Web-Konstruktionen an irgendwelchen Spindeln und Spulen hantierten, oder gerissene Fäden verknüpften – ungemein flink und ohne Pause, dabei fast alle in gequält-gebeugter Haltung.

Es war zu spät, ich musste mich fügen: Mit einem freundlichen Wink hatte sie einen Jungen zu uns gerufen. Er war schon älter als diese armen Winzlinge da unten, aber etwas jünger als ich.

»Wie heißt du?«, fragte meine Mutter sehr freundlich.

Der Junge machte verlegen so etwas Ähnliches wie einen Diener und er schien zu wissen, wen er vor sich hatte: »Till«, sagte er, indem er mich mit einem kritischen Seitenblick musterte.

»Kannst du bitte meinem Sohn mal erklären, wie diese neuen Maschinen funktionieren. Du hast doch sicher viel Ahnung von diesen Geräten, mit denen ihr so fein Gewebtes herstellt, oder?«

Der Junge war auf so eine Art von Ansprache nicht vorbereitet, noch weniger auf die Geste, die folgte: Mama entnahm ihrer Rocktasche eine Münze und steckte sie dem Jungen zu:

»Kannst du sicher gebrauchen!«

Weg war die Gute, selber wohl auch verlegen.

Da standen wir nun, wir zwei Jungs: Ich der feine Gymnasiast und er, der verdreckte Fabrikarbeiter ...

Ich hatte leider bisher nur ganz wenige Theater-Aufführungen gesehen (so etwas war im Wupper-Tal eine Seltenheit!) – hier jedoch sah ich mich plötzlich selber auf der Bühne. Ziemlich ungeübt und ohne Textbuch, mein Gegenüber nicht minder überfordert von seiner Rolle:

»Was interessiert Sie? Was soll ich Ihnen erklären??«

Nun musste ich schmunzeln: »Ich bin Fritz und bitte kein Sie, alles klar?«

Es war schneller klar, als zu erwarten war. Dieser Till führte mich an diese und jene Stelle in der Halle, erläuterte dieses und jenes, musste die eine oder andere getuschelte Bemerkung von seinen gleichaltrigen Kollegen verkraften und er war sichtlich erleichtert, als ich die Führung alsbald abbrach:

»Ich kann hier kaum atmen und bekomm Ohrenweh! Komm, lass uns nach draußen gehen!«

»Nee, ich muss weitermachen«, erwiderte er unsicher. »Sonst krieg ich von denen eins auf die Fresse!«

Mit dieser Erwiderung gab ich mich nicht zufrieden: »Wann hast du Schluss?«

»Um sechs, dann muss ich noch in die Schule!«

»Wann hast du mit deiner Arbeit begonnen?«

»Um sechs.«

Ich musste erst mal meine Gedanken ordnen: zwölf Stunden Arbeit und dann noch Schule?

»Kannst du dich dann noch konzentrieren?«

»Nee, aber schlafen«, sagte er trocken. »Danach muss ich noch meiner Mutter helfen. Ich hab noch acht Geschwister zu Hause.«

Nun war es wirklich wie im Theater! Wir spielten in einer gut ausgedachten Komödie: zwei Jugendliche, etwa gleichen Alters. Der eine aus reichem, der andere aus armen Elternhaus.

Beide acht Geschwister und sonst?

»Was macht dein Vater?«

»Über den red ich lieber nicht. Wenn er so weitermacht, zählt er demnächst die Schäfchen im Himmel oder muss in der Hölle für seine Sünden büßen.«

»*Till*«, tönte es aus dem dampfig-lauten Dunkel. »Soll ich die Maschine wegen dir abschalten?! Soll ich dich bei dem alten Engels anzeigen?!«

»Schnell, geh an die Arbeit! Wir sehen uns!!«

Till sah mich ungläubig an. Ihm gelang noch ein Hauch von dankbarem Schmunzeln und dann war er weg ...

Eine echte Freundschaft

Inzwischen lebe ich tatsächlich in zwei Welten ... eigentlich in drei ... oder gar vier?

Die Schule nimmt mich voll in Anspruch: Mein Ehrgeiz ist es, ein gutes Abitur zu machen, um damit alle Möglichkeiten für ein Studium zu haben.

Die Welt der großen Literatur und der Kultur hat mich mehr denn je in ihren Bann gezogen. Ich kann nicht genug von diesen Anregungen bekommen, denn: Ich will, ich muss selber schreiben!

Das Leben eines Engels ist derweil auch immer fordernder und anstrengender. Mein Vater bezieht mich, warum auch immer, zunehmend in seine geschäftlichen Angelegenheiten ein. Kaum ein Wochenende – wenn er zu Hause ist – ohne neue Ideen für seine Firma, ohne ehrgeizige Pläne, mit denen er auf dem neuesten Stand der Technik sein will!

Und dann gibt es diesen Till, dem ich Besonderes verdanke: Mit seiner Zuneigung, seinem Frohsinn (trotz aller Lasten zu Hause!), mit seinen verrückten Ideen und seiner Ehrlichkeit bekomme ich einen Einblick in eine Welt, von der ich zwar wusste, die mir trotzdem wegen meines speziellen Zuhauses und meiner Erziehung reichlich fremd war. Jetzt endlich kann ich hautnah erfahren, was Armut ist. Mein inzwischen in die Staaten entschwundener Alexander hatte mir auch schon so manchen Einblick gewährt – aber er war ein Erwachsener!

Nun erlebe ich darbende und hungernde Kinder. Hier in Tills Familie kann ich miterleben, was es heißt, wenn man keinen Arzt entlohnen kann, vielleicht mit einem Quacksalber vorliebnimmt, der alles Leid eventuell noch verschlimmert.

Ist das wirklich eine gerechte Welt? Hat da unser Herrgott vielleicht den Überblick verloren?

Haben die lieben, gottesfürchtigen Christen wirklich alle Menschen in ihre Gebete einbezogen??

Nicht einmal mit meinem Patenonkel kann ich solche Fragen besprechen!

Aber ich habe jetzt einen Gesprächspartner, der, trotz all seiner Armut und seiner wenigen Schulstunden, ungeheuer wissensdurstig und für jedes Zusammensein sehr, sehr dankbar ist. Deshalb gehe ich ein Risiko ein, das manchmal Albträume verursacht:

Wehe, mein Vater erfährt, dass ich mit jemandem befreundet bin, der in seiner Firma arbeitet!

Es ist ja keineswegs so, dass meinem alten Herrn die Arbeiter egal sind: Er baut ja inzwischen sogar Wohnhäuser für sie. Er finanziert mit anderen Wohlhabenden der Stadt sogenannte Armenhäuser. Er beteiligt sich, wie sein Vater, an dem Ausbau eines Schulhauses.

Und ich könnte schmunzelnd hinzufügen: Er betet, wie wohl alle Gläubigen in unserem Wupper-Tal, sonntags gar zweimal für die armen Seelen dieser Erde ...

Ich aber will es leibhaftig erleben, ich will die Armut mit eigenen Augen beurteilen!

Ja, ich bekomme auf den Straßen unserer Stadt reichlich mit, wie die Benachteiligten ihren Frust ausleben: fluchend und pöbelnd, bettelnd und klauend, saufend und schlägernd. Nur bekommen wir Gymnasiasten, wir Söhne (und Töchter) aus wohlhabendem Haus, in der Regel nie eine Gelegenheit, in die Intimität der Armut vorzudringen.

Es gibt gewiss zwei Gründe: Wer will sich schon hautnah und ungeschützt dieser Realität aussetzen? Und wer sieht überhaupt einen Sinn darin, solche Verhältnisse grundlegend zu verändern??

Auch ich habe keine Lösung parat.

Till aber schenkt mir diese Erfahrung, die ich bisher nicht kenne. Um unbeobachtet zusammenzufinden, müssen wir uns natürlich etwas einfallen lassen – ich kann unmöglich jedes Mal als Junior an der Fabrik auftauchen und Till herausrufen lassen. Genauso ist es letztendlich nicht machbar, bei uns im Bruch in dieser Paarung von Arm und Reich, von Verdreckt und Geschniegelt, unbeobachtet herumzulaufen. Letztendlich kennt hier jeder jeden und die Menschen im Wupper-Tal scheinen mir extrem neugierig ...

Ostereier

Wie bunt kann unser Leben sein?!

Feiertage – vor allem Weihnachten, Ostern und Geburtstage – waren für mich schon von klein an Nachdenktage. Keine Ahnung, wodurch so etwas ausgelöst wird ... ich bin ja schließlich nicht der Einzige, der von so einem Tag berührt ist.

Ja: Weihnachtsbäume werden bunt geschmückt, Ostereier gefärbt, die Kuchen am Geburtstag mit leuchtend bunten Kerzen und Süßem dekoriert! Es gibt feierlich gedeckte Tafeln und wunderschön verpackte Geschenke – aber da ist noch mehr Feierliches.

Ich wurde schon als kleiner Junge durch jede Art von Musik in eine Stimmung versetzt, wo ich dem Weinen nahe war. Es reichte oft schon ein Geburtstagslied oder die Hausmusik, die bei uns an den Festtagen dazu gehörte. Von noch viel stärkerer Wirkung waren und sind die Gottesdienste an diesen Tagen: Gemeinsamer Gesang weckt etwas in meinen tiefsten Tiefen und wenn dann gar noch orchestrale Musik oder Orgelklänge dazu kommen: pure Emotion!

Dies allerdings ist nicht das Einzige, was mein Herz berührt oder etwas im Kopf auslöst: Meine Gedanken schweben davon, vor allem, wenn ich in der Kirche sitze. Nicht nur in den Himmel, wo es so viel Wundersames geben soll! Nein, es geht um das Hier und Jetzt:

Ich sehe Menschen, die ich nicht persönlich kenne, die ich auf der Straße, in Läden oder irgendwo beim Wandern gesehen habe – anders als ich gekleidet, mit einer anderen Sprache und oft auch mit einem Gesichtsausdruck, der mich selber traurig macht!

Warum hat Gott eine solche Welt geschaffen, mit so extremen Unterschieden?

Was machen jetzt gerade, wenn wir uns dem Feiern hingeben, Menschen, die nicht einmal ein eigenes Zuhause haben? Wie kann ein Afrikaner, den man in die Vereinigten Staaten entführt und zu einem Sklaven gemacht hat, einen Feiertag begehen? Was sollen Indianer feiern, wenn man ihnen ihr Land genommen hat? Wie armselig schaut es vielleicht in Regionen aus, wo es wegen des Klimas ständig an Wasser fehlt? Wie war es oder ist es, wenn durch Kriege ganze Länder in die Armut und Hungersnot getrieben werden – von anderen Dramen dabei mal abgesehen ...

Doch heute ist mal wieder Ostern bei uns, bei den Engels, auf dem Bruch, in Barmen, im Wupper-Tal, im Bergischen Land, in Deutschland!

Den Karfreitags-Gottesdienst haben wir hinter uns, Vater war auch am Samstag zweimal in der Kirche. Ja, es dreht sich alles um Jesus, seine Kreuzigung, seine Wiederauferstehung.

Ich weiß vieles aus der Bibel – nicht zuletzt durch meinen so engagierten Patenonkel: Sein Neffe soll schließlich ein zutiefst gläubiger und tätiger Christ werden! Er soll die lange Engels-Familientradition fortführen. Er soll unter Gottes Führung ein glückliches und erfolgreiches Leben führen!

Aber wer nimmt mir meine Zweifel an diesem und jenem? Ich mag ja Geschichten mit interessanten, starken Charakteren – damit ist die Bibel reich bestückt. Vieles davon könnte auch in einem Roman erzählt werden. Nur die Verpflichtung, etwas von der ersten bis zur letzten Zeile zu glauben und nachzubeten, das widerstrebt mir manchmal.

Deshalb ist Ostern für mich noch in ganz anderer Hinsicht eine Art Freudenfest, eine bunte Lebensfeier – mit reichlich

Erinnerungen an Jahre, in denen es auch um ‚Glauben' ging. Und in jedem weiteren Jahr geht es genau darum: Denn da meine Eltern so zeugungsfreudig sind, gibt es schon viele Tage vor dem Fest die Frage:

»Glaubst du echt an den Osterhasen?«

Und natürlich kommt prompt die Antwort: »Na klar, ich hab ihn gestern bei uns im Garten gesehen! Er hatte nichts dabei, wahrscheinlich wollte er nach guten Eierverstecken suchen!«

Da bekommt die winzige Elisabeth Kulleraugen. Mein Rudolf-Bruder hat zwar ein paar Zweifel, denen jedoch von der kaum älteren Hedwig sofort heftigst widersprochen wird:

»Ich hab von ihm diese Nacht geträumt und er hat mir hoch und heilig versprochen, dass er bei uns vorbeikommt!«

Emil grinst, Anna lächelt und der gute Hermann kann sich seinen Kommentar nicht ersparen: »Wer's glaubt, wird selig!«

Ich bin an diesem Sonntag mit oder ohne Glauben selig: Ich hab meine wunderschönen Erinnerungen und in diesem Jahr bin *ich* der Osterhase! Schon in der frühen Morgendämmerung war ich im Haus und im Garten unterwegs und habe Nester versteckt, die in diesem Jahr ausgesprochen schön sind: dank eines weiblichen Osterhasen, der Marie heißt!

Ich kann mich mal wieder nur wundern über meine Schwester. Wochenlang schon hat sie sich mit etwas beschäftigt, das in unserem Wupper-Tal eine lange Tradition hat: der Färberei!

Sie ist nicht nur in die Engels-Fabrik gegangen, um so viel wie möglich über das Färben von Stoffen und anderen textilen Materialien zu erfahren. Sie war in den Wupper-Städten unterwegs, um sich in verschiedenen Werk- oder Verkaufsstätten kundig zu machen. Und jetzt kann sie mir lange Vorträge über die verschiedensten Pflanzenfarben, ihre Herkunft, und ihre Verwendung halten. Und was eigentlich für Stoffe, Tücher,

Bänder, Kordeln und vieles mehr gedacht ist, darf jetzt auch die Osterhäsin für das Eierfärben verwenden:

Purpur: Angeblich schon 1600 v. Chr. gewonnen, indem man winzige grüngelbliche Tropfen aus dem Darmkanal der Stachelschnecke entnahm, sie dem Sonnenlicht aussetzte und dadurch das leuchtende Purpurrot entstand. Dank vieler zusätzlicher komplizierter Behandlungen entsteht dann dieser besondere kostbare Farbton, der lange Zeit den Priestern und weltlichen, gekrönten Herrschern vorbehalten blieb ... so wurden bei den Römern die Prinzen als zukünftige Regenten sofort nach ihrer Geburt in purpurfarbenen Windeln gewickelt.

Türkischrot: Diese Farbe, die man dank der Krapp-Pflanze gewinnt, hat in unseren Landen seit Langem eine besondere wirtschaftliche Bedeutung. Ursprünglich aber war die Wurzel dieses Gewächses ein Genussmittel, das man gemeinschaftlich zerkaute, um damit ein gemeinsames Wohlbefinden zu erzeugen – in der Südsee sollen damit vor Urzeiten Rauschgetränke für festliche Gelage hergestellt worden sein.

Irgendwann kam ein findiger Kopf auf die Idee, dieses attraktive Rot zum Färben von Stoffen zu verwenden. Um jedoch ein leuchtendes, wirkungsstarkes Türkischrot zu gewinnen, braucht es diverse Operationen, die von unseren erfolgreichen Textilherstellern als Geheimnis bewahrt werden – sozusagen als alchemistische Rezeptur.

Indigo: Bereits vor mehr als 2000 Jahren wusste man, wie man diesen kräftigen Blauton für die Färberei von Garnen und Stoffen erzeugen konnte: Blätter der Waidpflanze wurden abgeschnitten, ausgewaschen, gedörrt und mit einer Waidmühle zu einem Brei gemahlen. Den formte man zu kleinen Bällen, ließ ihn trocknen und verkaufte ihn zur weiteren Aufbereitung an Färbe-Spezialisten. Mit zusätzlichen aufwendigen Verfahren entsteht dann die blaue Farbe, die im getrockneten Zustand in Fässern an die Textilfärber verkauft und von ihnen vielfältig verwendet wird. Wenn dann eine Osterhäsin vorbeikommt und um ein kleines Töpfchen Farbe bittet, wird sie natürlich nicht abgewiesen.

Marie – man ahnt es schon – gab sich mit diesen drei Farben nicht zufrieden. Da mussten der Granatapfel, die Rote Beete, die Maulbeere, die Kamille, Kurkuma, Distel und Gelbwurz her, um Eier, möglichst von weißen Hühnern, so wunderbar bunt zu färben ...

Und wenn das noch nicht ausreichte, kam ein älterer, männlicher Hase daher, um die Ostereier heimlich mit Karikaturen zu versehen!

»Wann endlich dürfen wir suchen??«, ist die mehrstimmige Frage an diesem Ostersonntagmorgen.

»Wenn wir gebetet und gefrühstückt haben, ihr Süßen!«, ertönt die Vaterstimme, heute so sanft und lieb wie meistens an solchen Festtagen.

Natürlich ist der Tisch feierlich, mit dem besten Geschirr des Hauses, gedeckt. Frisch gepflückte Osterglocken und selbst gezogene Narzissen verbreiten ihren zarten Duft. Der Geruch der gebackene Osterlämmchen und des Kaffees in der bergischen Dröppelminna ist kräftiger. Marmeladen aus eigener Herstellung, feinster bergischer Blütenhonig, Käse von einheimischen Schafen, Ziegen und Kühen und so manches mehr lassen die Muster der feingewebten Tischdecke (aus ureigener Engels-Produktion!) kaum erkennen ...

Dann endlich ist es so weit: Auch der Fritz ist wieder ganz Kind und beteiligt sich am Suchen. Natürlich gibt es Streiterei, wer das schönste Nest hat. Und wie in den vergangenen Jahren ist ausgerechnet der pfiffige Emil der Letzte, der sein Nest findet – wollte der Osterhase etwa ein bisschen gemein sein?

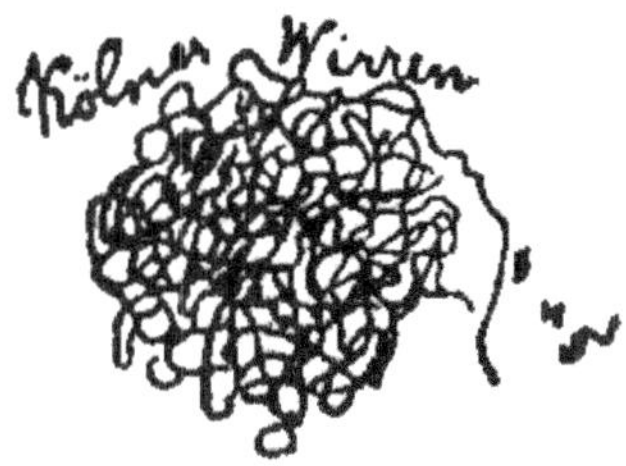

Sie haben sich lieb

Es gibt Tage, an denen passiert nichts Aufregendes und man ist dennoch tief innerlich bewegt. Natürlich geht es bei uns immer munter zu ... schließlich wirbeln hier inzwischen siebeneinhalb junge Engel(s) rum! Außerdem gibt es ja noch Personal, manche im Haus, andere drum herum beschäftigt.

Das Familienoberhaupt ist mal wieder abwesend. Trotzdem ist er auf eine unsichtbare Art und Weise präsent ... zuweilen ja nur als Geistwesen ... heute, an einem warmen Mai-Tag, reicht auch ein Brief von ihm, seine Strahlkraft wirken zu lassen!

Ich beobachte Mama beim Lesen seiner Zeilen: hoch konzentriert, manchmal innehaltend, mal kurz schmunzelnd, dann wieder ernst. Eine Szene, die auch auf der Bühne spielen könnte ... in einem edel ausgestatteten Salon, die Wände mit großen Bildern auf teurer Stoff-Tapete bestückt ... im Hintergrund ein offenes Fenster, durch das von draußen das Gezwitscher von Rotkehlchen und Dompfaffen zu vernehmen ist.

Ich mag diese Gesichtsausdrücke von Mama. Da zeigt sich fast gleichzeitig Ernstes und Lebensfrohes. Da ist Reife gepaart mit zuweilen fast Mädchenhaftem – verwunderlich, wenn man so vielen Kindern das Leben geschenkt hat.

Mama weiß, dass ich anwesend bin und in Gedanken mitlese – ohne den Inhalt genau entschlüsseln zu können. Und sie weiß auch, dass ich neugierig bin.

»Er geistert mal wieder von einer Stadt zur nächsten, dieses Mal nur in deutschen Landen. Den Brief hat er in Magdeburg geschrieben, vorher war er bereits in Leipzig und Dresden. Dann geht es mit der Schnellpost weiter nach Braunschweig, von da aus hoch nach Hamburg und zurück über Bielefeld in unser kleines, schnuckeliges Barmen. Kannst du dir das geografisch vorstellen?«

»Mama, dein Fritz hat nicht nur einen Globus, er hat auch sehr schöne bunte Landkarten!«

Meine Mutter lächelt und ich genieße ihre Worte: »Du kommst garantiert mal genauso wie dein Vater rum! Hoffentlich wirst du dann auch wie ich, nach bald zwanzig Jahren des Zusammenseins, so sehnsüchtig erwartet. Deine Eltern sind von Gott mit einer Art von Liebe beschenkt worden, die nur ganz wenige Menschen so erleben dürfen.«

Ja, ich bin berührt. Meine Mutter spricht das aus, worüber ich mir nicht selten Gedanken mache: Wie funktioniert das mit der Liebe? Wie kann man eine Beziehung gestalten, ohne dass sie sich nach kurzer Zeit abnutzt? Wer passt zu wem? Wie, wann und wo mögen sich die zwei begegnen, die füreinander bestimmt sind? Für immer??

In unserem ‚Literaturkränzchen' in Elberfeld haben wir uns mit Goethes ‚Wahlverwandtschaften' beschäftigt. Auch in diesem Roman erzählt der große Weimarer Dichter von Liebesgeschehnissen, die unser Oberprediger Krummacher als ‚gottlos' bezeichnen würde. Wie auch immer: Elisa und Friedrich Engels betrifft das nicht – die haben Sehnsucht nacheinander, wie zu Zeiten ihrer ersten Verliebtheit!

»Und dein Vater fragt in seinen Briefen auch immer nach dem Wohlbefinden all seiner Kinder, momentan natürlich besonders nach dem ‚seines Herzenskinds', der kleinen Elise. Er wollte euch auch unterwegs eine kleine Drehorgel und ein Blasrohr kaufen. Offenbar untransportierbar in der Postkutsche und deshalb auf später verschoben. Stattdessen soll ich mich um den Kauf eines Klaviers kümmern.«

»Und geschäftlich nichts Neues?«

Mama wundert sich über meine Frage und ich bin selber überrascht über meine Worte.

»Seit wann interessiert sich unser Fritz denn für unser

Gewerbe?! Natürlich erfahre ich auch auf diesem Wege immer die wichtigsten Geschäftssachen, deswegen ist Friedrich ja schließlich unterwegs. Dieses Mal läuft es wohl nicht so erfolgreich. Unsere lieben Konkurrenten aus dem Tal, die Mittelsten-Scheids, mischen erneut munter im Seidengeschäft mit: Sie gehen mit dem Preis nicht hoch, deshalb müssen wir unsere Produkte, zum Beispiel die edlen Bänder mit Figureneinschuss und die ‚Gaze rayés', also unsere feinen gestreiften Halstücher, zu einem unattraktiven Preis anbieten. Und du weißt, dein Papa liebt das Edle, zum Beispiel die Seide!«

Schmunzelnd zeigt sie mit einer weiten Geste das Rundum. In der Tat: Unser Haus hier ist in fast allen Räumen entsprechend ausgestattet: Teppiche, Tapeten, Gardinen, Vorhänge, Gemälde ... alles von allerbester Qualität ... wie auch das gesamte Mobiliar.

»Ich bräuchte das nicht so luxuriös und edel«, erklärt meine Mutter. »Ich komme aus bescheideneren Verhältnissen. Aber hier im Tal scheint man auch in diesen Dingen zu konkurrieren. Wenn du mal in die Häuser von den Oberen in Elberfeld oder ...«

»Nee, kein Interesse!«, unterbreche ich meine Mutter. »Mich interessieren mehr, die all sowas *nicht* besitzen!«

»Das solltest du deinem Vater lieber so nicht sagen ...«

Barmer Markt

Eigentlich bin ich am liebsten allein unterwegs. Egal ob ich durch die Stadt flaniere oder in der Natur wandere – ich will gänzlich ungestört alles, was mir begegnet, auf mich wirken lassen: Menschen, Tiere, Gebäude und auch die meistens dreckige Wupper, die mich fast magisch anzieht – ich weiß auch nicht warum.

Oft sind es nur Gerüche, die mich faszinieren: Wann und wo hab ich genau diesen einen wahrgenommen?

Manchmal kann ich ewig an einer Stelle verharren und alles um mich herum vergessen: Ich gehe raus aus dem Hier und Jetzt und lass mich in die Zukunft treiben – es ist irreal und real zugleich. Ich höre mich stumm reden – oft über Dinge, die ich vielleicht nie begreifen werde.

Zuweilen lege ich mich irgendwo auf eine Wiese, schau in den Himmel, verfolge Wolkengebilde, die in permanenter Wandlung sind ... manchmal fast echte Wesen, die sich im nächsten Moment zu einem fast Nichts auflösen. Wie geht es da oben weiter, was ist jenseits der Sonne? Wo ist das Göttliche da fern am Himmel? Kommen wir Menschen wirklich (fast) alle da oben hin – nicht unbedingt körperlich, vielleicht nur als Geist oder Seelenwesen? Rätselhaft das Ganze!

Wenn ich so abdrifte und mich im Kosmischen zu verlieren drohe, tut es manchmal doch gut, sich zurück ins Reale zu begeben. Nach allem Nachdenken und Philosophieren über das große Ganze brauche ich das kleine Ganze.

Ich meine nicht meine kleineren Geschwister, mit denen ich dann unterwegs bin. Es ist die mannigfaltige Ansammlung von Menschen, jung und alt. Es ist die bunte Vielfalt von Natur, die, tot oder lebendig, zum Kauf angeboten wird.

Ich meine den Markt mitten in Barmen, wo einmal in der Woche Gemüse, Obst und Getier angeboten wird. Das macht Sinn, denn unsere Stadt hat sich in den Jahren extrem verändert ... und ein Ende ist noch nicht abzusehen. Konnte man hier früher, als noch nicht überall Bleicherwiesen, Garngestelle und inzwischen große Wohn- und Fabrikgebäude die landwirtschaftlichen Nutzflächen verdrängten, die meisten Nahrungsmittel selber erzeugen oder ganz nah im Tausch erwerben – so braucht es jetzt Händler, die von draußen in die Stadt kommen. Mühsam mit Kiepen und Handkarren, manche auch mit Esels- oder eher Pferdekarren. Im Winter und bei uns im Bergischen so häufigen Regenwetter unter schwierigsten Bedingungen. Denn der so genannte Straßenbau lässt hier noch sehr zu wünschen übrig ...

Und da stehen sie dann in Wind und Wetter und bieten ihre regionalen Waren feil – manche laut und wie man richtigerweise sagt: marktschreierisch. Andere bescheiden und wortkarg und am Abend hoffend, alles an den Mann, besser gesagt, an die Frau gebracht zu haben.

Ich suche manchmal das Gespräch mit der einen oder anderen Bäuerin oder einem Händler. Ich möchte erfahren, wo sie und wie sie leben. Hier in der Stadt bin ich ja quasi nur von Handwerkern umgeben und mehr und mehr von solchen, die in den Fabriken schaffen – Männer, Frauen und ausgebeutete Kinder.

Aber wie schon gesagt: Oft oder meistens mache ich diese Marktbesuche gemeinsam mit einigen meiner Geschwister. Hermann interessiert das weniger. Marie aber ist immer dabei und Anna, Emil und die kleine Hedwig betteln schon Tage vorher, dass wir sie mitnehmen.

»Aber passt ja auf im Verkehr, immer an der Hand halten!«, werden wir von Mama und den Hausangestellten vorher gemahnt. »Die Fuhrwerke werden immer zahlreicher und rücksichtsloser, da kommt ihr schnell unter die Räder!«

Wir sind noch nicht auf dem Markt angekommen, da geht die Bettelei los:

»Ich will wieder zu den Küken!«

»Die Kaninchen! Bitte Kaninchen streicheln!«

»Das letzte Mal habt ihr versprochen, dass wir bei den Enten und Gänsen vorbeischauen!«

»Ich möchte ein kleines Hühnchen kaufen, wir haben viel zu wenige bei uns im Garten!«

Alles klar? Zwei Stunden sind im Nu vergangen. Geschenke, das heißt, je nach Jahreszeit frische oder getrocknete Beeren. Und Gebackenes wird natürlich auch reichlich angeboten ...

Ich hab meistens ein spezielles Erlebnis und dabei fühle ich mich selber wie die Kleinen.

Ein Bauer aus Spiekern oder Walbrecken – das liegt draußen fast bei Beyenburg – kennt mich seit Jahren und grinst schon von weitem, wenn er mich erblickt. Dann lockt er mich mit einem Fingerschnackler zu sich:

»Frischer Apfel gefällig?«

Ich nicke schmunzelnd und bekomme immer die gleiche Sorte geschenkt: einen säuerlich-knackigen Boskop, meinen Lieblingsapfel.

»Machs gut, Junge! Du gehst schon deinen Weg!«

Onkel Karl Wilhelm Moritz Snethlage

Ach, die lieben Verwandten ... manchmal verlier ich schon den Überblick!

So viele tragen ja den Namen ENGELS, seit Urzeiten. Vor allem meinem Vater ist die Familientradition enorm wichtig – deshalb redet er auch so oft von Stammhalter, sprich: von meiner Wenigkeit.

Doch da gibt es durchaus noch andere Familienmitglieder, die meinem alten Herrn sehr schätzenswert sind.

Ganz oben steht da sein Schwager K.W.M. Snethlage, also der Ehemann seiner Schwester Louise. Der ist ungefähr vier Jahre älter als er und hat es immerhin zu achtfacher Vaterschaft gebracht. Er wuchs in einer sehr christlichen Familie in Hamm auf – da wo meine lieben Großeltern leben. Inzwischen wohnt er wie wir Auf Bruch, denn er ist schon seit Ewigkeiten, durch die Vermittlung meines Vaters, Pfarrer der Vereinigten Evangelischen Kirchengemeinde in Unterbarmen. Übrigens eine Kirche, die mein Vater großzügigst finanziell unterstützt.

Und das sei auch erwähnt: Mein Onkel ist nicht so ein fanatischer Prediger wie dieser Krummacher in Elberfeld, der alle Kultur schlecht macht und die Gläubigen gegen jeden liberal Denkenden und Andersgläubigen aufhetzt ...

Onkel Karl Wilhelm Moritz ist häufig bei uns zu Gast und seit meiner frühen Kindheit sehr bemüht, mich zu einem bibelkundigen und tiefgläubigen Jungen zu machen. So bat Vater ihn auch, mein Taufpate zu werden. Wie sehr er seinen Schwager schätzte, mag aus einem Brief hervorgehen, den meine Mutter mir heimlich vorlas. Ich fand ihn so anrührend, dass ich Mama damals bat, ein paar Passagen daraus abzuschreiben zu dürfen. Immerhin war dieser Onkel, der damals in Berlin weilte, der Erste aus meiner Verwandtschaft, der offiziell von meiner Geburt erfuhr:

‚Freue dich mit mir, innigst geliebter Karl, der liebe Gott hat unser Gebet erhört und uns am verfloßnen Dienstagabend um 9 Uhr ein Kindlein, und zwar einen gesunden wohlgestalteten Knaben, geschenkt. Ihm sei Lob und Preis aus unsern vollen Herzen gebracht für dieses Kind und für die gnädige Hülfe und Bewahrung, welche wir bei der Entbindung für Mutter und Kind erfahren haben. Es ging zwar alles glücklich, doch war es eine schwere Geburt. Ach Gott, was fühlte ich, als ich mein armes Weib so leiden sah; es ist nicht zu beschreiben. Oft war es mir, als wenn ich es nicht mehr ansehen könnte, und doch ließ mich dieselbe Liebe keinen Augenblick von ihrem Schmerzenslager weichen, um ihr womöglich einige Erleichterung verschaffen zu helfen.
Der Herr sei gelobt, daß diese Zeit der Angst vorüber ist! Meine gute Elise ist nun seitdem den Umständen nach ganz wohl genesen, bloß diese Nacht bekam sie sehr heftige Leibschmerzen, welche jedoch von Blähungen herrührten und auf einige Verordnungen des Arztes bald wieder verschwanden. Das kleine Knäbchen schläft fast immer recht ruhig, und das ist recht gut, denn Gott stärkt ja den Kleinen im Schlafe. Sein kleines Haus steht neben mir, mit seinem sanft schlummernden Bewohner, und macht mir eine ganz neue große Freude, so oft ich es sehe. Der gute Gott nehme nun ferner beide Lieben in Seinen Heiligen Schutz. Er sei auch dem Kindlein ein so gütiger Gott und Vater, wie er mir bisher war, und gebe, daß wir einst von seinem Kinde noch Freude von dieser Geburt haben …
Deinen lieben Eltern und Geschwistern teilst du die heutige

frohe Nachricht wohl mit, und sei so gut, meine Elise und mich ihnen allen sanft aufs herzlichste zu empfehlen ...
Da hat soeben Elise den kleinen Jungen bei sich und unterhält sich mit ihm. Mir laufen immer wieder die Freudentränen in die Augen, wenn ich das sehe und höre. Gott lasse dich auch mal solche Freuden empfinden, Herzens-Karl.

Der Herr sei mit dir und deinem Friedrich'

Was für anrührende Worte und gar Tränen!
Ist das wirklich mein Vater, der hier mit großer Strenge das Haus und seine Firmen regiert?
Ich muss gestehen: Dieser Mensch verwirrt mich immer wieder aufs Neue.
Und so wird es vielleicht bis zu seinem oder meinem Lebensende bleiben ...

Der Rhein … und ein nerviger Emil

»Fritze, Fritze!«, nervt mich mal wieder mein kleiner Bruder, »ich will endlich an den Rhein!«

Ich war in seinem Alter garantiert nicht so forsch und so drängend – seinen Wunsch kann ich allerdings bestens verstehen, mir ging es damals ja genauso.

»Frag unsern Vater!«, schlage ich vor. »Ich würd euch glatt begleiten.«

»Ach der!«, meckert Emil. »Wann sehn wir ihn denn? Entweder er ist auf Achse oder im Kontor oder er sitzt mit seinen Brüdern im Salon und diskutiert über die blöden Firmen!«

»Und trinkt mit ihnen feinen Rhein-Wein«, ergänze ich, während ich den Kleinen, der inzwischen immerhin bald acht wird, amüsiert beobachte.

»Und Mama ist dauernd in Hamm, Marie ist nur am Häkeln, Stricken oder Basteln und du, Fritze, hängst fast immer in Elberfeld rum!«

»Wart ab, wenn du mal im Gymnasium bist, dann …«

»Ich will nicht ins Gymnasium, ich will an den Rhein! Ich will endlich die großen neuen Schiffe sehn!«

Plötzlich kommt mir eine Idee: »Was wäre, wenn ich dir zum Geburtstag eine Tour zum Rhein schenke?«

Emil ist perplex. Dann springt er mich wie ein wild gewordener Affe an, trommelt mir mit seinen kleinen Fäusten auf den Brustkorb und stellt sofort Bedingungen: »Aber nur wir zwei! Und den ganzen Tag! In der Morgendämmerung los und dann bis in die Nacht!!«

Der 9.3.1836 ist ein Mittwoch und ich muss mein Versprechen einlösen: Am Vorabend lass ich mich von der Schule befreien und mache im Dunkeln einen Spaziergang nach Barmen – wie so oft nicht auf dem direktesten Wege über die Allee, sondern durch Seitengassen, in denen man noch ahnt, wie es vor einiger Zeit hier im Tal ausgesehen haben muss: Die Häuser fast alle im Fachwerk-Stil gebaut, viel bescheidener und viele davon leider dem Verfall preisgegeben.

Was mich aber weit mehr bedrückt: Du kannst die Armut riechen!

Ich meine weniger den penetranten Geruch der Kohlsuppen, die neben aller Art von Kartoffelfraß zu dieser Jahreszeit ein Hauptnahrungsmittel sind. Alles, was man über Winter einkellern oder -lagern kann, hält den Hunger in Grenzen.

Natürlich sind hier auch kleine Handwerkerbetriebe aller Art, mit denen man bei entsprechendem Fleiß nach wie vor gut überleben kann. Aber wie halten das diese Menschen hier aus, wenn sie dauernd in Kneipen (davon gibt es allerorten reichlich!) rumlungern? Diese armseligen Wesen kommen dir auch unter der Woche entgegengetorkelt, betteln dich an oder beschimpfen dich unflätig, weil sie erkennen, aus welchem Hause du kommst. Wo man im Übrigen beim Bridge oder Schach durchaus auch dem Alkohol zugetan ist: edler Obstbrand, leckere Liköre oder eben feinster Wein von der Aar, der Mosel, dem Neckar oder eben dem Rhein – hier, in den Gassen der Armen jedoch reichlich dünnes Bier und billigster Fusel fast an jeder Straßenecke!

Am nächsten Morgen ist es so weit: Bis auf die Bediensteten im Haus und unseren Kutscher weiß niemand von unserem Ausflug, der für Emil wie eine Weltreise ist.

Wir sind mit Proviant bestens versorgt – schließlich haben die Engels ja fürsorgliche und kinderliebende Angestellte!

Vor allem für Emil liegen warme Decken bereit. Die kann er gleich bei der Abfahrt gut gebrauchen.

»Fritze, darf ich bitte oben beim Kutscher sitzen!«, bittet der Kleine mich.

Soll ich ihm das verwehren? Schließlich kann ich mich noch bestens daran erinnern, wie stolz ich in seinem Alter war, dieses Hochgefühl auf dem Bock zu haben. Und wenn man dann auch noch, wenigstens für kurze Zeit, die Zügel halten darf ...

Ja, auch mir kommt diese Kutschfahrt hinaus aus dem Tal, teilweise auf und ab durch urige Landschaft, manchmal auch direkt an riesigen Baustellen vorbei – über das beschauliche Erkrath bis nach Düsseldorf (längst kein Dorf mehr!) – wahrlich nicht wie eine Spazierfahrt vor! In meiner Erinnerung waren wir hier früher über Stock und Stein unterwegs, kaum jemand begegnete uns und es dauerte ewig, bis wir an einer Poststelle oder einer Gastwirtschaft die Pferde tränken und füttern konnten. Jetzt fahren wir meistens sozusagen auf einer richtigen Straße – mit reichlich Gegenverkehr ... vor allem Fuhrwerke mit allen möglichen Baumaterialien.

Emil kann nur staunen. »Was bauen die hier überall?«, will er wissen.

»Eine Eisenbahnstrecke!«

Letztlich bin ich genau so fasziniert wie er: Ich habe von unserem Vater, in der Schule, aus den Zeitungen erfahren: Es gibt seit einigen Jahren schon eine sogenannte ‚Eisenbahn-Gesellschaft' oder so etwas Ähnliches. Ihre Aufgabe ist ein spektakuläres Projekt: Von Elberfeld bis Düsseldorf wird demnächst dieses Dampfross auf Schienen verkehren! Es soll mit gleich mehreren Anhängern sowohl Menschen als vor allem Waren aller Art transportieren. Es gibt erst seit wenigen Jahren in deutschen Landen solche Gefährte, die vielen Menschen Angst machen: so groß, so laut, so rußig und vor allen so schnell!

Aber noch sind diese Ungetüme, die unsere Welt völlig verändern werden, hier nicht unterwegs. Dafür steht Emil nach langer, langer Fahrt endlich am Ufer des so unglaublich breiten Rheins und sieht dort mit großen Augen auch Dampf: Riesige Schiffe mit Schaufelrädern und Kesseln, in denen über Kohleverbrennung Antriebsenergie erzeugt wird, fahren an uns vorbei – stromaufwärts und noch viel schneller stromabwärts – mit Kohle, mit Holz und mit mysteriösen Kisten beladen.

»Wo kommen die her? Wo fahren die hin??«

Ich habe noch nie jemanden mit so großen, staunenden Augen gesehen wie jetzt meinen Bruder und ich weiß: Was ich ihm jetzt mit wenigen Worten versuche zu erklären, ist in so einem Alter wohl kaum fassbar.

»Die Quelle des Rheins ist weit von hier, in einem Land, das Schweiz heißt. Dort ist es enorm bergig und fast überall muhen Kühe. Nachdem sich dieser Fluss dort oben in die Tiefe stürzt – man nennt diesen Ort ‚Rheinfall von Schaffhausen' – gelangt er bald zu einer Stadt, die Basel heißt. Dort kann man schon auf ein Schiff steigen und damit stromabwärts schippern. Dabei kommt man an vielen berühmten Städten vorbei – alle viel, viel größer als unser winziges Barmen: Straßburg, Koblenz, Bonn, dann Köln mit dem tollen Dom und bevor man hier nach Düsseldorf kommt, mündet unsere schmale Wupper in den so breiten Rhein. Dann geht es weiter und weiter abwärts, unendliche Kilometer bis in die Nordsee ...«

Ich merke, dass Emil mir längst nicht mehr folgen kann.

»Ich werd dir das mal auf einer Landkarte zeigen.«

Ich muss gestehen: Auch für mich ist diese Kutschen-Reise weit mehr als ein Ausflug. Diese modernen riesigen Dampfschiffe transportieren mich gedanklich in eine neue Welt, von der ich so manches, nicht zuletzt durch unseren reisefreudigen und technikinteressierten Vater, vernommen habe. Dennoch ist der Rhein bisher eher die Stätte von fantastischen Sagen gewesen – nun jedoch weitet sich mein Horizont fast wie in einem irrealen Traum ...

Geschrieben von Friedrich Engels 1836/37

Eine Seeräubergeschichte

I

Es war an einem Wintermorgen des Jahres 1820, als auf der Insel Kuluri, dem alten Salamis, dem Schauplatze athenischer Tapferkeit, ein Schiff eben im Begriff war abzusegeln. – Es war dies ein griechischer Kauffahrer, der, stark bemannt, Mastix, Gummiarabikum, etc., vorzüglich aber Damaszenerklingen, Zedernholz und feine asiatische Gewebe nach Athen gebracht hatte.

Am Ufer war alles in Bewegung. Unter den arbeitenden Matrosen ging der Kapitän herum, alles ordnend. Da flüsterte ein Matrose einem andern auf Italienisch zu: „Philippo, siehst du dort jenen jungen Menschen stehen? Das ist der neue Passagier, den der Kapitän gestern abend engagiert hat; er will ihn unter uns aufnehmen, oder, wenn er nicht will, ihn ins Meer versenken, denn nach Stambul, wohin er will, soll er nicht!"

„Aber", sagte Philippo, „was ist das denn für ein Mensch?" „Das weiß ich selbst nicht, der Kapitän wird's aber wohl wissen." Da erscholl ein Schuß vom Schiffe, und alle gingen zu den Booten. Der Kapitän ging in die Schaluppe und rief: „Junger Mensch – he, was träumt Ihr denn? – Kommt doch! Wir wollen abfahren!" Der junge Mensch, an den diese Rede gerichtet war, und der bisher hatte schweigend an einer Säule gestanden, blickte auf: „Ach ja", rief er, „ich komme", und schritt schnell auf das Boot zu. Er stieg ein, und mit raschem Ruderschlag wurde das Fahrzeug vom Ufer abgetrieben. Bald ist das Schiff erreicht, und nach der Lösung einer Kanone sammeln sich die Bootsleute auf dem Schiff, und bald wurde der Anker emporgewunden, die Segel gespannt, und rasch, wie ein riesiger Schwan, flog die Brigg hinüber über die bläuliche See.

Der Kapitän aber, der bisher die Arbeiten der Leute geleitet hat, tritt nun heran zu dem blühenden Jüngling, der trauernd, wie immer vorher, an des Schiffes Galerie sich lehnte und düster dorthin schaute, wo die Bergspitzen des Hymettos immer mehr in der Feme verschwanden.

„Junger Mensch", redete er ihn an, „kommt doch einmal mit mir in die Kajüte, ich will Euch etwas sagen."

„Gern" antwortete jener, und folgte dem voranschreitenden Manne. Unten angekommen, ließ ihn der Hauptmann sich setzen, und, nachdem er aus einer Flasche Chiosweins ihm und sich einen Becher eingeschenkt hatte, sprach er:

„Hört einmal, ich will Euch einen Vorschlag machen. Doch wie heißt Ihr? Und wo seid Ihr her?"

„*Leon Papon* heiße ich und bin von Athinai. Und Ihr?"

„Capitanos Leonidas Spezziotis aus Spezia. Doch hört! Ihr haltet uns wohl für ehrliche Kaufleute? Nein, das sind wir nicht! Sehet unser Geschütz, offen und verborgen, unsre Munition, unsre Waffenkammer an, und Ihr sehet leicht, daß wir solches Krämerhandwerk nur zum Scheine treiben. Ihr sollt aber sehen, daß wir andre, beßre Leute sind, nämlich echte Hellenen, Leute, die noch die Freiheit zu schätzen wissen, – kurz, Korsaren, wie uns die Ungläubigen, für die wir ein scharfes Schwert sind zu titulieren pflegen. Und nun wollte ich Euch, denn wahrlich, Ihr gefallt mir und erinnert mich sehr an einen lieben Sohn, den mir die Ungläubigen voriges Jahr vor meinen Augen erschossen haben, wollte ich Euch den Vorschlag machen, unter uns zu treten und mitzukämpfen für die Freiheit der Hellenen, und den Ungläubigen zu schaden, auf die man wohl den homerischen Vers:

Einst wird kommen der Tag, da die heilige Ilios hinsinkt /
Priamos auch, und das Volk des lanzenschwingenden Königs

anwenden könnte. Seid Ihr aber nicht gewillt, dies zu tun, so mag ich für die Folgen nicht stehen; denn mein Volk, wenn es erfährt, was für Mitteilungen ich Euch gemacht habe, wird sicherlich Euren Tod fordern, und mein guter Wille wird unterdrückt werden."

„Was sagt Ihr? Korsaren? Ich unter Euch treten? Auf der Stelle! Ich soll mich rächen können an des Vaters Mördern! O, gerne, gerne will ich in Eure Reihen treten, will mit Wut die Moslemin bekämpfen, will sie schlachten wie das Vieh!"

„Topp! Leon, so gefällst du mir! Laß uns auch auf das neue Bündnis eine Flasche Chioswein trinken!" Und frisch schenkte der alte Zecher ein und ermahnte seinen mäßigem Genossen oft durch ein lustiges: „So trink doch, Leon!", bis die Flasche geleert war.

Jetzt ging er mit seinem neuen Genossen durch das Schiff und zeigte ihm den Vorrat. Erst gingen sie in die Rüstkammer. Da hingen prächtige Kleider von aller Art, die enge Matrosenjacke, der weite Kaftan, der hohe Hut, die kleine griechische Mütze, der breite Turban, die enge Frankenhose und die weiten Beinkleider des Türken, die buntgestickte persische Weste, die ungarische Husarenjacke, der russische Pelzrock, paradierten alle durcheinander in großen Schränken. Die Wände waren bedeckt von Waffen aller Völker, alle Schießgewehre vom kleinen Terzerol (kleine Vorderladepistole) bis zur dreiläufigen schweren Muskete, allerlei Schwerter, die Damaszenerklinge, der spanische Stoßdegen, das breite deutsche Schwert, der kurze italische Dolch, das krumme Handschar, hingen sorgfältig sortiert an ihren Plätzen. In den Ecken standen Lanzenbehälter, so daß aller Raum im Zimmer benutzt war. Hierauf ging's in die Pulverkammer. Acht große Fässer, jedes mit hundert Pfund Pulver, und 4 kleine zu 10 Pfund standen da; in drei Fässern lagen Bomben, in zwei größeren Granaten; die Schränke an den Seiten waren voll von Krügen und Töpfen, deren Inhalt Pulver mit Bleistücken, Steinen, Eisenstücken vermengt war. Nun gingen sie in den Raum, wo Leoni das ihm mehrere Säcke voll Kanonenkugeln zeigte. Wieder gingen sie hinauf zu den Kanonen. Da standen an jeder Seite 12 Kanonen von schwerem Kaliber; auf der Schanze noch zwei Achtundvierzigpfünder. Überall dazwischen standen Drehbassen, im ganzen an dreißig Stück Geschütze. In der Kajüte, wohin sie zurückgingen, zeigte Leonidas dem Leon drei Kisten voll Flintenkugeln und zwei voll allerlei Schrot.

„Ist unser Schiff nicht in gutem Zustande?" redete er ihn an.

„Herrlich", antwortete jener, „es könnte nicht besser sein. Doch erlaubt, daß ich mich jetzt auf dem Deck etwas weiter umsehe!"

Er ging hinauf. Doch nicht lange, so fand er ihn wieder an der Galerie stehen. Eben waren sie am Vorgebirge Kolonai, dem alten Sunium, und düster sah wieder Leon nach den eben verschwindenden Spitzen des Hymettos sich um, da redete ihn also Leonidas an: „Nun, Bursch, warum so trübe, komm mit mir auf die Schanze und erzähle von deinem früheren Leben!"

Und Leon ging mit und erzählte folgendes:

Spannend geht es mit den Seeräubern weiter auf S. 167

Auf Schienen unterwegs

Die Kutschenreise mit Emil zum Rhein – ich könnte darüber noch viele humorige Szenen erzählen – war für mich wie ein Erweckungserlebnis der besonderen Art.

Ich sah mich plötzlich auf ganz neuen Wegen und auf sehr aufregende Art unterwegs. Nicht mehr wandernd oder mit ein, zwei oder höchstens vier Pferdestärken reitend oder kutschierend – nein: Uns Menschen stehen mit einem Mal Fortbewegungen zur Verfügung, die sich die kühnsten Denker früher so nicht ausmalen konnten – sowohl auf dem Wasser als auch auf der Erde!

Aber was war mit Dädalus und Ikarus, die von König Minos im Labyrinth des Minotaurus auf Kreta gefangen gehalten wurden? Wie dort wegkommen, wenn nicht durch die Luft?! Also erfand Dädalus eine Flieg- bzw. Flug-Konstruktion, die ihnen die Flucht aus der Gefangenschaft ermöglichen sollte.

Wer weiß, welche neuen Erfindungen uns auch da noch bevorstehen …

Doch zurück auf den Boden und ins 19. Jahrhundert: Offenbar ist Emil am meisten von uns Engels-Kindern durch seinen Vater geprägt – zumindest was Erfindungen betrifft. Seit unserer Rhein-Reise nervt er mich unentwegt mit Fragen zur Fortbewegung:

»Fritz, was weißt du über die Eisenbahn? Wie funktioniert die genau? Wann können wir hier in Barmen endlich mit so einem Ding fahren, wenn schon keine Dampfschiffe auf der schmalen, flachen Wupper verkehren können? Wer überhaupt hat die Eisenbahn erfunden?«

Ich muss mich plötzlich mit Technik-Geschichte befassen, um den neugierigen Emil bei Laune zu halten. Und ich gestehe noch einmal: Auch mich fasziniert, was da mit einem Mal unser Leben so verändert. Und schon bin ich genau da, wo unser Vater in letzter Zeit dauernd weilt – fantasierend, planend und ganz konkret reisend: in England!

»Tja, mein lieber Emil, ich kann dir nicht alles erzählen, was über die Jahrhunderte zur Erfindung der Eisenbahn führte, so wie sie demnächst auch bis zu uns, ins Wupper-Tal, fahren wird. Bahnen, die auf Schienen fahren und von Pferden gezogen werden, gibt es schon länger. Aber erst die Erfindung der Dampfmaschine macht das möglich, was jetzt schon länger in England verkehrt: eine Lokomotive, die Waggons zieht, zum Transport von Kohlen, von Erz und nun auch von Menschen. Einer der wichtigsten Erfinder war James Watt. Der hatte in seiner Firma einen Techniker, der 1784, also vor mehr als 50 Jahren, eine Mini-Dampflok, so klein wie ein Spielzeug, baute. Schon 20 Jahre später stand in Wales eine richtige Dampflokomotive auf den Schienen. Die konnte schon fünf Waggons mit viel Fracht und auch Personen über eine Strecke von 15 Kilometern transportieren. Da gab es aber noch eine Menge von technischen Problemen und es brauchte noch einmal zehn Jahre, bis in einer englischen Kohlengrube die ersten Zahnradlokomotiven unterwegs waren. Sie hatten die lustigen Namen ‚Puffing Billy', ‚Wylam Dilly' und ‚Lady Mary'.«

»Und die hier im Wupper-Tal heißt dann ‚Engels Emil' oder einfach nur ‚Fritz Dampf'!«, wirft mein kleiner, wacher Bruder ein. »Erzähl weiter, Fritz!«

»'The Rocket' hieß aber die Lokomotive, die einen Zug über sage und schreibe 56 Kilometer von Manchester zum Hafen von Liverpool zog.«

»Und was ist mit Amerika, wo jetzt dein Freund Alex lebt?«

Diese Frage erwischt mich kalt und ich bekomme Herzklopfen: Wie mag es Alexander da drüben in den Staaten gehen??

»Da verkehren die ersten Lokomotiven auch schon seit einigen Jahren. Ich weiß sogar von zweien, die schon in den Staaten gebaut wurden, den Namen: ‚Best Friend of Charleston' und ‚Tom Thumb'!«

»Du weißt so viel, Fritz!«, bewundert mich mein kleiner Bruder.

»Ach was«, gebe ich zur Antwort, »wenn du wüsstest, was ich alles nicht weiß, aber gerne wissen *möchte*!«

»Mir geht es genau so!«, kommt prompt die Antwort und sogleich die Frage: »Und seit wann gibt es Eisenbahnen in Deutschland?«

»Wir sind noch nicht so weit wie die Engländer! Aber vor Kurzem wurde zwischen Nürnberg und Fürth die erste Strecke eröffnet.«

»Und wann endlich bei uns?«

»Wenn Papa und ein paar seiner Freunde tüchtig Druck machen, dann sind es nur noch wenige Jahre, bis wir hier einen Bahnhof haben, wahrscheinlich zuerst in Elberfeld.«

Emil strahlt. »Versprich mir, Fritz, bei der ersten Fahrt sind wir dabei!«

»I'll do my best! Ich tu mein Bestes, lieber Emil!«

Das Los entscheidet

Ich habe es schon länger gespürt: Bei den Gottesdiensten, bei Familientreffen der einen oder andren Art ... immer, wenn mein Vater seinen Brüdern begegnete: Die frühere Lockerheit und Leichtigkeit des Miteinanders ist verschwunden.

Ich kenne das ja mit meinen Geschwistern: Manchmal, eher selten, verstehen sich alle. Dann aber ist der eine mal schlecht drauf, dann der andere. Jemand ist krank oder wir Älteren haben Probleme mit der Schule. Und manchmal weiß man ja selber nicht, warum man grad in der oder der Stimmung ist – Hauptsache: Alles renkt sich wieder ein!

Oder wir beherzigen den Rat unserer Großmutter: »Geht niemals im Streit miteinander ins Bett!«

Etwas weniger beliebt sind die Verhaltensratschläge unseres Vaters – vor allem, wenn er sie aus einem Buch mit dem Titel ‚Über den Umgang mit Menschen' vorliest, geschrieben von einem gewissen Adolph Freiherr von Knigge.

Ehrlich gesagt: Ich will nicht von einem Freiherrn erzogen werden! Andererseits muss ich gestehen: Ich hab mir das Buch schon ein paarmal heimlich selber geschnappt und darin gelesen. Und tatsächlich macht er Vorschläge für alle möglichen Lebenslagen, mit oder zwischen den verschiedensten Menschen, die begreiflicher und lebensnaher sind als das, was man in Bibelstunden oder im Konfirmationsunterricht gelehrt bekommt. Mit dem berühmten Kniggeschen Knicks oder Diener hat das wenig zu tun.

Doch zurück zu meinem Vater und seinen Brüdern: Johann Caspar, der III., ist vier Jahre älter und hat auch acht Kinder. Onkel August ist ein Jahr jünger und hat nur zwei Kinder, die beide jünger als ich sind: Ida und August Junior.

Nebenbei sei erwähnt: Obwohl wir alle hier Auf Bruch oder wie man auch sagt: in der Brucher Rotte, nah beieinander wohnen – ich war schon immer eher ein Außenseiter und spielte allein oder war an der Wupper oder kreuz und quer im Tal unterwegs. Es war und ist etwas merkwürdig: Die Söhne von Onkel Johann Caspar sind alle älter als ich, geboren wie die Orgelpfeifen ... ein Jahr nach dem anderen. Danach nur noch Mädchen: Julie, Emilie, Adeline und Antonie, die Nachzüglerin, immer noch ein Winzling – ich habe mit allen wenig zu tun.

Jetzt jedoch geht es um die Väter, die sozusagen Nachbarn sind und die alle nicht nur im selben Metier tätig sind. Sie haben auch von meinem Großvater, der leider schon starb, als ich noch ein Baby war, die große, erfolgreiche Firma ‚Caspar Engels Söhne' geerbt. In der sind sie seit Jahren gemeinsam tätig, jeder mit seiner Anlage und Begabung.

Über meine Onkel und ihre Fähigkeiten kann ich mir natürlich kein Urteil erlauben. Aber irgendwie verstehe ich meinen Vater sehr gut, wenn er seine eigenen Wege gehen will. Seine ständige Reiserei schon seit Jahren hängt ja auch oder vor allem mit seinen geschäftlichen Interessen zusammen: Er will ganz vorne mit dabei sein, wenn es um unsere Zukunft geht. Ihm reicht es nicht, nur hier in Barmen, im Bergischen, in Preußen seine Geschäfte zu machen. Er will international erfolgreich sein. Er will mit eigener Kraft, eigenen Ideen an der jungen und so dynamischen Industrialisierung teilhaben und sie mitprägen – auch mit der Entwicklung von originellen Produkten in der Textilbranche!

Mehr noch: Meines Vaters ausgeprägter Geschäftssinn brachte ihn noch auf ganz andere Ideen: Bei den intensiven Gesprächen meiner Eltern bei Tisch – die Kinder hatten da zu schweigen! – hörte ich heraus, wie mein Vater schon vor seiner späteren Verbindung mit den Ermens in Manchester, im Ausland aktiv wurde: Mit einer Mailänder Firma, die neben dem Seidenhandel auch Bankgeschäfte betrieb und mit einer Londoner Firma, die Goldlitzen herstellte.

All dies schien seine Brüder zu überfordern und eine wirtschaftliche Trennung war wohl die beste Lösung. Dabei jedoch geschieht etwas, das sich eher wie ein Spiel von Kindern anhört: Das Los entscheidet, wer was bekommt! Ich hatte schon vernommen, dass dies wohl eine Tradition im Bergischen Land war. Und mein Vater hatte mich auch aufgeklärt, warum das in unseren Breiten als gerecht angesehen wird. So strenggläubig oder wie man hier auch sagt: so pietistisch und defätistisch die Menschen sind, wollen sie auf Gottes Fügung vertrauen. Er wird das Schicksal nach seiner Verfügung regeln und die Gläubigen haben das gefälligst zu akzeptieren ...

Ich machte mir schon damals meine eigenen Gedanken dazu – denn die sind ja schließlich frei!

Ob ich diese Gedanken irgendwann in gesprochene oder gar geschriebene Worte fasse? Ich wünsche es mir sehnlichst!

Der bevorstehende Los-Entscheid: Natürlich waren alle drei Brüder nervös. Logischerweise konnte man jetzt nicht mehr so unbefangen miteinander umgehen. Drei gläubige Männer warten auf Gottes Entscheidung. Und sie fällt ... gegen meinen Vater!

Dies bedeutet: Er ist nicht mehr Teilhaber von ‚Caspar Engels Söhne', seine Brüder können die Familien-Tradition ohne ihren ehrgeizigen Bruder nach ihrem Gutdünken fortführen.

Wer aber meinen Vater und seinen Ehrgeiz kennt, der ahnt, dass er nun erst recht (und ganz ohne Einmischerei) seine Zukunftspläne verfolgt. Um diese umzusetzen, braucht er natürlich Kapital. Und das wurde ihm durch das entgangene Los nicht genommen: Der noch gemeinschaftliche Besitz muss nun gerecht verteilt werden:

Am 7. November 1836 wird unter der Leitung eines Notars und im Beisein von zwei Zeugen, einem Barmer Kaufmann und einem Elberfelder Bankier, ein hoch komplizierter Vertrag geschlossen, der allerdings erst am 31. Mai 1837 in Kraft treten soll.

Ich gestehe: So eine Urkunde können nur Fachleute (will nicht sagen: Fachidioten!) verstehen. Es geht nicht nur um Neuverteilung von Grundstücken und den darauf befindlichen Immobilien, es muss auch Steuer- und Zoll-Recht berücksichtigt werden. Besonders kompliziert wird es, weil große Flächen des Engels-Besitzes und auch darauf befindliche Gebäude verpachtet sind, was wiederum mit Rechten und Pflichten der Vermieter oder der Mieter verbunden ist. Man mag es für kleinkariert erklären: Jeder Zaun, jedes Tor, Brunnen, Pumpen, Wasserrohrleitungen, Wasserrinnen, gepflasterte oder noch ungepflasterte Wege und so weiter müssen zugeteilt werden.

Es geht auch um Fischereirechte in der Wupper, um am Fluss oder in seiner Nähe gelegene Bleichwiesen, um Höfe und Gärten. Die wertvollsten Besitztümer sind natürlich die Wohnhäuser und die Werkstätten, welche zum Teil schon von meinem Urgroßvater errichtet und später ergänzt und ausgebaut wurden. Dabei wird auch alles erwähnt, was niet- und nagelfest ist – wie zum Beispiel Öfen und Kamine ... Das alles muss auf den Taler genau berechnet werden – zu Lasten der einen oder anderen Partei.

Und nicht zuletzt geht es auch um Erlaubnisse: Wer darf oder darf nicht in Zukunft dieses oder jenes produzieren und verkaufen, damit nicht ein kleinlicher und peinlicher Konkurrenzkampf zwischen den Brüdern entsteht?! Hier werden für die Barmer Textilindustrie so bedeutsame Produkte wie zum

Beispiel gewebte, weiße oder schwarze Kanten oder Spitzen, Doppelspitzen, weiße und couleurte Tüllspitzen, figurierte Tüllspitzen, ordinäre und weiße Lanzetten so wie feine oder blaue oder anders gefärbte Lanzetten erwähnt ...

Zusammengefasst: Nach vierzehn Stunden Verhandlungen (nicht berechnet die zuvor vorgenommenen ungemein aufwendigen Bemessungen!) ist man sich handelseinig und es kann unterzeichnet werden!

Ich ahne, dass mein Vater dabei nicht schlecht weggekommen ist ...

Geburtstag: Sechzehn!

Merkwürdig: Es ist der 17. Geburts-Tag – man wird aber erst 16 Jahre alt ...

Mir ist dieser Tag, je älter ich werde, nicht so wichtig. Es ist kein Feiertag – auch wenn sich alle, die im Haus sind, sehr bemühen, mich mit irgendwas zu beschenken. Natürlich hat sich Marie wieder etwas Buntes, Schmuckes, Gewebtes ausgedacht. Die »Kleinen« singen wie immer ein Geburtstagslied, begleitet von Mama, mit ihrer geliebten Gitarre. Es gibt auch meinen Lieblings-Schokokuchen, natürlich mit 16 Kerzen!

Das Ausblasen mit einem Puster wird allerdings jedes Jahr etwas schwieriger – wie so manch anderes auch:

Wo zum Beispiel ist mein Platz in dieser Familie?

Das mit dem »Erstgeborenen« und ‚Stammhalter' kann ich schon lange nicht mehr hören!

Das Getuschel und manchmal auch laut Gesagte: »Der Friedrich Junior wird sicher mal ein würdiger Nachfolger seines Vaters ...« geht mir schon lang auf den Geist.

Ich will kein Stammhalter, kein Junior und auch kein Nachfolger sein!

Ich bin ein Engels – daran lässt sich nichts ändern. Oder doch?

Zuweilen suche ich nach Tarnnamen, nach Pseudonymen für mich. Mit denen könnte ich zum Beispielen Texte, Gedanken, Ideen veröffentlichen, ohne dass ich mich vor meinem Vater oder anderen Familienmitgliedern rechtfertigen muss.

Ich sehe mich vor allem in ganz anderen Städten oder gar Ländern wohnen!

Barmen schön und gut, Barmen aber auch hässlich und schlecht. Ich will nicht wieder von der verdreckten Wupper reden. Es geht mir auch nicht um die Häuser, die wie unseres und etliche andere im Bruch immer edler und teurer gestaltet werden, während viel kleine Höfe am Stadtrand verfallen. Mich beschäftigen immer mehr die Leute, die zwar Arbeit in diesem wirtschaftlich so erfolgreichen Tal haben – die trotzdem nicht klarkommen, sich mit billigstem Fusel betrinken, teilweise aggressiv, teilweise einfach nur krank werden. Das ist übrigens rundum so, ob in Solingen oder Remscheid oder oben an der Lenne oder an der Ruhr. Mit am schlimmsten muss es wohl für die sein, die in den Bergwerken arbeiten oder den großen Gießereien: kaum Luft zum Atmen, Verletzungs- oder gar Lebensgefahr, wo immer man hinschaut. Aber wie lebt es sich in Berlin, in Wien oder gar in London? Ich träume ...

Nun könnte ich ja sagen: Friedrich, das war schon immer oder oft so mit dem Arm und dem Reich! Guck dir doch die anderen Kulturen zu anderen Zeiten an! War das jemals besser?

Wenn ich ehrlich bin: Ich vermag das nicht zu beurteilen!

Aber mit aller Ehrlichkeit und Entschlossenheit sage ich auch: Ich wünsche mir eine gerechtere Welt!

Prächtige Kirchen bauen, bei Kerzenschein und Orgelklang christliche Lieder singen und weisen Predigten von der Kanzel lauschen – schön und gut. Es soll jeder sein Glück und seine Erbauung selber finden und alles glauben, was da so verkündigt wird. Ich bin selber oft genug bewegt und gerührt worden durch solch heilige Worte ...

Aber stimmt das alles? Schafft es dieser Herrgott wirklich, all seine Schäfchen im Blick zu haben und gerecht zu versorgen? Hat er mit Absicht hier und da schwarze Schafe geschaffen?

In so einer Herde von Vierbeinern mögen sie ja gut zurechtkommen. Bei den Zweibeinern jedoch, vor allem unter den neuen städtischen Bedingungen, sehe ich Probleme ... und immer mehr schwarze Schafe.

Ja: Ich könnte die Augen verschließen, mich in meine Lern- und Wörterbücher, meine Romane und Gedichtbände vertiefen, mich von unseren Mägden verwöhnen lassen.

Ich würde demnächst vielleicht sogar ein eigenes Pferd und eine eigene Kutsche bekommen – wahrlich nicht übel! Aber macht es auf Dauer glücklich, so abzuheben und auf die anderen herabzuschauen?

Es rumort in mir ... an diesem Geburtstag, eigentlich an jedem Tag:

Wie soll ich meine Zukunft gestalten?

Wie kann ich selber glücklich sein, wenn andere unglücklich sind??

Geschrieben von Friedrich Engels 1836/37

Eine Seeräubergeschichte

II

Ich bin jetzt bald 16 Jahr alt. Mein Vater war der Kaufmann Gregorios Papon; meine Mutter hieß Diane. Ich heiße Leon, meine Zwillingsschwester heißt Zoe und mein jüngrer Bruder Alexis. Es sind nun etwa drei Monate, da sah der Pascha von Athinai eine junge Sklavin, die mein Vater mit uns erzogen hatte. Gleich verlangte er sie, und als mein Vater sie ihm weigerte, da schwur er Rache und hat seinen Eid uns zum Verderben gehalten. Denn als wir einst abends ruhig zusammensaßen, und ich mit Selima, der Sklavin, Zoe und Alexis zur Kithara Lieder sangen, da kamen die Arnauten des Pascha herein, rissen unsren lieben Vater und Selima aus unsre Mitte und führten sie hinweg; uns aber stießen sie aus, und ließen uns, aller Hülfsmittel beraubt, liegen. Wir gingen fort und gelangten endlich an den Ort, vors Tor wo die alte Makedonierfeste stand. Dort kehrten wir zu mitleidigen Bauern ein, die uns Brot und etwas Fleisch gaben. Von dort gingen wir auf den Peiraios zu. Aber ach! meiner Schwester Kräfte hielten nicht mehr, und sie sank halbohnmächtig unter einem Olivenbaum nieder. Ich aber wollte in die Stadt zurückgehn und bei den Verwandten Hülfe suchen. Trotz der Mutter Bitten ging ich und fand, als ich an der Akropolis war und heransteigen wollte – stellt Euch meine Freude vor – meinen Vater. Wie froh ich ihm um den Hals fiel, und wie ich mir unser Glück und der Mutter Freude vorstellte, das kann ich Euch nicht beschreiben. Ach! ich sollte nur zu bald enttäuscht werden! Denn kaum waren wir einige Schritte gegangen, als wir –

den Anführer der Amautenschar des Pascha kommen sahen. Dieser erkannte ihn, zog seinen Säbel und stürzte auf ihn los. Mein Vater faßte seinen Knotenstock, den er gefunden hatte, in die Rechte und blieb stehen, der Türk hieb zu und hieb den Stock entzwei; der Hieb fiel in des Vaters Schulter; nun jener hieb noch einmal und traf den wehrlosen Vater über den Kopf, daß er zu Boden sank. Ich ergriff den gefallenen Stock und warf ihn dem Türken durchs Gesicht; dieser, wütend, hatte den Säbel fallen lassen, zog aber einen Hammer aus dem Gurt und schlug ihn mir vor den Kopf, daß ich besinnungslos hinfiel.

Als ich wieder zu mir kam, da lag mein Vater neben mir in den letzten Zügen. Er sagte: „Leon, – mein Sohn – fliehe, – fliehe von hier! Du bist nicht sicher! Ist die Mutter frei?" Als ich's bejahte, sagte er: „O geht nach Kuluri, und von dort nach Nauplia – dort hab' ich Freunde!" Ich fragte: „Vater, wie heißt dein Mörder?" „Leon .... er heißt Mustapha – Bey – Gott sei – meiner armen – Seele gnädig", und mit diesen Worten verschied er. Ich umarmte die Leiche, rief, jammerte, schrie nach Hülfe – doch er blieb tot, und keiner kam zu Hülfe. Endlich erhob ich mich weinend, band mir des lieben Vaters Gürtel um, steckte den Säbel des Mörders hinein, und schwur, weder den Gürtel noch den Säbel abzulegen – bis das Blut meines Vaters durch Türkenblut gewaschen sei.

Nun ging ich vor die Stadt – aber – o Jammer, die Lieben waren nicht mehr da! ein blutiger Dolch, der Mutter blutbefleckter Schleier und Alexis' Mütze, die da lagen, bezeugten, daß auch hier Gewalt gebraucht sei. Dies ist die Mütze, die ich jetzt trage; dies der Dolch (er zeigte auf einen schönen türkischen Dolch im Gürtel), und den Schleier trage ich seit der Zeit auf meiner Brust, unter dem Chiton. (Unterkleid der Griechen)

Jetzt dachte ich erst an meine Wunde. Sie fing an, mich zu schmerzen; ich fühlte hin und schob die Mütze zurück – da floß das Blut mir aufs neue über das Gesicht. Ich legte mich unter den Baum und band ein Tuch um den Kopf.

Ich schlief ein; und im Schlafe meinte ich den Vater zu sehen, wie er mir entgegentrat, frisch und blühend, und die Mutter an seiner Seite, und Zoe und Alexis bei ihnen, und hätten mich emporgehoben, da waren die Türken gekommen, und des Vaters Mörder sei schreiend vor uns niedergestürzt – da erwachte ich und lag auf einem Wagen – ein alter Mann stand vor mir und sagte, ich solle mich ruhig verhalten, und fuhr mich weg,

Er brachte mich nach St. Nikolas, wo er mich heilte. Ich blieb vier Wochen bei ihm, dann gab er mir Geld, fuhr mich auf seinem eignen Boote nach Kuluri. Dort trennte ich mich von ihm, und zum Andenken teilten wir einen Piaster. Hier blieb ich einige Tage, da keine Gelegenheit zur Abfahrt sich fand. Das Übrige wißt Ihr.

Spannend geht es mit den Seeräubern weiter auf S. 190

Geburtstag: Ludwig

Heute ist der 17. Dezember, heute ist ein geburtstäglicher Festtag!

Ich habe es sicher schon erwähnt und meine Schwärmerei wird nicht aufhören: Seine Musik, soweit ich sie bisher hören durfte, spricht mich zutiefst an. Ich bin sogar mehrmals in der Bibliothek gewesen und habe versucht, die ach so komplizierten Partituren (mit ständig überraschenden Wendungen!) von *Ludwig van Beethoven* zu lesen.

Immerhin habe ich bei unseren Hauskonzerten schon das ein oder andere hören können: eine zauberhafte Violinen-Romanze, Ausschnitte aus seinen komplizierten Streichquartetten und natürlich das eine oder andere aus seinem berühmten Klavierwerk: die ‚Mondschein-Sonate', die ‚Pathetique', die ‚Appassionata' zum Beispiel.

Leider gibt es im Wupper-Tal unentwegt Ärger um den Bau oder die Unterhaltung von Konzertsälen – die Kirchen sind hier viel wichtiger!

Warum nicht einmal Beethovens Violinen-Konzert erleben oder eines der fünf Klavier-Konzerte mit großem Orchester? Von der Aufführung der 9. Symphonie mit dem grandiosen Finale, wenn der Chor die ‚Ode an die Freude' singt, will ich ja gar nicht reden ...

Heute wäre Beethoven 66 Jahre alt geworden, ein Schütze-Mensch wie ich. Leider ist er nach langem, sehr schwerem Leiden und mit totaler Taubheit schon 1827 verstorben.

Wenn Vorbilder uns helfen, sich bestmöglich zu entwickeln und seine Anlagen angemessen umzusetzen, dann gehört für mich neben dem großen Goethe dieser Beethoven dazu!

Vielleicht geht es ja nicht nur ums konkrete Komponieren

oder Dichten ... man kann ja auch eine ‚Lebens-Symphonie' anstreben, ein großes Gesamtwerk!

Ich fühle diesen drängenden Wunsch in mir – momentan aber werke ich immer noch an einer wohl gelungenen Introduktion des ersten Satzes herum ...

Sehnsucht

Es klingt absurd und die neugierige Marie würde fragen: »Hast du dich verliebt?«

Nein, wahrlich nicht. Dennoch ist es ein tiefes Gefühl, nicht kontrollierbar ... am wenigsten natürlich in meinen Träumen: Ich sehne mich danach, diesen Till, diesen Jungen mit seinen magischen blauen Augen, wiederzusehen!

Was hat mich bei den beiden Begegnungen mit ihm so berührt? War es seine Bemerkung, ebenso wie ich acht Geschwister zu haben? Habe ich Mitleid, weil sein Vater offenbar dem Alkohol verfallen ist? Oder ist dieser Till nur ein Exempel für das, was in unserem Tal (und nicht nur hier!) eine Selbstverständlichkeit ist: Kinder werden von klein an in diese neuartigen Betriebe mit den riesigen Maschinen gesteckt, um zwölf Stunden am Tag in Gestank und Lärm Tätigkeiten auszuüben, bei denen man kleine, geschickte, flinke Hände braucht. Tätigkeiten, die ausgewachsene Männer nicht verrichten können, weil sie sich nicht so niedrig bücken können. Oder noch viel simpler: Weil sie als Erwachsene teurere Arbeitskräfte sind!

Letztlich weiß ich seit Langem von diesen Zuständen in den neuen Fabriken. Rundum im Wupper-Tal, im Bergischen Land, an der Ruhr und wer weiß wo noch in deutschen Landen funktioniert diese rasant wachsende Industrialisierung nur deshalb so gut, weil man billige Arbeitskräfte zur Verfügung hat. Ich weiß aus vielen Erzählungen, dass Kinder schon immer wichtig waren, um im Haus, Hof, Garten oder auf dem Feld zu helfen. Auch in den kleinen Werkstätten der Handwerker waren sie willkommene Hilfen. Und wenn es eine Hungersnot durch Krieg oder Seuchen gab, so wurden die Kinder zum Betteln geschickt. Aber zwölf Stunden täglich immer an der gleichen

Stelle, vielleicht auch noch schlecht ernährt – was sind das für Lebensumstände?

Bei allem Nachdenken, jetzt aktuell ausgelöst durch diesen Till, ist mir klar: Mein Vater und seine Familie gehören garantiert nicht zu den übelsten und gemeinsten Arbeitgebern! Ich habe über die Jahre zu Hause mitbekommen, auf welche Weise den ‚Armen' auch geholfen wird: Mein Vater lässt ja schließlich Arbeiterhäuser bauen, es wird in der Kirche Geld für die Bedürftigen gesammelt, die Engels bauen ja sogar Schulen für die Kinder.

Dennoch stimmt da irgendwas nicht in dem ganzen ‚System' – gottgewollt oder von anderen nüchtern so ausgedacht und geplant? Ich fühle mich überfordert und ich weiß nicht, wie ich allein etwas ändern kann. Ich brauche ‚Gesinnungsgenossen', ich brauche Freunde, die mit mir gemeinsam Ideen entwickeln, wie man diese Welt verbessern könnte.

Meine Schulfreunde sind zu sehr mit Lernen und mit ganz privaten Wünschen beschäftigt, es tut schon gut, wenn wir die gleiche Literatur mögen. Mit den verwandten Engels – davon gibt es ja reichlich – finde ich auch nicht den richtigen Ton. Und meine Geschwister sind noch zu jung oder haben schlichtweg andere Interessen als ich – von Marie mal abgesehen. Aber sie ist – nicht abwertend gemeint – ein Mädchen.

»Fritz, du wirkst in letzter Zeit so bedrückt!«, fragt sie mich liebevoll und einfühlsam. »Kann ich dir helfen?«

»Ja!«, antworte ich spontan.

»Geht's wieder um unseren Vater?«

»Ja ... nein ... ja ...«, stammle ich. »Nein, eigentlich geht es um einen Jungen, der acht Geschwister hat.«

»Also um dich?!«

»Nee, Marie«, erwidere ich amüsiert. »Wir sind nicht die einzige Familie, die von Gott so reichlich gesegnet wurde.«

»Raus mit der Sprache!«, wird Marie richtig ungehalten. »Was ist das Problem?«

Nun muss ich auspacken und kann mein Herz erleichtern: Ich erzähle meiner Schwester von den beiden Till-Begegnungen und meinem Wunsch, ihn wiederzusehen.

»Warum denn? Er lebt doch in einer ganz anderen Welt als wir ...«

»Nein!«, widerspreche ich ihr ganz entschieden. »Er lebt wie wir in diesem gottverdammten oder gottgesegneten Wupper-Tal. Er hat nur im Gegensatz zu uns das Pech ...«

»Hab schon verstanden!«, unterbricht mich Marie. »Was kann ich tun?«

»Bald ist Weihnachten, ich möchte ihm was schenken. Ich will ihm eine Freude machen. Nicht nur ihm ... eigentlich seiner ganzen Familie.«

Marie strahlt, ihr scheint die Idee zu gefallen. »Soll ich was basteln? Ich könnte auch was stricken.«

Mir tut Maries spontane Hilfsbereitschaft gut – sie weiß allerdings so gut wie nichts über die Verhältnisse in einer Fabrik: Da arbeiten Männer, Frauen, Kinder wie in einer anderen Welt. Sie machen sich jeden Tag die Hände schmutzig, sind nur notdürftigst gekleidet und können sich nur kärgste Mahlzeiten leisten. Selbst wenn sie an den gleichen Herrgott glauben wie wir, trauen sie sich in diesem Zustand, in ihrer lumpigen Kleidung, nicht in eine Kirche.

Marie scheint mal wieder meine Gedanken zu lesen: »Wahrscheinlich brauchen die Armen all das, was wir überreichlich haben! Acht Geschwister hat dieser Till ... in welchem Alter?«

»Er ist der Älteste, etwas jünger als ich. Dann die Orgelpfeifen, noch enger als bei uns. Immer abwechselnd: Junge, Mädchen, Junge ...«

»Das ist doch ideal!«, sagt Marie begeistert. »In unsern Kammern liegt ne Masse Kleidung von uns allen, in allen Größen. Aus Baumwolle, Wolle, Seide ...«.

»Ja spinnst du? Seide, wo sollen die das tragen?!«

»Entschuldige, großer Bruder! Ich merke grad, wie wenig ich über diese armen Menschen nachgedacht habe.«

»Sei ganz beruhigt, liebe Marie! Manche Lichter werden erst spät angezündet. In Barmen dauert es auch ewig, bis wir endlich Gaslaternen haben ...«

»Apropos Lichter!«, hat meine Schwester eine Erleuchtung. »Bald ist Weihnachten und wir machen der Familie eine riesige bunte Bescherung!«

»Grandiose Idee ... allerdings gibt es mehrere Probleme: Ich weiß nicht einmal, wo der Till genau wohnt. Das verrät er nicht, weil er sich wahrscheinlich schämt. Nächste Schwierigkeit: Unser Vater darf nichts davon mitbekommen, denn er will nicht, dass wir Kontakt mit den Fabrikkindern haben. Und Mama hat mich zwar schon mehrmals mit in die Werkstätten genommen, aber nicht um die Kinder, sondern nur, um die neuen Maschinen zu besichtigen!«

»Alles klar«, beendet Marie unser Gespräch. »Ich lass mir was einfallen. Du musst mir nur genau beschreiben, wie dieser Till aussieht und wo er genau arbeitet!«

Weihnachten naht

Der Dezember ist ein grauer, kalter Monat. Es ist noch kein richtiger Schnee gefallen, die Menschen sind mies gelaunt und müssen rackern, damit etwas unter dem Weihnachtsbaum liegen kann. Bei uns zu Hause allerdings sorgen die Kleinen für eine andere Stimmung:

Advent, Advent, ein Lichtlein brennt,
Erst eins, dann zwei, dann drei, dann vier,
Dann steht das Christkind vor der Tür.

Vorher kam noch der Nikolaus (wie jedes Jahr Onkel Johann Caspar) mit seinen Lebkuchen und anderen Süßigkeiten. Aber danach die köstlichen Gerüche des Weihnachtsgebäcks – dann und wann auch mal verbrannt!

Und natürlich Weihnachtslieder üben rauf und runter:

Alle Jahre wieder ... o du fröhliche, o du selige gnadenbringende Weihnachtszeit ... ihr Kinderlein kommet ... es ist ein Ros entsprungen ... stille Nacht, heilige Nacht ... o Tannenbaum, o Tannenbaum, wie treu sind deine Blätter ...

Alles wunderschöne Lieder für die Kleinen und Ohrwürmer der besonderen Art – nur passen sie in diesem Jahr überhaupt nicht zu meiner Stimmung. Ich muss lernen, lernen, denn in weniger als zwei Jahren habe ich Abitur. Und wenn ich zum Beispiel Jura studieren will, muss ich beste Noten haben. Zudem bin ich intensiver denn je mit meinen Schreibkünsten beschäftigt, unter anderem mit den ‚Seeräubern', meinem bislang längsten Werk ...

Bei alledem wird bei uns ganz oft über meinen Großvater in Hamm gesprochen: Seine Gesundheit macht uns allen, mir ganz besonders, große Sorgen. Ein gemeinsames Weihnachtsfest scheint für dieses Jahr ausgeschlossen.

Damit nicht genug: *Till* will mir nicht aus dem Kopf! Ich kann nicht einmal versuchen, ihn zu sehen, denn ich komme erst samstags aus Elberfeld und dann steht erst einmal Familienleben auf dem Programm.

Marie spreche ich an, denn sie hat sich ja wohl etwas ausgedacht.

»Lass dich überraschen!«, bekomme ich zu hören und ihre Mimik ist sehr geheimnisvoll.

Über Hermann kann ich mich mal wieder nur wundern: Sonst ist er stinksauer, wenn Mama ihm Kleidung, die mir nicht mehr passt, anbietet (das unvermeidliche Schicksal eines jüngeren Bruders, wahrscheinlich gottgewollt!).

Nun aber kommt er mit der Frage auf mich zu: »Kannst du mir nicht ein paar alte Klamotten von dir geben?«

Und der kleine Emil wartet gar mit vorweihnachtlicher Weisheit auf: »Fritz, ich finde, dass wir alle viel zu viel Zeugs besitzen!«

Und selbst die kleine Hedwig und Anna scheinen von ihrem Bruder angesteckt und wollen sich von ihrem Kuschelbären und ihrer Lieblingspuppe trennen.

Erst einen Tag vor Weihnachten erhellt sich für mich das geheimnisvolle Geschehen in unserem Hause. Hermann passt mich mit ernstem Gesicht und inzwischen tiefer Stimme im dunklen Flur ab: »Dieser Till hat tiefblaue Augen, ist spindeldürr und trägt so eine verkrunkelte graue Kappe, oder?«

Ich brauche etwas Zeit, um zu begreifen, um was es geht.

»Er wohnt da oben Richtung Lichtscheid, oder?!«

»Ja, genau weiß ich es nicht«, erwidere ich. »Wieso willst du das wissen??«

»Ich habe einen Auftrag von unserer Marie-Schwester«, flüstert er geheimnisvoll. »Komm mal mit!«

Und dann traue ich meinen Augen nicht: In einer dunklen Abstellkammer präsentiert sich ein Lager von Kleidung und Schuhen in allen Arten und Größen ... für Mädchen und für Jungen!

Nein, da ist auch Bekleidung für Erwachsene, vor allem für den Winter!

»Jeder von uns hat was gegeben«, klärt mich Hermann auf. »Auch Mama! Nur das Zeug von unserem Vater ist geklaut ... aber der merkt das nicht ... hoffentlich!«

Ich bin zutiefst beeindruckt, mir fehlen die Worte.

»Und was habt ihr jetzt damit vor? Morgen ist Heiliger Abend und keiner ...«

»*Einer!*«, unterbricht mich Hermann. »Es ist ja schließlich *dein* Freund, oder? *Du* schleppst morgen diese Geschenke mit nach Lichtscheid hoch. Hier sind zwei riesige Rucksäcke. Den einen trag ich, den anderen du. Oder du bestichst mal wieder den Kutscher, da bist du ja Spezialist! Die detektivische Arbeit hab ich wohl bestens erledigt, oder?!«

Mir fehlen die Worte. Ich muss Hermann umarmen und ganz fest drücken – und er lässt es sogar geschehen.

Die Geheimaktion am nächsten Morgen, einem wahrlich Heiligen Morgen, muss ich nicht näher schildern. Hermann hatte tatsächlich alles perfekt vorbereitet. Um sicherzugehen, hatte er gleich zweimal Till auf seinem Heimweg verfolgt – bis zu einem kärglichen Häuschen am Waldrand, wo er mit seinen acht Geschwistern, seinem alkoholkranken Vater und seiner dauerschwangeren Mutter haust ...

Es fing genau in dem Moment an zu schneien, als wir uns dieser trostlosen Bleibe näherten. Unser Kutscher hatte längst vorher halten müssen, weil der schmale Pfad zu dem Gartengrundstück unpassierbar war. Aber er wartete gegen einen weiteren weihnachtlichen Schweigeobolus so lange auf uns, bis wir unsere Geschenksäcke vor der Tür deponiert hatten und sogleich unentdeckt wieder verschwanden ...

Weihnachten ist überstanden und wir sind auch irgendwie in das Neue Jahr gekommen. Für die Kleinen ist es gemein, dass die Stimmung so wenig feierlich ist. Unsere Mama lebt in großer Sorge um ihren Papa und unser Vater ist Tag und Nacht mit England, Engelskirchen und den anderen Engels, seinen Brüdern, beschäftigt.

Für mich übrigens nicht von Vorteil, denn irgendjemand hat nicht dicht gehalten!

»Was bitte treibt dich eigentlich da rauf nach Lichtscheid?«, stellt er mich zur Rede.

Ich antworte ihm nicht gleich – doch dann bin ich mutig: »Ich habe einen ganz sympathischen Typen aus deiner Fabrik kennengelernt. Er heißt Till und hat wie ich acht jüngere Geschwister ...«

Mein Vater unterbricht mich rüde: »Das interessiert mich nicht! Ich kann mich nicht mit jedem in meinen Betrieben einzeln beschäftigen. Er verdient gutes Geld bei uns und er soll mit Gottes Hilfe seine Probleme allein lösen. Ihr habt keine Veranlassung, euch mit denen aus der Fabrik zu befassen. Du hast Freunde genug und in unserer Familie gibt es wahrlich auch genug Personen, die dir nahestehen!«

»Aber Mama hat mich mit in die ...«, will ich mich verteidigen, werde aber sogleich unterbrochen.

»Die gute Elise ist manchmal ein wenig naiv, lieber Sohn! Bitte akzeptiere meine Vorgaben, sie machen Sinn. Du weißt sehr genau, wie viel ich für die Armen tue!«

In dieser Stimmung ist mit meinem Vater nicht zu reden, zumal ich mich selber auch reichlich überfordert fühle: Die Schule ist anstrengend. Großvaters Zustand bedrückt auch mich.

Mein Patenonkel will mich bibelkundig auf die bevorstehende Konfirmation vorbereiten. Zudem bin ich mitten in meinem ersten größeren literarischen Werk: Die Seeräuber und Piraten geistern durch meine Träume und ihre Abenteuer wollen aufs Papier gebannt werden.

Weshalb aber geistert mir auch dieser Till ständig durch den Kopf – tagsüber und vor allem nachts?

Er hat sich in unser Haus geschlichen, nur das Personal hat ihn gesehen. Dem ist aber nichts Verdächtiges aufgefallen, denn Till trug meine alte Kleidung. Außerdem kennen sie das von mir: rein ins Haus und so schnell wie möglich in meinem Zimmer abtauchen ...

Zur gleichen Zeit hab ich mich auf den Weg nach Lichtscheid gemacht. In einem Gebüsch wechsle ich die Kleidung: rein in die verdreckte Hose! Trotz der Kälte obenrum was Gestricktes, leider mit vielen Löchern! Die nackten Füße mit einer Zeitung umwickelt und in Holzblotschen, die nicht einmal rutschfest sind! So begebe ich mich zu dem Häuschen von Tills Eltern, das eher eine Hütte ist. Der Brunnen draußen ist eingefroren. Irgendwo gackern ein paar Hennen und in einer Art Stall mäht ein halb verhungertes Schaf.

»Endlich, unendlich bist da, du Faulpelz!«, werde ich von einer männlichen, schnapsbeseelten Stimme empfangen. »Mutter liegt mal wieder in der Kikikisteste und hat Schmerzen. Wahrscheinlich bald das nächste Kikikind! Haste Rerereste auf dem Alten Markt ergattgattgattert?!«

Ich greife in meine Hosentasche und hab zu meiner Überraschung eine große Münze in der Hand. Die reiche ich Till's Vater: »Aber nicht wieder für Schnaps ausgeben! Sonst stellt dich niemand mehr an!«

»Klaklaklappe, mein Sohn! Ohne Fufufusel kein Spaaaaß!

Kümmer dich um die Kleinen, die haben noch nix gefuttert!«

»Der Tisch ist gedeckt!«, entgegne ich und zeige auf eine fein gedeckte Tafel mit reichlich gefüllten Schüsseln, Schalen und Saucieren.

»Mich hauhauhaut's um!«, stammelt mein Gegenüber … und, rums-bums, liegt er bewusstlos vor mir auf dem strohgedeckten Steinboden!

Wie ich, ruckizucki, gleich wieder bei mir zu Hause, in meinem Zimmer bin – keine Ahnung!

Till hat mich erwartet und strahlt mich mit seinen blauen Augen an: »Hab inzwischen deine Hausaufgaben gemacht und an deiner Geschichte weiter geschrieben. Nur das mit dem Essen in eurer Hütte klappt nicht. Nur trocken Brot und ne abgestandene Kohlsuppe! Da bin ich Besseres gewohnt …«

»Lass uns alles teilen!«, ist der letzte Satz, an den ich mich erinnern kann.

Es ist in den nächsten Wochen nicht der einzige Traum dieser Art mit Till. Nur tagsüber bin ich bemüht, nicht an ihn zu denken und mein Programm durchzuziehen.

– 1837 –

Das Wupper-Tal entwickelt sich

»Soll ich euch allein lassen?«, ist meine spontane Frage nach einem mal wieder köstlichen Samstag-Abendessen.

Die Jüngeren sind schon früher entschwunden: Gewisse Zeiten müssen im Hause Engels, bei aller Elternliebe, vor allem im Winter, eingehalten werden. Dafür ist ja auch das Personal zuständig – zum Ärger vor allem von Hermann. Marie meckert fast nie – sie spinnt in ihrem Zimmer. Bei Emil weiß man nie, was er grad oder ungrad im Kopf hat ... er weiß sich immer zu beschäftigen und er kennt auch die Tricks, wie man heimlich aus dem Haus und wieder hinein kommt ...

»Bekomm ich keine Antwort?«, nehme ich einen zweiten Anlauf, der auch eine Provokation sein könnte.

Mein Vater, der seine edlen, privaten Schreibutensilien auf dem Esstisch ausgebreitet hat, wirft mir nur einen kurzen Blick zu, den ich nicht richtig deuten kann.

»Es könnte auch Dich interessieren«, kommt eine Bemerkung, die mich nicht gerade schlauer macht.

Erst ein kurzes Kopfnicken und der zustimmende Blick von meiner Mutter, die sich neben ihren Friedrich gesetzt hat, sind mir Antwort genug: Ich nehme gegenüber von den beiden Platz.

»Möchtest du auch einen Sherry?«, überrascht mich mein Vater. »Mit sechzehn durfte ich ebenfalls die ersten Duftnoten des Alkohols testen.«

Es ist ein besonderes Gefühl, mit den beiden anzustoßen.

»Auf die Zukunft!«, sagt mein Vater feierlich und ich weiß noch nicht, ob er damit etwas Konkretes meint.

Ein paar Minuten später bin ich schlauer – als Zuhörer eines hoch interessanten und konzentrierten Gesprächs zwischen meinen Eltern, das allerdings lange Zeit mehr ein Monolog meines Vaters ist.

»Ich brauch deinen Rat, liebe Elise! Ich bin gerade dabei, einen Brief nach Manchester, an den Peter Albert Ermen, zu entwerfen. Er ist zu einer engen Zusammenarbeit bereit und es läuft auf eine gemeinsame Firma hinaus. Aber ich muss ihm meine Vorstellungen und Wünsche vorher klar machen. Das alles soll schriftlich festgehalten sein, denn nach Gesprächen, die nicht sorgfältig von einem Dritten protokolliert werden, geht einfach zu viel verloren oder wird später falsch erinnert oder gar falsch ausgelegt. Was hältst du von folgender Passage:

‚Vor Erhalt Ihrer ersten Mitteilungen durch unseren Freund Roth war ich entschlossen, bei meinen künftigen, veränderten Verhältnissen mich mit meinem ganzen Kapital dem Geschäfte in roher Seide zu widmen, einem Geschäfte, welches wir seit 14 Jahren in ziemlich bedeutendem Umfang und mit Erfolg betrieben haben. Meine Vorliebe indes für Fabrikgeschäfte und Ihre verständigen Mitteilungen über das projektierte Geschäft in Strickgarn und ähnlichem, welche einen mäßigen und nach ihrer bisherigen Erfahrung ziemlich sicheren Gewinn hoffen lassen, haben mich gerne bestimmt, in Ihren Antrag einzuziehen und einen Teil meines Kapitals darin anzulegen. Hoffentlich werden die kleinen Differenzen, welche noch zwischen uns bestehen, zu beheben sein, woran ich umso weniger zweifle, da ich überzeugt bin, dass wir beide von Grundsätzen der Billigkeit geleitet werden. Eine Geschäfts-Verbindung, die von Dauer und zu gegenseitiger Zufriedenheit sein soll, muss von der Art sein, dass die beiderseitigen Interessen auf möglichst gleichmäßige und gerechte Weise berücksichtigt werden. Lassen Sie uns diese Ansicht festhalten und den Gegenstand der Verteilung des zu hoffenden Gewinnes der mündlichen Unterredung, die vielleicht bald stattfinden wird, ruhig überlassen.‘

Wie findest du das bisher?«, unterbricht mein Vater sein Vorlesen.

Seine werte und gewürdigte Elise nickt anerkennend und fragt: »Hast du denn was über die Dauer des Vertrages geschrieben? Und über das konkrete Wo, den Standort der neuen Firma?«

Mein Vater lächelt: »Elise, du kannst Gedanken lesen! Ich hab ihm hier geschrieben, dass meine erste Überlegung, die frühere Unterbarmer Not-Kirche zu kaufen und umzubauen, zu teuer ist und wenig Sinn macht. Noch ungenutzte Grundstücke hier im Bruch haben wir ja genug. Wenn wir auf einem davon zum Beispiel ein neues, zweistöckiges Fachwerkhaus in alter Barmer Bau-Tradition errichten würden, ginge auch das reichlich in die Kosten und würde viel zu lange Bauzeit erfordern. Dann doch lieber gleich ein massives Gebäude mit drei Stockwerken, das ich ihm hier mit genauer Größe und anfallenden Kosten beschreibe:

‚Bei der bequemeren Lage würde dasselbe noch die Vorteile gewähren, dass eine zweckmäßige Einrichtung möglich ist, dass bei späterer etwaiger Ausdehnung des Geschäfts neue Anlagen mit mehr Ruhe geschehen könnten, da solche ebenfalls an die vorbeiführende Straße zu liegen kämen, und dass wir Comptoir nebst Warenlager und die nötigen Räume zum Aufmachen der Ware damit vereinigen könnten.‘«

»Und was ist mit den Zollproblemen, von denen du mir erzählt hast? Dieses Durcheinander mit gebleichtem und ungebleichtem Garn, einfach oder doubliert ... diese Unterscheidung von Nähgarn, Strickgarn, Stickgarn ... und was da noch alles bei unseren Produkten berechnet wird?«

Mein Vater schaut ein wenig resigniert, muss sich dann aber sogleich amüsieren:

»Das alles habe ich nach Köln geschrieben und die Antwort kam vor wenigen Tagen von einem gewissen ‚Wirklichen Geheim- und Oberfinanzrat und Provinzial-Steuerdirektor Von Schütz'. Die habe ich dem guten Ermen hier wortwörtlich abgeschrieben.

Aber viel wichtiger sind noch andere Überlegungen von mir, die ich hoffentlich richtig formuliert habe. Das sind lauter Faktoren, die wir bei so einem Großprojekt berücksichtigen müssen – jetzt und in naher Zukunft. Zum Beispiel die Anlieferung und die Kosten der Kohlen, die wir für den Betrieb der neuen Dampfmaschinen benötigen – momentan noch mühsam mit Karren transportiert, hoffentlich aber sehr bald per Eisenbahn.«

»Darf ich dich bitte mal unterbrechen, lieber Vater?«, wage ich mich einzubringen.

»Gerne, Fritz! Jedes Interesse von dir ist mir willkommen.«

Seine Worte tun gut und ich bin sie auch nicht gewöhnt ... eher die ständigen, nervtötenden Fragen, wie es in der Schule steht.

»Was willst du wissen?«, versucht meine Mutter das kurze Schweigen zu überbrücken.

»Die Sache mit der Eisenbahn«, sage ich und merke, wie schwer es mir fällt, mit meinem Vater über solche Sachthemen zu sprechen. »Emil nervt mich an jedem Wochenende, wann wir hier im Wupper-Tal sowas bekommen. Er will zwar lieber Kapitän als Lokomotivführer werden ... trotzdem ist er total fasziniert von dem Gedanken, dass hier demnächst so ein Dampfross, so ein Dampfungetüm verkehren soll.«

Mein Vater lächelt. Es scheint ihm zu gefallen, dass seine Söhne Interesse an diesen industriellen Neuerungen haben.

»Wir können da ein anderes Mal ausführlich drüber reden. In der Tat kommt da auf uns eine Revolution zu! Ich bin seit

Jahren in einem Ausschuss tätig, der dafür sorgen soll, dass unser Tal an dieser, ohne Übertreibung gesagt, weltverändernden Erfindung und Technik teilhat. In unseren deutschen Landen wird die erste Eisenbahn in diesem Jahr unterwegs sein. Wir wollen, dass spätestens 1841 eine Eisenbahn zwischen Düsseldorf und Elberfeld und ganz bald auch bis nach Barmen unterwegs ist! Es ist mir ein Dorn im Auge, wenn uns die Russen, die Belgier, die Bayern und vor allem die Engländer voraus sind ... von den Vereinigten Staaten mal abgesehen!«

Mein Vater schnauft einmal tief durch: Bei solchen Themen kommt sein ganzer Ehrgeiz zum Ausdruck. Er will nicht einer von vielen sein, er will an dieser industriellen Revolution maßgeblich und federführend beteiligt sein.

Und so trägt er meiner Mutter weiter vor, was er zu Papier gebracht hat, um seinen zukünftigen Geschäftspartner Ermen für seine Pläne zu gewinnen:

‚Es gibt Konkurrenten hier im Tal, die schon Spinnmaschinen und etliche Dampfwebstühle in Betrieb haben – alles Erfindungen aus England! Wie sie die nach hier geschmuggelt haben, ist mir teilweise ein Rätsel, denn schließlich ist die Ausfuhr von dort verboten. Wir müssen einen Weg finden, diese modernen Maschinen für die von uns geplanten Fabriken ebenfalls nach hier zu schaffen, in Einzelteilen oder wie auch immer. Ich habe die Möglichkeit, die feineren Teile wie Spindeln, aber auch größere Teile hier in eigenen Betrieben anzufertigen. Schreiner- und Drechsler-Gesellen für solche Arbeiten sind hier kostengünstig zu finden. Ich habe seit 15 Jahren Erfahrung mit eben dieser Produktion in einem kleinen eigenen Betrieb.‘

Mit der Beschreibung von etlichen Überlegungen und Berechnungen dieser Art bis ins letzte Detail geht es noch einige Zeit weiter. Ich bewundere meine Mutter, wie sie teilhat und zwischendurch sehr kompetente Fragen stellt oder Verbesserungsvorschläge macht.

Ich wundere mich über mich selber, dass auch ich mich, nur zuhörend zwar, dieser Thematik so widmen kann, als ginge es um den Aufbau und die Dramaturgie eines Theaterstückes oder eines Romans ... oder meiner ‚Seeräuber-Geschichte' ...

Geschrieben von Friedrich Engels 1836/37

Eine Seeräubergeschichte

III

Dies war ungefähr die Erzählung des jungen Papon. Gleich nahm ihn Leonidas bei der Hand, ging mit ihm zur Rüstkammer und ließ ihn sich seine Rüstung auswählen. Er nahm sich zur Kleidung eine leichte griechische Hose und einen kurzen blauen Rock. Zur Waffe nahm er eine kurze Doppelbüchse, zwei Paar Doppelterzerole und einen Hammer. Leonidas sagte: „Nun, so nimm dir doch auch einen Säbel! Oder doch eine Scheide dazu." „Nein", sagte er, „von diesem Säbel trenne ich mich nicht! Auch bleibt er bloß, bis ich mir die Scheide selbst erobert habe."

Mittlerweile fing es an zu dunkeln. Sie gelangten zur Insel Zea. Ohne zu landen, zogen sie doch alle Segel ein und ließen von der Spitze des Hauptmasts eine Rakete steigen. Sogleich näherte sich ein Boot mit einem Kreuz auf der Spitze. In diesem saßen sechs bewaffnete Männer, die das Boot hinten anbanden und aufstiegen. Leonidas stellte ihnen den neuen Kameraden vor, den sie herzlich bewillkommneten. Darauf sagte Leonidas:

„Nun, Stephano, was hast du aufgespürt?"

Stephano: „Dort, am Hafen der Stadt liegt ein türkisches Kauffahrtsschiff, ich bin dort gewesen, in einen Krämer verkleidet. Aber Leonidas, wen glaubst du, daß ich gesehen habe? Denke dir, hier unser alter Kumpan, der Dukas, war als Sklave dort. Ich habe ihn in einer Kiste befreit. Das Schiff hat nur drei Kanonen, doch ist Mannschaft und Bewaffnung stark; es sind an dreißig Türken darauf. Jedoch habe ich zwei griechische

Passagiere die nach Athinai wollen, gewonnen. Sie wollen die Pulverkammer besetzen."

Leonidas: „Ah, prächtig! Ihr bleibt hier, wartet ein wenig."
Er eilte hinab in die Kajüte, kam wieder mit drei Flaschen Wein und leerte sie mit Leon und den 6 Neuen. Dabei sprach er:

„Unser sind jetzt – halt – Ihr sechs, auf dem Schiff zwanzig Mann, Leon, ich, sind 28, zwei Türken als Passagiere nach Serpho, wovon einer ein Janitschar – Notos!"

Der Gerufene kam.

„Nimm Protos und Taras mit in die Kajüte, entwaffne die Türken und bring sie herauf." Er ging.

Leonidas rief wieder: „Mykalis"

„Hier!" rief der Herbeieilende.

„Ladet das Geschütz scharf, setzt die Drehbassen instand, ladet drei mit Schrot und Kugeln, die andern mit Blei, Glas, Steinen und Eisen! Bringt sechzig Granaten, zwei Bomben und eine Kiste Kugeln herauf! Laß sich alle bewaffnen!" Sein Befehl wurde vollzogen. „Und nun", indem er sich an Leon wandte, „mein Sohn, jetzt bekommst du Gelegenheit, deinen ersten Kampf unter uns zu bestehen. Halte dich wacker. Sobald das Schiff mit uns in Kampf gerät, hältst du Dich zu mir, tust das, was ich tue. Wage nur nicht eher hinüberzuspringen wie ich; es könnte dir leicht das Leben kosten."

„Ja", sprach Stephano, „das weiß *ich*. Denke dir, Leon, da sprang ich mit zwei jungen Leuten wie du aufs feindliche Schiff, die Feinde hieben den Haken ab und da standen wir gefangen. Wir wehrten uns, allein nach dem Tode der beiden wurde ich durch die Menge fast erdrückt, erhielt einen scharfen Schlag auf den Kopf; die Narbe ist noch zu sehen, und wäre gewiß umgekommen, wenn unsre Leute nicht indes wieder geentert hätten."

Jetzt kam Notos mit den beiden Türken, von denen einer den Arm in der Binde trug. Notos sprach zu Leonidas:

„Sieh, da habe ich sie. Sie haben sich verzweifelt gewehrt. Hier unser Janitschar hat dem armen Protos einen Schlag versetzt, daß er wohl schwerlich wird wieder aufkommen. Dafür hat er aber auch von mir den Arm zerschlagen, während Taras den andern um den Leib faßte und zu Boden warf."

„Ja", sprach der Janitschar, „das ist eine Kunst, uns, die wir friedlich in der Kajüte saßen, zu überwältigen! Jedoch haben sie's schwer entgolten, das tröstet mich."

„O", antwortete Leonidas, „an Eurer Tapferkeit habe ich nie gezweifelt. Doch sollt Ihr nicht ohne Lohn bleiben; wenn Ihr wollt, so setze ich Euch morgen früh auf Thermia aus; doch gebt Ihr mir jeder fünfzig Piaster Lösegeld." Sie waren es gerne zufrieden und ließen sich in die Kajüte, wo sie unter Notos Bewachung blieben, zurückführen, während Leonidas zu Protos ging, der in einer Matte lag. Er untersuchte die Wunde und sah, daß es ein Hieb mit einem Handschar, grade über den Schädel, der an einer Stelle verletzt war, sei. Die Wunde war tödlich; doch war noch Hoffnung da. Er legte ein Pflaster auf und ging mit Leon zu Bette. Letzterem wies er ein Lager neben sich an.

Mitten in der Nacht wurden sie geweckt. Stephano stand vor ihnen.

„Geschwind, steht auf, im Norden zeigt sich ein Segel. Man kann es an der Laterne erkennen." Im Augenblick waren beide gewaffnet. Leonidas öffnete einen Schrank und gab Leon einen Beutel mit Kugeln, einen mit Schrot, und ein großes schönes Pulverhorn. Er selbst versah sich auch mit Munition, und beide begaben sich aufs Deck.

„Mykalis", sprach der Hauptmann, „wo sind die Kugeldrehbassen?"

Als sie gezeigt waren, stellte er sich an eine, an die andre Leon, und an die dritte Stephano.

Die Mannschaft sammelte sich auf dem Deck. Leonidas ließ

sie sich sammeln und überzählte sie. Es waren ihrer, sich mitgerechnet, sechsundzwanzig. Er ließ Noton ablösen, dieser kam und stellte sich an den einen Achtundvierzigpfünder, an den andern Mykalis. Die Drehbassen waren nahe dabei.

Alle Augen waren nach der Laterne gerichtet. Man kam ihr näher. Jetzt verlosch sie, und man mußte in der Richtung fortsteuern, die man genommen hatte. Einige Male erschien sie zwar wieder, doch zuletzt verlor man sie ganz.

Es wurde Tag. Das Meer war mit Nebeln bedeckt. Nach und nach verloren sich diese. Da rief Stephano, der auf dem Mast saß: „Ich sehe das Schiff! Es ist dasselbe, wo ich im Hafen zu Zea war."

Jetzt sah es auch Leonidas durchs Fernrohr. Stephano kam herab. Gleich wurden alle Segel beigesetzt, es zu erreichen, und bald war es allen sichtbar. Man zog die türkische Flagge auf und näherte sich ihm.

Nach etwa drei Stunden war man ihm so nahe, daß nur noch wenig an der Schußweite fehlte. Da ließ Leonidas die türkische Flagge abnehmen und die schwarz und rote mit dem weißen Kreuze aufziehen. Das türkische Schiff aber hatte sich früher schon nordwestlich gewendet und setzte nun alle Segel bei, um Makronisi zu erreichen. Doch bald war ihm Leonidas nahe, und gleich fuhr auf seinen Befehl eine Kugel durchs feindliche Takelwerk. Die Türken antworteten sogleich, zogen sich aber zurück. Da rief Leonidas: „Her, Mykalis mit deinen fünfzehn, geh und rudre, was du kannst! Wir müssen es haben! Notos! Du gehst ans Vorderteil und feuerst auf den Feind, wenn wir auf halber Schußweite sind! Taras mit seinen fünf bleibt hier!"

Schneller flog das Schiff. Näher und näher kamen sie ihrer Beute. Leonidas unterdessen befahl:

„Du, Taras, gehst, sobald Mykalis wiederkommt, an die rechte

Seite zum Geschütz; Stephano sorgt für das Geschütz am Hinterteil; Leon bleibt bei mir!“

Da feuerte Notos aus seinem Zwölfpfünder, da knallten noch fünf Geschütze – und ein Segel des Feindes stürzte mit des Mastes Spitze herab und hing an den Tauen! Ein Freudenausruf erfolgte auf der Stelle; das Geschütz feuerte noch einmal, und das Bugspriet des Schiffes wurde zerschmettert. Die Türken konnten nicht entfliehen. Das Schiff kam näher, und schnell brannte Leonidas und Leon seine Bassen los. Mehrere Leute fielen; jedoch hatten die Schüsse nur wenig genützt. Mykalis kam zurück; man kam den Türken ganz nah, rechts und links flogen Salven; die Türken feuerten aber auch tapfer; da gab Leonidas eine volle Salve und rückte dicht an den Feind. Die Drehbassen knallten; das Deck des Feindes wurde leerer, da enterte der Grieche. Mykalis und sein Trupp, Leonidas und Leon standen an den Haken; sie feuerten mit den Flinten unter den Feind, zogen den Haken an, und ein Augenblick – da stand Mykalis und Leon bei dem Feinde. Leon zog ein Pistol und schoß den ersten nieder; sein Säbel blitzte hier – blitzte dort – und ein Türke stürzte über den andern. Da fällt Mykalis; doch Leonidas ist da, die Hellenen drängen vor; es entspinnt sich ein wütender Kampf, doch die Griechen, die noch auf ihrem Schiff waren, feuern mutig darauflos, und nach kurzer Zeit strecken einige Türken die Waffen. Da stürzt ein riesiger Arnaut aufs Deck, schwingt seinen Säbel und schreit:

„Wie, Moslemin, Ihr wollt Euch von den Ungläubigen schlachten lassen? Ergreift Eure Säbel und haut die Hunde nieder!“

Er springt vor und haut einen Hellenen nieder. „Wo ist der Anführer?“ ruft er. „Hier“, schreit Leonidas und dringt vor. Sie kämpfen. Leonidas hält sich kalt bei den schweren, wütenden Hieben seines Feindes.

Dieser, in blinder, toller Wut, rennt voran, schlägt zu und trifft auch seinen Gegner auf den linken Arm. Da faßt dieser sein breites Schwert mit Kraft und zerschlägt des Feindes Säbel, schlägt noch einmal, und das Blut dringt aus des Türken Brust. Doch ein andrer Türke rennt auf jenen ein und versetzt ihm einen Hieb quer übers Gesicht, daß er fällt. Leon sieht ihn fallen, schlägt den Mörder tot, hält den Feind zurück, und nun streckt dieser die Waffen.

Doch der verwundete Anführer landet eben auf seinem Boote mit zehn Mann auf Makronisi.

Spannend geht es mit den Seeräubern weiter auf S. 221

Manchester

Was bitte fasziniert mich an dieser Stadt? Weshalb möchte ich mehr über sie wissen??

Mir ist kein Philosoph, kein Schriftsteller, kein Komponist bekannt, der aus dieser englischen Stadt stammt. Auch Goethe hat nichts und niemand dorthin gelockt.

In der Schule, im Geschichtsunterricht, geht es um berühmte Kulturstädte ... um Rom, Athen, Karthago, Byzanz, Alessandria ... oder aus neuerer Zeit Wien, Paris, Budapest, St.Petersburg und so weiter ... aber Manchester?

Ja, in den Erzählungen meines Vaters kommt der Name schon seit Jahren immer öfter vor. Ich erinnere mich, wie er – ich war damals vielleicht sechs Jahre alt – von einer Reise mit einem anderen berühmten Barmer, einem gewissen Herrn Carl Bredt, schwärmte: nach Rotterdam, von da aus nach Dover, mit dem Dampfboot gen London und eben weiter nach Manchester.

Seine begeisterten Erzählungen, speziell wie sie der Weltstadt näherkamen, klingen mir noch heute fast wortwörtlich in den Ohren (also *noch* ein Ohrwurm!):

»Die Fahrt nach London wurde nun wirklich ganz herrlich. Alle Augenblicke fuhren Zwei- und Dreimaster mit vollen Segeln an uns vorbei, die Schiffe mehrten sich mit jeder Viertelstunde. Die Ufer der Themse sind schön, mit Feldern, Dörfern und Städten besetzt. Und dann die Einfahrt nach London, so etwas sieht man nur dort: Unabsehbare Wälder von Masten zeigten sich vor uns ... in den verschiedenen Docks oder den künstlich angelegten Häfen! Dann die Straßen: ein einziges Gewühl von schönsten Fuhrwerken ...«

Ich glaube, ich habe meinen Vater von keiner Reise so beglückt erzählen gehört, auch nicht von seinem Aufenthalt damals in Paris.

Nebenbei bemerkt: Wenn ich an die damaligen Schilderungen denke und sie heute nachschwingen lasse, dann beschleicht mich ein seltsames Gefühl, ja vielleicht gar eine Sehnsucht: Was wäre, wenn Friedrich Engels Junior später einmal in dieser Weltstadt leben würde??

Doch ich wollte über mein Interesse an Manchester erzählen!

Was bitte interessiert mich diese ganze neue Technik, dieser industrielle Wahn? Ich kapiere ja kaum die Konstruktion und die Funktion eines größeren Webstuhls oder gar einer mechanischen Spinnmaschine – da sind mir Hermann und sogar die Marie überlegen!

Hat mein Vater gar magische Kräfte, die mich in seinen Bann ziehen?

Denn in der Tat, die Fakten sind eigentlich nüchtern und manches erinnert gar an die Geschichte von Barmen: Erst mal war da nur ein Marktfleck, ein kleines, dünn besiedeltes Dorf, in dem im Mittelalter Jahrmärkte stattfinden durften. Dann allerdings wanderten Handwerker aus Flandern ein und begannen mit der Leinenherstellung und der Wollverarbeitung, aus der sich vor allem die Baumwollweberei entwickelte.

Ähnlich wie unsere Stadt wirtschaftlich von dem Durchfluss der Wupper profitiert, so konnte man vor Jahren im Bereich von Manchester dank vieler Bäche vor allem größere Baumwollspinnereien errichten. Außerdem profitierte die Stadt zum einen von der Nähe zum Seehafen von Liverpool, zum anderen baute man schon vor mehr als 70 Jahren den Bridgewater-Kanal, der zu ertragreichen Kohlegruben führte. Damit war die Voraussetzung für den Betrieb von großen Dampfmaschinen geschaffen. Mehr noch: Viel früher als bei uns begann man mit dem Bau einer Eisenbahnstrecke – von Manchester nach Liverpool!

Wie es heute um diese Stadt steht, erfahre ich ja in letzter Zeit fortlaufend durch meinen Vater oder wenn ich, gewollt oder ungewollt, den Gesprächen mit seinen Brüdern lausche. Ansonsten gibt es bei fast jeder gemeinsamen Mahlzeit am Wochenende den so intensiven Austausch mit meiner interessierten Mutter.

Aber es muss noch etwas anderes sein, das *mein* Interesse an diesem inzwischen wichtigsten Industrie-Zentrum der Welt weckt!

Irgendwie muss es mit Till zu tun haben, mit seinem Schicksal und dem seiner Familie. Und damit auch mit den generellen Zuständen in unserem merkwürdigen Wupper-Tal, wo es immer mehr Kirchen aber auch immer mehr Kneipen gibt. Wo in rasanter Geschwindigkeit Fabriken gebaut werden, die Menschen aus anderen Regionen anlocken, obwohl ihre Entlohnung in der Regel wahrlich nicht üppig ist. Wo zeitgleich allerdings auch schönste Villen und Parks entstehen, in denen die Familien leben, die für all dieses Wachstum sorgen ... so auch die Familie Engels.

Möglicherweise geht es uns ja hier im Bergischen Land vergleichsweise sogar richtig gut. Wenn ich von den Aufständen und Plünderungen höre, die es zum Ende des letzten Jahrhunderts in Manchester gegeben hat, dann kommt mir das Gruseln. Die Ursache: Die meisten der Arbeiter wurden zu Hungerlöhnen angestellt. Kein Wunder, wenn sie aufbegehren und sich und ihren Familien ein besseres Leben wünschen ...

Ich fühle mich bei diesen Themen zutiefst berührt. Am liebsten würde ich mir selber ein Bild von den tatsächlichen Zuständen in Manchester machen. Ich würde mich auch gerne mit meinem Vater über diese Probleme austauschen. In diesem Bereich scheint er allerdings Scheuklappen zu tragen. Ich kenne ihn durchaus als hilfsbereiten Menschen und damit steht er ganz in der Tradition seiner Familie. Und wenn ich mal ansatzweise meine kritischen Gedanken zum Ausdruck bringe, so werde ich gleich beruhigt: »Gott wird es nach seinem Wohlgefallen richten! Schließe all die, die dir am Herzen liegen, in deine Gebete ein. Dann tust du Gutes!«

Ob das wirklich so einfach funktioniert ... im Tal der Wupper oder im berühmten Manchester?

Bergisches, Burgen und Brücken

Ich kann es nicht oft genug erwähnen: Das Spazierengehen, das Wandern und das Reisen ist für mich, je älter ich bin, immer bedeutsamer geworden.

Irgendwann habe ich bei dem berühmten alten Astrologen Kepler gelesen, dass das typisch für einen Menschen ist, der im Sternzeichen Schütze (wie mein Freund Beethoven!) geboren ist. Bei ihm sollen sowohl die konkreten äußeren Reisen als auch die inneren von größter Bedeutung sein. Angeblich ist der Planet Jupiter dafür verantwortlich.

Wohl dem, der in seinem Leben solche Möglichkeiten hat ...

Meinem Vater darf ich mit solchen Theorien nicht kommen. Der ist im Zeichen des Stiers geboren – das ist erdig, da muss viel Konkretes, Materielles geschaffen werden. Er ist wohl ein super Beispiel dafür – mal sehen, wie das bei ihm so weiter geht ...

Meine Mutter und vor allem meine Großmutter sind für solche Überlegungen schon eher aufgeschlossen, nur darf davon nicht am großen Familientisch geredet werden: Es ist Gott, der uns geschaffen und geprägt hat, der uns beschenkt und lenkt! Das trichtert mir auch regelmäßig mein Patenonkel ein, wenn ich bei ihm meine privaten Bibel-Stunden bekomme ...

Nun aber zum wirklichen Reisen: Wann immer es mir möglich ist, versuche ich auch die weitere Umgebung von unserem Wupper-Tal kennenzulernen. Es ist faszinierend, wie viele Schlösser und Burgen es in unserem idyllischen Bergischen Land gibt!

Viele meinen ja, unsere Region trage diese Bezeichnung, weil es hier so hügelig ist. Von wirklichen Bergen kann man ja wohl weniger sprechen – auch wenn die Hardt hier in Barmen (und Elberfeld) schon als solcher bezeichnet wird. Nein, es ist ganz anders und damit sind wir auch gleich bei einem bekannten und ehedem bedeutsamen Ort: Schloss Burg!

Dieser Ort war ursprünglich, seit dem 12. Jahrhundert, Stammsitz der Grafen und später auch Herzögen von Berg und damals auch eine der größten Burganlagen in westdeutschen Landen.

Doch wie so oft in der Geschichte, in welchem Land auch immer: Auf- und Niedergang von Dynastien liegen nah beieinander! Es würde die meisten langweilen, die jahrhundertelange Geschichte der von Bergs zu erzählen. Für mich war der Besuch dieses Ortes – ich hatte vorher niemandem davon erzählt – eine einzige Enttäuschung: nichts als Ruinen und mickrige Reste von einer einstmals stolzen Residenz!

Fortan plante ich meine Ausflüge etwas sorgfältiger, besorgte mir Rat und Wissen in meiner ja schließlich sehr gebildeten Familie oder bei einem meiner Lehrer. Und so lernte ich etliche beeindruckende Burganlagen kennen – einige übrigens nicht alleine.

Mein Bruder Hermann und vor allem der kleine Emil bedrängten meinen Vater öfter, für uns eine Kutschfahrt zu einer Burg zu organisieren.

»Vielleicht begegnen wir endlich mal einem echten Gespenst oder finden sogar einen toten Räuber in seinem Verlies!«

Solche Wünsche rühren daher, dass unsere Mutter uns zu jeder Burg am Rhein eine Sage oder Anekdote erzählen konnte. Und ihre vielen Märchenstunden waren wahrlich nicht die langweiligsten gewesen ...

Nun aber werde *ich* der Erzähler: Märchen, Sagen und altes Volksgut interessieren mich schon seit jungen Jahren. Und warum will ich schließlich nach meinem Abitur unter anderem Literatur studieren?

Manchmal muss man von Barmen aus gar nicht so weit kutschieren, um zum Beispiel zu einem alten Adelssitz zu gelangen. Wie so oft ist nicht viel erhalten von dem, was vor vielen hundert Jahren mal als Burg errichtet wurde – zum Beispiel das Rittergut Schöller unweit der Düssel. Da steht nicht mehr als ein Bergfried mit den Resten einer Burgmauer und Emil ist zutiefst enttäuscht: »Das soll eine Burg sein?!«

Aber ich kann ihm eine Anekdote von dort erzählen, die mich selber schon als kleiner Junge gefesselt hat und der nun mein kleiner neugieriger Bruder gebannt lauscht:

»Es ist noch gar nicht so lange her, da herrschte hier große Armut. Es hatte mal wieder so einen blöden Krieg gegeben und die Franzosen waren da und haben das Land geplündert. Da lebte hier ganz in der Nähe, in Auerbaum, ein Räuberhauptmann namens Hannes. Er schickte seine Bande los, den Reichen und den Reisenden Hab und Gut zu klauen. Warum?

Er wollte das Raubgut an die verarmten Menschen verteilen … er war sozusagen ein ‚Bergischer Robin Hood'.«

»Den kenn ich, von dem hat mir Hermann tolle Geschichten erzählt!«, unterbricht mich Emil.

»Und dieser Auerbäumer Hannes wurde vor mehr als dreißig Jahren gefangen und genau hier in diesen Bergfried gesperrt. Schlimmer noch: Man steckte ihn in einen Käfig, beschmierte ihn mit Honig und hängte ihn nach draußen, damit die Bienen ihn munter stechen sollten. Auf diese Weise hoffte man, dass er seine Kumpane verriet. Doch Hannes hielt dicht! Besser noch: Er wurde eines Nachts befreit und konnte bis in die Niederlande fliehen!«

»Da kommt unsere Oma her!«, unterbricht mich Emil erneut. »Ja, so ungefähr! Aber lass dir erzählen, was dem Hannes weiter passierte. Er wollte nämlich angeben und ließ einen lockeren Spruch los: ‚Wer will stehlen und nicht hangen, muss sich in Schöller lassen fangen!'. Diese Spötterei war sein Pech: Die Niederländer nahmen ihn gefangen, brachten ihn zurück hier nach Schöller. Und was machte man mit dem armen Kerl?«

»Er wurde geköpft!«, ruft Emil zu meiner Verwunderung.

»Genau, mein Bruder! Da drüben auf der Heide kullerte sein Kopf und seitdem nennt man ihn ‚Köpphannes'.«

Nicht alle Geschichten, die ich, vor allem meinem kleinen Bruder, erzählen kann, sind so gruselig.

»Weißt du eigentlich, wie unsere Nachbarstadt Elberfeld, wo mein Gymnasium ist, entstanden ist!«

»Nee«, erwidert Emil grinsend. »Ich weiß nur, dass unser Papa Elberfeld eigentlich nicht mag!«

Da muss auch ich grinsen: »Da ist er wie fast alle Barmer. Dafür gucken die Elberfelder auf die Barmer herab. Das wird wohl immer so bleiben ...«

»Erzähl die Geschichte!«, drängt Emil.

»Es lebte also dort vor Urzeiten, als es noch längst keine Fabriken im Wupper-Tal gab, ein Ritter. Der hielt sich einen Knappen, der ihm immer treu zur Seite stand.«

»Wie Don Quijote, von dem du mir schon oft erzählt hast! Der mit seinem Sancho Pansa ...«

»Genau, aber wir sind nicht in Spanien, hier sind wir im Bergischen Land. Und unser Ritter hatte eines Tages große Sorgen. Seine Frau erkrankte schwer und es hieß, nur Löwenmilch könne ihr helfen. ‚Kein Problem!', rief der Knappe und nach kaum einer Stunde erschien er tatsächlich mit dem heilenden Getränk. Dies war dem Ritter unheimlich, denn nirgends in unserem Lande gab es Löwen. Er beschloss, diesen seltsamen Knappen mit fünf Talern zu entlohnen und auf der Stelle zu entlassen. Und was tat der Knappe?«

»Er kaufte sich ganz viel Süßes und verschenkte es an seine Freunde.«

»Feine Idee, aber falsch! Er kaufte ein Glöckchen und hängte es an der schönsten Stelle hier irgendwo im Wald auf. Der Ritter aber bereute den Rausschmiss des Knappen, der ja offenbar ganz außergewöhnliche Kräfte besaß und nur ein leibhaftiger Elb sein konnte. Zudem hörte man fortan immer wieder das Glöckchen läuten – der Elb aber blieb unsichtbar. So kam man auf die Idee, diesen Ort dort ‚Elbenfeld' zu nennen. Daraus wurde schließlich der Stadtname Elberfeld, in dessen Wappen bis heute der Löwe ist!«

»Kennst du noch andere Tier-Geschichten aus unsrem Tal?«, fragt mich Emil, der wie unser Bruder Hermann und ich Pferde besonders mag.

»Ja«, entgegne ich. »Sie hat mit unserer Familie, mit unserem Großvater, dem Vater unseres Vaters zu tun.«

»Den kenn ich nicht!«, bemerkt Emil.

»Ich auch nicht, er starb schon kurz nach meiner Geburt. Er muss ein herzensguter Mensch gewesen sein und Pferde lagen ihm ganz besonders am Herzen. Als er immer wieder sah, wie diese Vierbeiner leiden mussten, wenn sie die schwer beladenen Karren über den langen Barmer Kohlenweg vom Ennepetal steil hinauf bis nach Lichtscheid gen Solingen und Remscheid ziehen mussten, kam ihm eine hilfreiche Idee: Er ließ an dem steilen Aufstieg eine Tränke für die erschöpften, durstigen Tiere bauen. Und mit einer eingemeißelten Aufschrift mahnte er die Pferdetreiber: ‚Seid gut zu den Tieren!'«

»Und wie kamen diese mordsschweren Fuhrwerke eigentlich über die Wupper?«, will Emil eines Tages wissen.

Um ihm dafür ein markantes Beispiel zu geben, muss er mit mir vom Bruch aus eine lange, lange Wanderung nicht nach Elberfeld, sondern in die entgegengesetzte Richtung bis nach Heckinghausen, ans Wupper-Ufer, machen.

»Irre Konstruktion!«, sagt Emil, als er staunend vor diesem Bauwerk, einer riesigen Steinbrücke, steht.

»Die erste in unserem Tal, schon über fünfzig Jahre alt!«, erkläre ich ihm. »Früher war hier nur eine Furt, durch die, bei niedrigem Wasserstand, leichte Fuhrwerke ans andere Ufer kamen. Später baute man einen Holzsteg, doch nun, mit diesen schweren Kohle-Fuhrwerken, ist so eine Brücke aus Stein natürlich ideal.

»Da kommt eins!«, ruft Emil begeistert.

Auch mir wird jetzt, bei genauerer Betrachtung, klar, welche Bedeutung so eine Brücke haben kann und ich erinnere mich, was ich schon in der Barmer Schule gelernt habe.

»Das darf jetzt einfach hier rüber«, erkläre ich meinem Bruder. »Früher mussten aber alle anhalten und Zoll zahlen. Denn diese Brücke war die Grenzstation zwischen dem Herzogtum Berg und der Grafschaft Mark. Dort, zum Beispiel in Haßlinghausen und auf Herzkamp, hatte man begonnen, im großen Stil Kohle abzubauen. Die benötigte man nicht nur hier im Tal, die musste vor allem bis nach Cronenberg, Remscheid und Solingen transportiert werden, weil da inzwischen eine Stahlindustrie entstand, die irgendwann in alle Welt ...«

»... scharfe Messer und Werkzeug lieferte!«, ergänzt Emil meinen Satz.

»Außerdem stammt von hier auch der berühmte Spruch ‚über die Wupper gehen'«, gebe ich noch zum Besten. »An dieser Stelle flohen viele junge Männer, die in der Grafschaft

Mark nicht zum Kriegsdienst eingezogen werden wollten, zu uns ins friedlichere Herzogtum Berg, wo sie auch Arbeit in der wachsenden Textil-Industrie fanden.«

»Das hätte ich auch so gemacht!«, schließt Emil unsere Besichtigung ab.

Tiefe Trauer

Ich möchte über diesen Tag am liebsten gar nichts sagen ...

Einmal, vor etwa dreieinhalb Jahren, habe ich das Sterben nahest erlebt: Wilhelm, mein jüngster Bruder, musste mit nicht einmal einem Jahr uns alle verlassen!

Was hat sich der Herrgott dabei gedacht?

Es gab viele Tränen – sogar von meinem Vater, der manche Gefühle so gut zu verbergen weiß.

Wir alle brauchten Wochen, gar Monate, um diesen Verlust zu verkraften.

Nun jedoch ist ein Mensch im reifen Alter von 76 Jahren von uns gegangen: mein über alles verehrter Großvater Gerhard Bernhard von Haar.

Ich könnte tagelang über ihn erzählen. Seine Vorfahren stammten aus den Niederlanden, waren arm und ich weiß nicht mehr, wann sie nach Deutschland einwanderten. Eines kann man festhalten: Der Vater meiner Mama stammt aus völlig anderen Verhältnissen als die Vorfahren meines Vaters. Irgendwie gelang es den Eltern, meinen Opa aufs Gymnasium zu bringen – nicht so selbstverständlich, denn der Besuch einer Höheren Schule kostete viel Geld. Er schaffte den Abschluss, verdiente sich sein erstes Geld als Hauslehrer und absolvierte schon mit 21 das Examen als Gymnasiallehrer. 52 Jahre übte er diesen spannenden Beruf aus und gemeinerweise erkrankte er gleich kurz nach seiner Pensionierung. Ich kenne niemand in meiner so zahlreichen und bunten Verwandtschaft, der so umfassend gebildet war. Und er war am glücklichsten, wenn er von seinem großen Wissensschatz, der Literatur, etwas verschenken konnte. Davon profitierten nicht nur seine Schüler. Nein – vor allem der kleine Friedrich konnte es kaum abwarten, bis die Sommerferien begannen. Dann ging es für sechs

Wochen mit der Kutsche ab nach Hamm – oder die Großeltern kamen nach Barmen ...

Wie gesagt: Ich bräuchte unendlich viel Zeit, um zu erzählen, mit welchen Mythen und Geschichten der Weltliteratur mich mein Opa Jahr für Jahr bereicherte und beglückte!

Ein Dankes-Gedicht für ihn, das ich, gerade 13 geworden, zu Papier brachte, mag vielleicht ein bisschen davon zum Ausdruck bringen:

An meinen Großvater

O Du lieber Großvater, der immer uns gütig begegnet,
Der Du noch immer uns halfst, wenns mit den Arbeiten gehapert!
Der so schöne Geschichten mir, wenn du hier warst, erzähltest,
Von Cercyon und Theseus, vom hundertäugigen Argus;
Von dem goldenen Vließ, von den Argonauten und Jason,
Von dem starken Herkul, von dem Danaus und Kadmos.
Und – ich weiß es nicht mehr, was du noch sonst mir erzähltet;
Nun, so wünsche ich dir, Großvater, ein glückliches Neujahr,
Dir ein Leben noch lang, viel Freud und wenig Trübsal,
Alles Gute, was nur dem Menschen kann je widerfahren,
Alles das wird dir gewünscht von Deinem Dich liebenden Enkel

Friedr. Engels

Neue Pläne

Ich fühle mich total überfordert.

Der Verlust meines Großvaters verfolgt mich, beschäftigt, betrübt mich ... tagsüber und nachts und ich kann mich nur mit Mühe in der Schule konzentrieren.

An unseren literarischen Treffen in Elberfeld mag ich eigentlich nicht mehr teilnehmen ... ich komme ja kaum selber zum Dichten!

Die regelmäßig angesetzten Treffen mit meinem Patenonkel sind zwar gut gemeint und sollen mich auf die Konfirmation vorbereiten – doch weiß ich nicht längst genug über die Bibel?!

Für Till finde ich viel zu wenig Zeit, obwohl er wahrscheinlich gerade jetzt meine Unterstützung bräuchte!

Zudem herrscht bei uns zu Hause eine Nervosität und Anspannung, die ich so extrem noch nie erlebt habe: Mama kann ihre Trauer über den Verlust ihres geliebten Papas kaum verbergen: Sie selber braucht Trost und gleichzeitig muss sie ihre Mama trösten. Mein Vater tut sein Bestes, um ihr Halt zu geben. Ja, er gibt sich oft als Familienmensch zu erkennen und er hat seinen Schwiegervater eindeutig verehrt – nur letztendlich ist er vor allem ein Geschäftsmann!

Ich bekomme dank meiner Abwesenheit unter der Woche zwar nur Bruchstücke von Geschäftlichen mit, höre ständig was von Manchester, von Mailand und von Reisen in irgendwelche anderen Orte.

Dann jedoch werde ich, eher unfreiwillig, Zeuge eines dieser Gespräche zwischen meinen Eltern, die langjährige Tradition haben: Mein Vater hat seine Schreibunterlagen nebst diversen Notizzetteln und Aufzeichnungen ausgebreitet und zeigt diesen für ihn typischen Ausdruck von großer Konzentriertheit.

Meine Mutter ist ihm, nicht minder konzentriert, zugewendet. Und obgleich ich kein zärtliches Wort vernehme, spüre ich ihre wechselseitige Zuneigung, ihr tiefes Vertrauensverhältnis.

»Nach diesem erfolgreichen Aufenthalt bei ihm in Manchester muss ich mich angemessen bedanken ... für seine großzügige Bewirtung, seine Gastfreundschaft, sein Bemühen, mich auch im Kreise seiner sympathischen Familie aufzunehmen. Aber dieser Ermen ist zugleich, genau wie ich, ein nüchtern denkender Fabrikant: Er will Erfolg und Gewinne, ich nicht minder. Ich habe Vertrauen in ihn und trotzdem muss ich vorsichtig sein. Ich riskiere mit dieser Geschäftspartnerschaft, jetzt ganz außerhalb der Engels-Dynastie, sehr viel. Ich muss in dieses Projekt sehr viel Kapital investieren. Du weißt, was mein vorrangiges Motiv ist, liebe Elise?«

Meine Mutter lächelt: »Soll ich es mal ganz provokativ formulieren?«

Mein Vater lächelt auch: »Na denn ...«

»Du will aus unserem Wupper-Tal ein kleines Manchester machen! Hab ich Recht?«

Meinem Vater scheint dieser Vergleich zu gefallen: »So kann man das sehen, meine liebe werte Frau! Diese Engländer sind uns mit ihrer technischen Entwicklung um Jahre voraus. Aber sie schätzen unseren Fleiß, unsere Wertarbeit und vielleicht auch speziell unsere Bergische Mentalität. Und die Welt, jedenfalls in unserem Kulturbereich, ist in einem radikalen Umbruch. Ausdehnung, Eroberung, neue Märkte finden ... das ist nichts Neues. Das hat es in allen großen Kulturen schon gegeben. Aber diese sensationelle Erfindung Dampfmaschine und die damit ermöglichte Energie schafft völlig neue Perspektiven. Die Fortbewegung auf dem Wasser und auf dem Lande wird fast unvorstellbar beschleunigt. Wir reden zwar immer noch von ‚Pferdestärken' – nur hat es nichts mehr mit unseren geliebten Vierbeinern zu tun. Ein Vielfaches ihrer Stärke und ihrer Geschwindigkeit kommt überall da zur Anwendung, wo findige Köpfe und mutige Investoren diese Entwicklung, man könnte sie auch ‚Industrialisierung‘ nennen, vorantreiben!«

»Ich verstehe, mein lieber Friedrich«, meldet sich meine Mutter zu Wort. »Aber was willst du jetzt deinem Peter Albert genau schreiben?«

Mein Vater erwidert nichts und ich spüre, dass er abgelenkt ist.

»Er ist in die Zeitung vertieft«, höre ich meine Mutter sagen.

»Das sehe ich, meine Liebe! Trotzdem kann er zuhören.«

»Hast du was dagegen?«

»Im Gegenteil«, höre ich meinen Vater antworten und ich kann nicht weiter den Unbeteiligten spielen. Obwohl ich mit meiner Zeitung im Nebenraum sitze, habe ich natürlich jedes Wort mitbekommen.

»Stör ich euch? Soll ich nach oben gehen?«

Mein Vater zeigt sein sympathisches Grinsen und sagt in gelassenem Tonfall: »Lies deine Zeitung, hör weiter zu und falls du was kommentieren willst: gerne!«

Ich sage nichts dazu. Dennoch ist mir diese neue Art meines Vaters, mich nicht wie einen unreifen Jugendlichen zu behandeln, sehr angenehm ...

Und so trägt er meiner Mutter (und mir) einigen Passagen aus dem Briefentwurf an seinen zukünftigen Geschäftspartner Peter Albert Ermen vor:

‚Vorgestern ließ ich den Baumeister zu mir kommen, um ihm die ersten nötigen Einrichtungen wegen des Baues zu besprechen. Denn Platz an der Wupper werden wir wohl bekommen können ... Um das Gebäude auf dieser Stelle

mit wasserfreien Kellern zu versehen, wird es indess hoch auf die Mauer gesetzt werden müssen, etwa 7 ½ bis 8 Fuß, denn bei hohem Wasser steht dasselbe ca. 1 Fuß über der Straße, freilich nur ca. 12 Stunden lang. Auch dieses verteuert den Bau ... Das Gebäude wird indess zweckmäßig und bietet hinreichend Raum zu einer bedeutenden Fabrikanlage dar. Eine Sorge nur hat mich dabei während der Rückreise und auch hier beschlichen: wie und wann werden wir diesen Raum füllen, und welches Kapital erfordern die dazu nötigen Maschinen? Mit den Kellerräumen und dem Dachboden erhalten wir 5 Etagen, und unsere Messung Ihrer sämtlichen Maschinerie hat ergeben, dass solche, bequem aufgestellt, nur etwas mehr wie eine Etage erfordert. Soll bloß Näh- und Strickgarn darin gemacht werden, so gehört ein gewaltiger Absatz dazu ... Soll eine Spinnerei der gröberen Nummer in dem Gebäude betrieben werden, so wird der Raum nicht zu groß sein. Dabei fragt es sich nur, ob eine solche vorteilhaft mit Dampfkraft betrieben werden kann. Ich sollte es fast denken, da so viele auf diese Weise bestehen, doch teile ich ganz mit Ihnen die Ansicht, dass eine Wasserkraft unbedingt vorzuziehen sei, und deshalb möchte ich wünschen, daß wir dies vorher reiflich überlegen.‘

Hier unterbricht mein Vater sein Vorlesen und kommt plötzlich auf noch ganz andere Ideen zu sprechen, die weg von der Wupper an einen mir unbekannten Fluss, die Agger, führen.

Ich kann dem kaum folgen und auch meine Mutter scheint etwas überfordert.

»Nun bleib doch erst einmal bei dem Projekt hier in Barmen!«, bittet sie ihren Friedrich. »Der arme Ermen wird ja sonst ganz verwirrt.«

Mein Vater fügt sich dem Vorschlag und liest eine weitere Passage seines Briefentwurfs vor:

> *‚Ich schlage Ihnen daher vor, fürs erste ein Haus nach dem Ihnen bekannten System von inwendig 54 Fuß Länge und 40 Fuß Tiefe zu bauen, was vorläufig völlig hinreicht und gleich so eingerichtet wird, daß man bei Bedarf leicht anbauen kann. Würde alsdann angebaut, so stände die Dampfmaschine in der Mitte des Gebäudes, was vorteilhaft ist ... Eine Spinnerei könnte bei diesem beschränkteren Raume freilich nicht damit verbunden werden, und müsste man vorläufig die Garne der groben Nummern entweder aus der dort neu zu errichtenden Spinnerei oder aus hiesigen Spinnereien beziehen ... Ihre Aufgabe, werter Freund, wäre nun, erstens eine Doublier-Maschine bei der besten Maschinenwerkstätte zu bestellen und herüber zu schmuggeln. Diese könnte als Muster für die übrigen dienen ...‘*

»So, so ... nun wird das Geschäft also kriminell!«, wagt meine Mutter zu bemerken.

Ich denke mir auch meinen Teil und verziehe mich mit meinem Ohrwurm: *Die Gedanken sind frei!*

Ferdinand Freiligrath – Ein Vorbild?

Was manchmal doch für Wunder geschehen!

Ist es Zufall, ist es pure ‚Glück-Sache' oder haben mein Patenonkel und mein Vater doch Recht, wenn sie diesen komischen Begriff ‚Defätismus' verwenden: Alles ist von Gott gefügt!

Wie auch immer, ich kann es immer wieder erzählen: Ich fühle mich seit meiner frühen Kindheit beschenkt von solch wundersamen Geschehnissen, die mich bereichern und mir helfen, *meinen* ureigenen Lebensweg zu finden. Da mag ich mich auch mal verlaufen oder in eine Sackgasse geraten – ich finde anscheinend stets zurück auf diesen Weg – vorbestimmt oder nicht ...

Und da warten dann die Wesen, die mir die Richtung zeigen, in die ich gehen kann. Oder sie geben mir Ratschläge – ganz konkret oder so verschlüsselt, dass ich erst nach vielem Sinnieren ihre Bedeutung für mich begreife.

Da könnte ich einige große Dichter nennen, die schon fast alle verstorben sind. Dann aber taucht jemand auf, der gerade mal zehn Jahre älter als ich ist, der sogar gar nicht so ewig weit weg vom Wupper-Tal, nämlich in Detmold, im Westfälischen, aufgewachsen ist!

Ich kann mich nicht erinnern, wann ich zum ersten Mal den Namen Ferdinand Freiligrath vernommen habe – jedenfalls war es ausnahmsweise mal keine der so zahlreichen Anregungen von meinem Großvater ...

Ich weiß nur, dass mich gleich das erste Gedicht zutiefst berührte. Mehr als das: Es animierte, es beseelte mich sofort zum Selberdichten!

Uralte Sagen geben Kunde
Von eines Zauberspiegels Macht;
Es glänzt auf seinem goldnen Grunde
Des Reinen Bild in reinster Pracht.

Doch wer des kleinsten Fehlers schuldig,
Dem beut er keine freud'ge Schau;
Dem blinkt er nimmer blank und geduldig,
Dem weint er warnend dunkeln Tau.

Wo mag der heil'ge Spiegel blitzen?
Wer kennt das köstliche Gerät?
Wer mag den Herrlichen besitzen,
Der eines jeden Sinn versteht?

Wer sagt mir an, wo ich ihn finden
Und wie ich ihn erringen kann?
Mein eignes Herze zu ergründen,
Begehr' ich keinen stärkern Bann.

In diesem Ton geht es noch mehrere Strophen weiter: zu kitschig oder was?

Es geht eben um einen *Zauberspiegel* ... und Zauberei verfolgt mich nun mal, seit ich denken kann!

Ich las später noch ein anderes Jugend-Gedicht von Freiligrath, das mich nicht minder berührte: *Mutterliebe – Mutterschmerz.*

Ich hätte es so gerne meiner Mutter vorgetragen, die es bis heute noch nicht richtig verwunden hat, unseren Bruder Wilhelm als Winzling sterben zu sehen. Aber ich weiß, dass auch ihr schon bei den ersten Zeilen die Tränen kommen würden:

Wes ist die höchste Liebe, und wes der tiefste Schmerz?
O, sprich, kennt sie nicht beide, das warme Mutterherz?

Und nun, o Wunder, erfahre ich von meinem Deutschlehrer, dass der junge Ferdinand Freiligrath, der auch schon in Amsterdam gelebt hat, nach Barmen zieht!

Mehr noch: Er wird Kaufmannsgehilfe bei einem Konkurrenten meines Vaters. Das ist ein gewisser Von Eynern, der unter anderem Bänder und Litzen herstellt, mit Twist und Garn handelt und der ein besonderes Patent entwickelt, welches mein Vater liebend gern haben würde.

Die Firma Von Eynern hat sich nämlich auf die Indigo-Färberei spezialisiert! Es gelingt ihnen, das wunderschöne Indigo, seit 6000 Jahren aus exotischen Pflanzen gewonnen, als Färbemittel für ihre Baumwolle zu benutzen. Wie meine Familie benutzen sie Wupper-Wiesen, um dort ihre Stoffe auszulegen, damit sie sich mit dem Indigo vereinen. Dafür braucht es eben Sauerstoff und das Sonnenlicht.

Nun aber die Frage: Wie kann einer, dem die Dichtkunst in die Wiege gelegt ist, der schon mit achtzehn die ersten Werke in der Zeitung abgedruckt bekommt, den sie liebend gern in Lesezirkel einladen, gleichzeitig diese Kontor-Arbeit leisten und sich so intensiv der Poesie widmen?

Wenn ich meinen Vater so höre, was er irgendwann mit mir vorhat, so schwant mir Ähnliches ...

Aber das ist Zukunftsmusik – nun habe ich nur den dringenden Wunsch, diesen Freiligrath hier in Barmen zu treffen oder einer Lesung von ihm beizuwohnen!

Gen Konfirmation

Es gibt Erlebnisse oder Phasen im Leben von uns Menschen, die scheinen uns radikal zu verändern. Ich habe ganz frühe Erinnerungen, wo ich plötzlich, von heute auf morgen, etwas Wesentliches begriffen habe. Oft war es nur ein Lebensgefühl und ich konnte es nicht in Worte fassen. Meistens blieb es auch ein Geheimnis – denn wann hat man schon einen Menschen, mit dem man das Intimste austauschen will?

Ja: Eigentlich bin ich immer auf der Suche nach einem solchen Freund! Einem Menschen, der mich mit meinen tiefsten Gedanken, Wünschen und Ideen versteht!! Und natürlich auch vice versa: Ein Gegenüber, der mir gegenüber das gleiche Vertrauen entgegenbringt und mit dem man vielleicht sogar die Welt zu einem Besseren verändern kann ...

Ob ich so jemanden, ungefähr in meinem Alter, je kennenlernen werde?

Momentan scheint die Erfüllung dieses Wunsches ferner denn je: Der Mensch, zu dem ich das größte Vertrauen hatte und der sich wohl am besten in meine komplizierte Gedankenwelt versetzen konnte, war zwar im Geiste jünger als viele meiner Altersgenossen – allerdings alterte sein Körper erschreckend schnell: Sein Leiden vermeinte ich über die vielen Kilometer, die das Wupper-Tal und Hamm trennen, mit allen Fasern zu spüren ...

Ausgerechnet jetzt bräuchte ich öfter den Austausch mit ihm – nicht über die großen Mythen und Sagen, vielmehr über die Bibel. Mit ihr und ihren Weisheiten und Lehren bin ich von klein an, in diesem hyperpietistischen Barmen, ja reichlich gefüttert und auch getriezt worden. Beten und nochmals Beten – auch wenn mich eher ein Till Eulenspiegel, ein Münchhausen oder gar Mephisto faszinierten! Nun allerdings, in meinem Konfirmanden-Unterricht, wird das alles noch einmal ganz anders beleuchtet. Vieles aus der Bibel, was der Krummacher so dogmatisch von der Kanzel runterpredigt und damit vor allem Frauen in Ekstase versetzt, bekommt in unserem Unterricht andere Nuancen und bringt mich völlig neu zum Nachdenken über den Glauben. Das kann ja wahrlich nicht alles falsch sein, was sich da über viele Jahrhunderte zusammen gefügt hat …

Und das, was mein Vater und schon sein Vater über Jahrzehnte in die Kirche investiert und gespendet haben, hat ja wohl auch sein Gutes und muss angemessen gewürdigt werden!

Und was bitte wird jetzt aus meinem Großvater, einem Freigeist par excellence? Kommt er trotzdem in den Himmel?

Wenn ich meinem Alten, dem ich reichlich Kritisches vorzuwerfen habe, dieses Gedicht präsentieren würde, das in diesen Wochen entstanden ist – er würde mich wahrscheinlich erst ungläubig anschauen und dann gläubig umarmen:

Herr Jesu Christe, Gottes Sohn,
O steig herab von deinem Thron,
und rette meine Seele!
O komm mit deiner Seligkeit,
Du Glanz der Vaterherrlichkeit
Gib, daß ich Dich nur wähle!
Lieblich, Herrlich, ohne Leide ist die Freude,
wenn dort oben,
Wir Dich, unseren Heiland loben!

Gib, daß dereinst zu seiner Zeit,
Wenn mich erfaßt des Todes Leid,

Ich fest an Dir mich halte;
Daß ich, wenn mir das Aug' vergeht,
Des Herzens Pulsschlag stille steht,
Ich froh in dir erkalte!
Fortan wird dann Dich dort oben Mein Geist loben,
ohne Enden,
Denn er ist in Deinen Händen.

O wär sie da, die Zeit der Lust,
Wo ich an deiner Liebesbrust
Vom Tode soll erwarmen!
Dann seh ich, Gott, ich dank es Dir,
Die all', die waren theuer mir,
Kann ewig sie umarmen!
Ewig, ewig, ewiglebend, vor Dir stehend, Dich zu sehen
Wird mein Leben neu erblühen.
Du kamst, die Menschheit zu erlösen,
Vom Tod' sie zu befrein und Bösen
Zu bringen ihr Dein Glück und Heil.
Kommst du nun herab zur Erden,
Da wird durch dich es anders werden,
Da theilst Du jedem zu sein Theil.

Ja, dieser letzte Satz: Wie gerecht ist unser Heiland? Wie regelt *Er* das mit Arm und Reich??

All solches geht mir Tag und Nacht durch den Kopf. Und dann, wenige Wochen vor meiner Konfirmation, wird mein lieber, so geschätzter Großvater von seinen Leiden erlöst.

Es erfolgt am 12. März 1837 meine Konfirmation, was ja auch Bekräftigung oder Befestigung bedeutet und quasi die Segnung gen Erwachsenenalter ist.

Der Denkspruch, der mich nun durchs Leben führen soll, lautet:

Ich vergesse, was dahinter ist, und strecke mich zu dem, was da vorne ist, und jage nach dem vorgesteckten Ziel, nach dem Kleinod, welches vorhält die himmlische Berufung Gottes in Christo Jesu.

Vergessen ...

Ob mir das je gelingen wird? Ob das die richtige Weisheit für mich ist??

Vorgestecktes Ziel ...

Ein Ziel? Wird mein Weg je so einfach gradaus gen Ziel führen??

Geschrieben von Friedrich Engels 1836/37

Eine Seeräubergeschichte

IV

Jetzt übersieht er den Kampfplatz. Zwölf Türken lagen tot da. Acht waren verwundet; zehn streckten die Waffen, und zehn waren entkommen.

Doch auch vier Griechen lagen tot da; Mykalis lag im Sterben; Notos hatte einen Schuß im Schenkel; der Hauptmann hatte den Hieb, und noch drei andre waren leicht verwundet. Auch Leon hatte einen Streifschuß am Kopf und eine Schmarre am linken Arm.

Stephano trat zu ihm. „Du hast dich brav gehalten, Leon; doch sollst du zu Leonidas kommen. Was, du blutest ja?"

„Ach, es ist nichts, nur wenig. Daß der verwünschte Arnaut uns entkommen ist, das ärgert mich am meisten. Ich hätte ihn gerne vollends erschlagen."

Er ging zu Leonidas. Dieser sagte: „Leon ich übertrage dir hiermit Notos Kommando bis zu seiner Genesung. Stephano ist Oberbefehlshaber, bis ich mein Amt wieder antreten kann. Geh einmal zu Mykalis, wie's ihm geht."

Er gehorchte. „Er ist sehr schwach; er hat einen Schuß in die Brust bekommen und einen Stich in den Schenkel. Doch hat Taras noch Hoffnung."

Stephano kam zurück. „Das Schiff hat Baumwolle für Athinai und Munition für Nauplia geladen. Auch Datteln, Kokosnüsse, Feigen und allerlei Vorräte in Überfluß, um sie gelegentlich zu verkaufen."

„Bring alles herüber, was von Wert im Schiff ist, und laß nach dem Hafen Raphthi steuern“, sprach Leonidas. „Leon, geh mit Stephano hinüber Ihr fragt die Gefangenen aus; du notierst alle ihre Aussagen.“
Er ging. Die Aussagen der Gefangenen waren etwa folgende: Das Schiff sei ein Kauffahrer und gehöre einem Kaufmanne zu Ismir, Murad. Sein Bruder Ali habe das Schiff befehligt und sei eben der, den Leon verwundet hatte. Sie seien bis Sykia gefahren, wo sie die Nachricht erhalten hätten, es seien Korsaren in dieser Gegend. Deshalb hätten sie gestern abend noch zehn Mann nach Athinai genommen. Da hätten sie das Schiff gesehen und seien überfallen worden. Auf die Frage, wo die griechischen Passagiere seien, sagten sie, einer sei in die See gestürzt und den andern habe Ali erschlagen, als das Korsarenschiff erkannt worden sei.

Nun wurde das Schiff durchsucht. Außer den schon angegebenen Vorräten fand man viele Waffen und Munition, auch Tuch und Kleidungsstücke. Das beste waren aber drei Säcke mit Gold, in jedem 5000 Piaster. Diese wurden in die Kajüte des griechischen Schiffs gebracht.

Zwischen Sunium und der argolischen Halbinsel liegt ein kleines Eiland, felsig und unbewohnt. Dorthin fuhr Leonidas. Man landete am folgenden Morgen. Da man aber vor Ali und den Türken, die gewiß den Pascha von Eyribos oder Athen dazu vermögen würden, ein Schiff gegen die Räuber zu senden, nicht sicher war, so setzte man hier die Türken aus, gab ihnen einigen Mundvorrat, zwei Säbel und eine Flinte mit Munition, damit sie sich durch Jagd der Hasen und dgl., die viel auf solchen Inseln sind, ernähren könnten.

Man wollte abfahren – da fehlte Leon. Er war auf die Jagd gegangen; man suchte – da hörte man einen Schuß, eilte in der Richtung und – Leon lag dort in seinem Blute, neben ihm ein erschossener Türke, und ein andrer, mit dem blutigen Säbel Leons in der Hand, stand dabei. Stephano, der am ersten da war, sprang herzu und griff den Türken an. Nach kurzem Gefecht schlug er dem Feinde den Säbel aus der Hand, riß ihn zu Boden und schlug ihm den Kopf ab.

Nun kamen noch mehrere, Leon wurde auf eine Bahre von Zweigen gelegt und heimgetragen. Da fand denn Taras, der die Wunde untersuchte, daß ihm der Türk einen Hieb über den Kopf, einen über den Schenkel und einen leichten Streifhieb über den Arm versetzt hatte.

Endlich kam der Verwundete zu sich. „Wo ist mein Säbel?" war seine erste Frage. Als man ihm ihn zeigte, sagte er: „Wo ist der Türk, der mich schlug?"

„Ich habe ihn erschlagen", sagte Stephano. „Aber halte dich ruhig, du bist gefährlich verwundet!"

Die Wunde über den Kopf war gefährlich; der Transport auf dem Schiffe hätte nur schaden können, deshalb wurde beschlossen, die Türken einzufangen und sie an der Küste von Morea auszusetzen; dagegen Leon, Mykalis, der auch noch gefährlich verletzt war, Notos und Leonidas hierzulassen und zu ihrer Pflege drei Leute. Nach einigen Wochen wollte Stephano sie wieder einnehmen.

Die Türken wurden wieder zusammengebracht, nur einer fehlte noch; doch da sie in der Ferne ein türkisches Schiff gewahrten, ging das Korsarenschiff mit Stephano unter Segel. Doch blieben außer den Verwundeten und Taras mit seinen beiden Gehülfen noch fünf da, die das türkische Schiff nach Epina schaffen sollten und am folgenden Tag abfuhren.

Leon besserte sich zusehends. Nach sechs Tagen konnte er schon vom Lager aufstehen und etwas herumgehen. Auch Mykalis trat in der folgenden Woche wieder vor die Türe der kleinen Hütte, die sie erbaut hatten. Leonidas und Notos waren schon fast wieder heil und oft auf der Jagd gewesen. Einst kam

Notos zurück und sagte: „Ich habe einen Türken gesehen. Er lief aber schnell weg. Laßt uns uns nur hüten."

Am folgenden Tage ging er wieder mit Leonidas auf die Jagd. Sie trafen eine wilde Ziege. Sie trennten sich. Notos strich durch die Wälder – da fällt ein Schuß, Notos fällt, und der Türke, mit einer Pistole in der Linken und einem Dolch in der Rechten, stürzt hervor, bückt sich, schwingt den Dolch, da erhebt sich der Verwundete, zieht ein Pistol und schießt den Moslem nieder. Bald kamen alle Griechen zusammen. Der Türk war tot, sein Schuß war Noton in die Brust gefahren, doch hatte der Griff seines Dolchs den Schuß matt gemacht und war nicht gefährlich.

Notos wurde nach Hause getragen und litt noch eine Woche, ehe er wieder aufstehen konnte. Dann waren alle heil; aber der Mundvorrat war auf, und die Insel nährte durch Jagd nur schwach.

Spannend geht es mit den Seeräubern weiter auf S. 246

Ode an die Freude

Heute, am 26. März 1837, ist wieder so ein Tag der Trauer: Vor 10 Jahren hat ein großer Komponist, den man wohl als Genie bezeichnen kann, die Erde verlassen ...

Ja, es gibt viele Schöpfer, die die deutsche Sprache und zugleich das Vokabular der Musik beherrschten: Bach, Händel, Haydn, Mozart, Schubert und noch einige mehr. Aber Ludwig van Beethoven ist für mich der Größte, derjenige, der meine musische Seele am meisten berührt!

Ich weiß viel zu wenig über ihn und würde so gern mal sein Geburtshaus in Bonn am Rhein besuchen. Jedes Mal, wenn bei unseren Hauskonzerten eine Melodie von ihm ertönt, erlebe ich Schwingungen und Stimmungen, die man nicht beschreiben kann. Möglicherweise hat es damit zu tun, dass wir beide im Sternzeichen Schütze geboren sind ...

Einer meiner Schulfreunde, der hochmusikalische Heuser, war kürzlich in Düsseldorf und kam schwärmend heim: Beethovens Neunte! Seine letzte Symphonie, mit einem ganz ungewöhnlichen Ende: Ein Chor singt im Finale, dem letzten Satz, eine Ode!

Freude, schöner Götterfunken, Tochter aus Elysium,
Wir betreten feuertrunken, himmlische, dein Heiligthum!
Deine Zauber binden wieder, was die Mode streng geteilt;
Alle Menschen werden Brüder, wo dein sanfter Flügel weilt
Seid umschlungen Millionen!
Diesen Kuß der ganzen Welt!

So geht es grandios weiter – und wer ist der Schöpfer dieser weltbewegenden Verse?

Friedrich Schiller – der wohl bedeutendste deutsche Dichter neben Goethe!

Ich könnte hier sofort mit dem Schwärmen beginnen, denn dieser Typ, der nur 45 Jahre alt wurde, hat mich schon lang vor dem Eintritt ins Gymnasium begeistert. Es war mal wieder mein geliebter Großvater in Hamm, der mir ‚Die Räuber' und ‚Wilhelm Tell' in jungen Jahren vorlas. Und mein Deutsch- und Geschichtslehrer hier in Elberfeld, Herr Clausen, stand ihm in seiner Begeisterung nicht nach: Er war den Riesenweg nach Jena und Weimar kutschiert, um die Wohnsitze der engen Freunde Schiller und Goethe hautnah zu erleben ...

Aber nochmals zu Beethoven: Sein Kompositions-Werk ist ja offenbar so allumfassend, dass man Jahre braucht, um all die Sonaten, Symphonien und Konzerte kennenzulernen. Meinem Vater, der wahrlich nicht unmusikalisch ist und selber einige Instrumente spielt, ist dieser Ludwig nicht ganz geheuer. Ihm gefiel zwar, als er erfuhr, warum Beethoven seine dritte, in die »Heroische Symphonie« umtitelte. Ursprünglich war sie in Begeisterung für die Französische Revolution Napoleon Bonaparte gewidmet. Als dieser sich aber selbstherrlich selber zum Kaiser krönte, war Schluss mit der Verehrung!

Doch zurück zur »Neunten« mit dem grandiosen Chor-Finale: Für mich ist dieses Werk ein weltbewegendes, das hoffentlich noch in 200 Jahren die Menschen begeistert. Man muss Schillers Gedicht von Anfang bis Ende auf sich wirken lassen, um wahrlich FREUDE zu erfahren ...

Marie ist noch zu jung, um so ein Mammutwerk, aufzunehmen. Sie übt sich lieber am ‚Flo-Lied', das Ludwig van seinem und meinem verehrten Johann von verdankte – alles klar?

Elisabeth Franziska Mauritia Engels

Mit diesem Namen ist sie am 22. April 1797 geboren, damals noch unter dem Mädchen-Namen van Haar. Sie hört auch auf ‚Mutti', ‚Mama' und ‚Mam' . Besonders gern aber hört oder liest sie ‚geliebte Elise', ‚meine herzensliebe Elise' oder nur einfach ‚Herzchen' – denn so spricht sie seit mehr als zwanzig Jahren mein Vater, ihr geliebter Gatte, an.

Heute nun ist ein besonderer Tag: Meine verehrte Mama wird *vierzig*!

Es ist ein sehr aufregender Tag für uns und die Vorbereitungen auf diesen Samstag begannen in aller Heimlichkeit schon vor etlichen Tagen. Eigentlich wollte Mama auf alle Feierlichkeiten verzichten: Vor kaum mehr als zwei Monaten erst ist ihr so geliebter Vater verstorben – ein Verlust, an dem unsere ganze Familie leidet …

Aber mein Vater hat ein »Machtwort« gesprochen (was ja nicht so selten vorkommt):

»Wir müssen Gottes Fügungen akzeptieren, ob sie uns passen oder nicht! Niemand wird uns die teuren Erinnerungen an Großvater nehmen können, lasst uns nach vorne schauen! Mama hat eine wunderschöne Geburtstagsfeier verdient!«

Und so beginnt der Tag mit einem Kinder-Chor – bunt gemischt in fast allen Tonlagen:

Geh aus, mein Herz, und suche Freud
In dieser lieben Sommerzeit
An deines Gottes Gaben;
Schau an der schönen Gärten Zier,
Und siehe, wie sie mir und dir
Sich ausgeschmücket haben.

Die Bäume stehen voller Laub,
Das Erdreich decket seinen Staub
Mit einem grünen Kleide;
Narzissus und die Tulipan,
Die ziehen sich viel schöner an
Als Salomonis Seide.

Ich selber kann und mag nicht ruhn,
Des großen Gottes großes Tun
Erweckt mir alle Sinnen;
Ich singe mit, wenn alles singt,
Und lasse, was dem Höchsten klingt,
Aus meinem Herzen rinnen.

Wenn ich ehrlich sein soll – beim Mitsingen muss ich heimlich grinsen: Es ist nun wahrlich noch nicht Sommer und die Bäume tragen kein Laub! Und den Kleinen will der Text auch nicht so recht gelingen!

Aber Marie hat dieses Lied von dem berühmten Paul Gerhardt ausgesucht und meinem Vater kommen die Verse grad recht: Mit unverblümter Rührung im Gesicht steuert er auf seine ‚herzensliebe Elise' zu, hinter seinem Rücken ein leuchtend rotes Geschenk versteckt.

Er bleibt kurz vor ihr stehen und ich glaube nicht richtig zu sehen: Friedrich Engels Senior, immerhin selber ein gestandener Mann von vierzig, macht einen Diener!

Meine Mama ist gerührt, beglückt und auch ein bisschen verlegen und acht Kinder dürfen sich wie im Theater fühlen, denn die Szene ist noch längst nicht beendet:

Mein Vater macht den entscheidenden Schritt auf seine Elise zu ... Körperberührung und etwas Geheimnisvolles: Er flüstert ihr etwas ins Ohr, das wir alle sehr, sehr gerne hören würden!

Stattdessen nehmen wir an etwas teil, das bei uns streng in den Bereich des Intimen gehört: Die beiden küssen sich, als wären sie frisch verliebt ...

»Das Geschenk!«, ruft die siebenjährige Hedwig ungeduldig und die elfjährige Anna pflichtet ihr lautstark bei: »Das Geschenk auspacken!«

Der Papa ist gehorsam und überreicht feierlich das merkwürdig geformte Präsent. Dabei muss er allerdings doch noch den Fabrikanten raushängen lassen: »Feinste Mailänder Seide, mit unserer neuesten Technik gewebt und gefärbt!«

»Vorsicht, Mama, da ist bestimmt was Lebendiges drin!«, kann Emil endlich auch einen Spruch loswerden.

Mama nickt und geht zum feierlich gedeckten Frühstückstisch, legt das Geschenk vorsichtig ab, löst die edel gewebte Schleife (natürlich auch aus eigener Produktion), faltet die edle Seide auseinander und ...

»Sicher was zum Essen!«, ruft der sechsjährige Rudolf.

Meine Eltern schütteln gleichzeitig den Kopf, lassen uns nähertreten und der Papa gibt eine Erläuterung zu seinem Geschenk:

»Narzissus und die Tulipan, die ziehen sich viel schöner an als Salomonis Seide!«, wiederholt er singend aus unserem Geburtstagslied. »Die kommen aus dem Heimatland deiner Vorfahren! Es sind ganz neue Züchtungen mit den schönen Namen ‚Tulipa Clusiana', und ‚Tulipa Agenensis', das heißt: ‚Damen-Tulpe' und ‚Sonnenaugen-Tulpe'.«

Unsere Mama schaut ganz beglückt und streichelt einige der Tulpenzwiebeln zärtlich.

»Ich weiß schon, wo ich sie in unserem Garten einpflanze!«

»Und wann gibt's endlich die Waffeln und die Brezeln?!«, drängt uns Hermann an die Tafel.

Unser Vater zündet, während alle ungeduldig ihren Platz einnehmen, 40 rote Kerzen an, drapiert rund um eine riesengroße VIERZIG, gebacken aus Hefeteig.

So geht es in den Feiertag, der unserer Mama Kraft und Vorfreude ‚Auf die nächsten vierzig Jahre' geben soll. Erst als etwas Ruhe einkehrt und alle anderen ihre allesamt originellen und selbstgebastelten Geschenke losgeworden sind, schnappe ich mir meine Mutter ganz allein und ich gestehe: Jetzt bin ich verlegen.

»Du weißt gar nicht, wie wichtig du mir bist!«, kommt mir grad mal über die Lippen. »Du bist eine so starke Frau! Wer weiß, was aus dir geworden wäre, wenn du nicht uns viele Blagen bekommen hättest!«

»Heute ist ja sozusagen meine ‚zweite Geburt' – da kann ja noch viel aus mir werden, oder?«

»Na klar«, sage ich und ich überreiche ihr etwas, das mir in der Schule durch einen glücklichen Zufall in die Finger gekommen ist und ich gleich für meine Mutter abgeschrieben habe: zwei Gedichte von Annette von Droste-Hülshoff.

»Sie ist im gleichen Jahr wie du geboren. Dein Papa hat mich kurz vor seinem Tod auf sie aufmerksam gemacht und dazu gesagt: »Eine starke Frau, wie deine Mama!«

Es war ein Fehler, jetzt meinen Großvater zu erwähnen – denn sogleich sehe ich, wie Mamas Augen feucht werden. Glücklicherweise habe ich noch ein Geschenk und das muss ich auch kommentieren: »Das sind Noten von Clara Wieck, die ist nur ein Jahr jünger als ich und schon als kleines Kind als Pianistin aufgetreten. Sie soll angeblich mit diesem Komponisten Robert Schumann zusammen sein. Aber sie kann selber komponieren und sie wird auf ihren Konzertreisen gefeiert. Offenbar wird aus ihr auch eine ganz starke Frau!«

»Solche Persönlichkeiten brauchen wir ... danke, danke, danke!«

Vor 150 Jahren

Elberfeld ist mir inzwischen fast vertrauter als Barmen. Das hat mit dem Platz meiner Schule zu tun, an dem ich die meiste Zeit, auch Freizeit, verbringe. Ich könnte auch sagen: ich gehe jetzt, mit sechzehn Jahren, viel bewusster (und logischerweise auch kritischer) durch die Stadt. Ich weiß mehr über die Lebensbedingungen, vor allem über diese krassen und für mich unakzeptablen Unterschiede von Arm und Reich. Stundenlang kann ich Menschen bei ihrer Arbeit oder anderen Tätigkeiten zuschauen – ich muss gar nicht hören, was sie sprechen, mir reicht oft ihre Mimik oder Gestik, um mir ein Bild von ihnen zu machen. So bin ich auch ohne Stift, Feder oder Pinsel sozusagen ein Maler ...

Nicht anders geht es mir, wenn ich bei Bauarbeiten zugucke: In Elberfeld wird wohl insgesamt mehr neu gebaut als in Barmen. Vor allem ist die Architektur oftmals größer opulenter – allerdings nicht unbedingt schöner.

Heute aber, am 22. Mai 1837, wandere ich mit einem ganz anderen Gefühl, einem tiefen Betroffensein, durch die Stadt. Unser Geschichtslehrer hat uns von einem Ereignis vorgelesen, das man schier nicht begreifen mag:

Vor exakt 150 Jahren brannte sozusagen das gesamte Elberfeld durch eine gigantische Feuersbrunst nieder!

Es hatte zuvor schon andere Großfeuer mit beträchtlichen Folgen gegeben: 1621 lag das Island in Schutt und Asche, wurde aber schnell wiederaufgebaut. 1674 brannten erneut etliche Häuser ab und 1678 waren es vierzig Häuser, die in der Nähe des Marktes einem Großfeuer zum Opfer fielen. Dann aber, am 22. Mai 1687, wurde es gruselig. Am helllichten Tag, nachmittags um 15 Uhr, es fand im Elberfelder Rathaus gerade eine Hochzeit statt und viele Zaungäste wollten Zeugen sein, brach ausgerechnet in den neu errichteten Häusern am Island ein Feuer aus. Ein kräftiger Südwestwind schürte das Feuer zu einem Großbrand, welches nicht nur die Feiergäste panisch in die Flucht trieb. Innerhalb weniger Minuten stand der ganze Stadtteil, mit Kirchen und Schulen, in Flammen. 350 Häuser brannten komplett nieder. Nur einige Einwohner konnten mit Glück etwas von ihren Habseligkeiten retten. Drei Männer, eine Frau und sechs Kinder verbrannten – vom Schock der zahlreichen Verletzten nicht zu reden ...

Viele Menschen, auf einen Schlag ohne Hab und Gut, waren auf die Hilfe ihrer Verwandten, Freunde und ganz fremder Menschen angewiesen. Dies alles an jenem Mai-Tag und bei vielen Spaziergängen mehr bedenkend, ließ mich natürlich an unseren Schöpfer denken: Wie funktioniert das eigentlich mit seinem Gerechtigkeitssinn? Ist solch alles mit dem Begriff des Defätismus zu erklären??

Mit meinem Vater und einigen Verwandten möchte ich lieber über dieses Thema nicht sprechen. Aber *meine* Gedanken sind frei ...

Lore-Ley

Manchmal ist es seltsam in der Schule: Langeweile pur ... ich könnte auf der Stelle einpennen ... halte mich grad so wach, indem ich die Ränder meines Heftes mit Karikaturen ausmale.

Dann ein Satz des Deutschlehrers und ich bin voll da:

»Wer von euch kennt die Lore-Ley?«

Mehrstimmiges Stöhnen ist die Antwort und ich habe Herzklopfen ...

»Meinen Sie die komische Nixe am Rhein oder das Gedicht?«

»Gedicht von wem?«

Erneutes Stöhnen.

Nun muss ich mich melden: »Heinrich Heine?«

Mein Lehrer lächelt und sagt: »Na klar, wieder der Literatur-Engels!«

Die Bemerkung und das hämische Grinsen einiger Mitschüler ist mir zugleich peinlich und piepegal. Im Gegenteil, ich will einige sogar provozieren, in dem ich einen meiner Lieblings-Dichter rezitiere:

Ich weiß nicht, was soll es bedeuten,
Daß ich so traurig bin,
Ein Märchen aus alten Zeiten,
Das kommt mir nicht aus dem Sinn.

»Das reicht«, unterbricht mich unser Lehrer und zieht ein Notenblatt aus seinem Tornister. »Euer Musiklehrer hat mir eben eine brandneue Komposition dazu in die Hand gedrückt. Wollt ihr mal hören?«

Das Stöhnen ist nun noch deutlicher, aber der Typ da vorne lässt sich nicht aus der Ruhe bringen und beginnt zu singen. Er ist wahrlich kein hochbegabter Interpret, doch mich überkommt ein Ergriffenheits-Gefühl, das ich eigentlich nur beim Hören von Musik, welcher Art auch immer, erlebe ...

»Können Sie mir das Blatt leihen?«, frage ich spontan, als sein Vortrag beendet ist. »Ich schreib die Noten ab oder bringe es Montag wieder mit.«

Er reicht mir lächelnd das Blatt und weitere Kommentare bleiben aus: Sie kennen inzwischen ihren Engels ...

Auf dem langen Weg nach Hause, nach Barmen, habe ich reichlich Zeit, mich meinen Erinnerungen hinzugeben. Nebenbei werfe ich immer wieder einen Blick auf das Notenblatt und lerne das Lied auswendig:

Ich glaube, die Wellen verschlingen
Am Ende den Schiffer-Kahn;
Und das hat mit ihrem Singen
Die Loreley getan.

Dass ich ausgerechnet jetzt am Wupper-Ufer entlang gehe, ist etwas grotesk: Denn dieser dreckige schmale Fluss hat ja nun wahrlich nichts mit dem gigantischen Rhein zu tun.

Dass man sich kopfschüttelnd nach dem laut singenden Jungen umschaut, ist mir egal. Ich muss das Lied so schnell wie möglich vortragen können!

Und dies ist möglich: Es gibt wie immer am Samstagabend, wenn Friedrich aus Elberfeld eingetroffen ist, eine große Familien-Mahlzeit – sogar in Anwesenheit des Vaters.

Nach dem Tischgebet und einer köstlichen Bouillon kann ich nicht mehr an mich halten:

»Kurze Unterbrechung, ich möchte euch was vortragen!«

Allgemeine Verwirrung an der edel gedeckten Tafel – die Kinder haben bei den Mahlzeiten gewöhnlich zu schweigen!

Zumindest müssen sie die Erwachsenen höflich ums Wort bitten.

Ich erhebe mich, hüstele kurz und es klappt: Meine Stimme ist fest, die Melodie ist gespeichert und den Text von Heinrich Heine kann ich sowieso auswendig ...

Mein Publikum lauscht, sogar die Kleinen geben keinen Mucks von sich und Marie neben mir ist sichtlich gerührt.

Es gibt Akklamation – sogar mein Vater klatscht ein paar Mal dezent in die Hände.

»Der zweite Gang!«

Unsere zwei Bediensteten haben uns, jedenfalls die Älteren am Tisch, ruckzuck mit Kohlrouladen versorgt. Für die Kleineren gibt es nur Püree mit Soße ...

Nun dauert es etwas länger, bis das Thema wieder auf die Lore-Ley kommen kann. Und dieses Mal ist es die Mama, die das Wort ergreift:

»Eine wunderschöne Melodie, hab sie noch nie gehört, wo hast du sie her?«

Marie neben mir ist schon am Summen und ich berichte den ganzen Vorgang in der Schule.

»Ich möchte unbedingt wieder mal an den Rhein!«, meldet sich Hermann zu Wort. »Du hast uns dort immer so spannende Märchen erzählt, Mama!«

Holla, was ist hier los? Mein kleiner größter Bruder sagt was von Märchen – da war *ich* doch immer der Begeisterte!

»Die tollen Burgen!«, erinnert sich nun auch der neunjährige Emil. »Zum Drachenfels sind wir auf Eseln hoch. Ich träum heute noch von diesem Riesendrachen, der uns da oben gefangen hielt!«

»Der stolze Strom, der braust und fließt, der schönsten Sagen Zaubergrund. In tausend Windungen ergießt sich Schönheit reich und bunt ...«, zitiert jetzt mein Vater ein

Gedicht, das ich nicht kenne.
Hallo, wir sind ja eine richtig literarische Familie: Sowas habe ich aus Vaters Mund noch nie gehört! Sonst nur Zahlen und neue Erfindungen, die wir für unsere Fabriken brauchen ...

Damit nicht genug. Nach dem Dessert, einem grünen Waldmeister-Wackelpudding, lässt sich Mama nicht lange bitten. Sie trägt uns die berühmte Ballade von Clemens Brentano vor:

Zu Bacharach am Rheine
Wohnt' eine Zauberin,
Sie war so schön und feine
Und riss viele Herzen hin.

Und brachte viel zuschanden
Der Männer ringsumher,
aus ihren Liebesbanden
war keine Rettung mehr.

Vater ist aufgestanden, weil er mal wieder, sogar am Abend, ins Kontor muss. Er streichelt Mama zärtlich übers Haar und flüstert: »So ging es mir auch. Aber an der Wupper!«

Musik, Musik, Musik

Geht es in diesem Tal eigentlich nur noch um Glauben, Geschäfte und Gewinne?

Ja, ich verstehe, dass nicht nur in der Not der Herrgott um Unterstützung gebeten wird ...

Ja, ich nehme Teil an vielem, was die Menschen hier bewegt: Es war und ist eine Region, in der unter oft schwierigsten Bedingungen Landwirtschaft, dann die Garnbleicherei und jetzt die vielen Textilgewerbe betrieben werden.

Ja, ich weiß aus dem Unterricht und vor allem durch Vater, wie wichtig es ist, auch an den Profit zu denken. Das klingt manchmal ungemein spannend, wenn die Engels-Herren untereinander oder mit Geschäfts-Freunden (manchmal auch -Feinden!) ihre Kalkulationen besprechen oder den nächsten Gewinn-Coup planen.

Und ich habe auch begriffen, dass wir nicht nur hier im Tal, sondern fast überall im Bergischen, in Solingen, Remscheid, im Ruhrgebiet und weit darüber hinaus, eine Art Industrialisierung erleben! Nicht nur dort, wo Deutsch gesprochen wird – nein, die spektakuläreren Schauplätze dieser materiellen Revolution liegen ganz woanders. Nicht umsonst ist mein Vater dauernd auf Achse ...

Ich finde vieles ungemein prickelnd und spannend: Die Vorstellung, dass man in nicht allzu weiter Zukunft nicht mehr mit ein, zwei oder vier Pferdestärken durch die Lande kutschiert, sondern von einer kohlegefütterten Dampflokomotive und ihren Waggons über Schienen fährt – wer weiß, wie schnell irgendwann!

Nicht mit dem Segler, viel mehr mit einem Raddampfer gen England (oder gar nach Amerika) – das würde ich durchaus auch gern erleben ...

Aber ist dies wirklich alles, was den Menschen Freude und Genuss bringt?

Ich denke jetzt nicht ans gute Essen und Trinken (das ja wahrlich auch nicht jedem gegönnt ist!).

Nein, ganz anderes bewegt mein Herz und meine Seele sozusagen jeden Tag: gesungene und gespielte Melodien ... so, wie ich sie glücklicherweise von Kleinstkind an geschenkt bekam.

Welch eine Wonne, welche Bereicherung – nicht in Münzen oder Wertpapieren – nein, in einer unsichtbaren, nicht materiellen Währung erwerbbar – meistens kostenlos!

Na klar, ein Instrument muss auch von jemandem gebaut werden: Das kostet Zeit und Geld.

Musiker und Musikerinnen, die aus ihrer Leidenschaft einen Beruf machen, müssen auch von etwas leben. Das sind ja Binsenweisheiten ...

Es geht jedoch um Kultur. Selbst die einfachsten Menschen pflegen ihre Volkslieder – wohl auf der ganzen Welt. Sie bauen sich auf anderen Kontinenten, wo teilweise extremste Armut herrscht, ihre Trommeln, ihre Instrumente selber. Und ich kenne kein Kind, das nicht musizieren möchte.

Man nehme nur die Drehorgel: Seit mehr als hundert Jahren wird sie in ganz Europa gespielt. Jung und Alt verharren beglückt, wenn ein Straßenmusiker oder ein Gaukler aus seinem originellen Instrument eine Melodie zaubert und vielleicht noch dazu singt.

Warum jedoch sollen Menschen, die Geschmack an größeren, komplizierteren Kompositionen Gefallen finden, nicht auch zufriedengestellt werden und solche Beglückungs-Erlebnisse haben – meinetwegen sehr gerne auch, wenn dies Instrumente und Stimmen gemeinsam erzeugen? Was lässt denn viele Menschen einer Kantate, einem Oratorium, einer Oper andächtig lauschen – da müssen doch magische oder spirituelle Kräfte im Spiel sein!

Ist dies nicht auch eine Gottesgabe?

In unserem Wupper-Tal jedoch wollen das immer wieder Menschen, die es eigentlich wissen müssten, nicht wahrhaben. Fast jeder Versuch, einen neuen Konzert- oder Aufführungssaal zu eröffnen, wird torpediert. Selbst unser Bürgermeister Brüning posaunt: »Der Sinn für diese Kunst ist hier sehr erloschen!«

Glücklicherweise gibt es unter den Gebildeten und auch Wohlhabenden immer wieder solche, die spenden oder anders initiativ werden.

So gründete sich schon 1801 in Barmen eine Bürgergesellschaft »Concordia«, auch mit dem Ziel, das Musische zu fördern. 1818 wurde zum Zweck von größeren Kulturveranstaltungen im Werth ein Gesellschaftshaus errichtet. Seit 1828 gibt es dort größere Konzerte des ‚Barmer Singvereins' – mit und ohne instrumentale Begleitung. Vor Kurzem fand dort sogar ein erster gemeinsamer Auftritt mit dem ‚Elberfelder Gesangsverein' statt – was für eine brüderliche Geste!

Ähnlich schwierig ist es mit anspruchsvolleren Theateraufführungen: Ein Saal wird geöffnet, der nächste geschlossen ... selbst das renommierte ‚Niederrheinische Musikfest' kann hier nicht mehr stattfinden.

Der berühmte Komponist und Musikdirektor der Stadt Düsseldorf, Felix Mendelssohn-Bartholdy, mokiert sich in einem Brief an seine Familie über die sogenannte »Elberfelder Art«:

»Man ist hier von fatalen Exemplaren umgeben, Predigern, die jede Freude versalzen, trockenen, prosaischen Hofmeistern, die ein Concert für Sünde, einen Spaziergang für zerstreuend und verderblich, ein Theater aber für den

Schwefelpfuhl, und den ganzen Frühling mit Baumblühten und schönem Wetter für ein Moderloch ausgeben.«

Hallo, ihr lieben Barmer und Elberfelder!

Friedrich Engels Junior will in Konzerte und ins Theater gehen, er möchte auch das schöne Wetter und die Baumblüte bei langen Spaziergängen genießen. So ist das heute und so soll es auch in der Zukunft sein – nicht nur für mich!

Engelskirchen

»Ich benötige deinen Rat, mein Sohn!«

Das ist ein Ausspruch meines Vaters, den ich so noch nie vernehmen durfte. Was lässt ihn solches äußern? Will er über meinen jüngeren Bruder Hermann reden, der uns alle mit seiner bockigen Art nervt? Macht er sich Sorgen um seine Elise, die ihren Papa verloren hat und außerdem, gar nicht so selten, mit Ihrem ‚Kindergarten' überfordert sein könnte?

»Komm bitte heute Abend um 18 Uhr in mein Kontor! Ich möchte mit dir nicht unter Zeugen reden.«

Dies ist eine nächste Äußerung, die mich verwirrt: Wer soll da nicht mithören dürfen? Seine Brüder oder Mama oder meine Geschwister?? Oder hat er irgendwas Negatives über mich aus Elberfeld erfahren???

Mein Vater lässt mich mit meinen Fragen allein, denn er ist, wie so oft, in Eile ...

Natürlich bin ich pünktlich auf die Minute in der Fabrik – so habe ich es, wie meine Geschwister, von klein an üben müssen. Obwohl ich das nicht will: Ich habe Herzklopfen!

Es ist ja nun wahrlich nicht der erste Besuch in einem der Fabrikgebäude. Meine Mutter hat mich ja zu der einen oder anderen Gelegenheit mitgenommen – sonst hätte ich Till wohl nie kennengelernt. Und meinem Vater war es schon vor Jahren wichtig, seine älteren Jungen immer dann durch den Bruch zu führen, wenn er etwas hatte umbauen lassen oder wenn eine neue Werkstatt eröffnet war.

Manchmal reichte es ihm auch, mit uns über unsere weitläufigen Bleicherwiesen zu flanieren und das eine oder andere Handwerkliche zu erklären.

Heute nun also dieser offizielle Termin und wie ich befürchtet hatte: ein sehr ernst gestimmter Vater, der diverse Unterlagen (nichts Schulisches!) vor sich ausgebreitet hat.

»Nimm bitte Platz!«, sagt er und deutet auf ein zweites Pult, an dem wohl sonst seine Geschäftspartner oder der Kontor-Leiter sitzen. »Ich hab dir da ein paar Pläne ausgelegt, damit du meine Ausführungen besser einordnen kannst.«

Ein flüchtiger Blick auf die Landkarte und irgendwelche architektonischen Skizzen helfen mir nicht weiter.

»Engelskirchen«, beginnt mein Vater seine Ausführungen, »du hast den Namen gewiss bei den Tischgesprächen mit deiner Mutter das ein oder andere Mal vernommen.«

Ich nicke und der Herr Fabrikant ist sofort in seinem Metier:

»Wie du unschwer deuten kannst, handelt es sich nicht um einen Ort in England oder in Italien, wo ich in Zukunft einen Teil meiner Projekte beziehungsweise Geschäfte betreiben werde. Engelskirchen liegt in einem anmutigen Tal, 6 Stunden von Köln und über Gummersbach 13 Stunden von Barmen. Es ist indess eine Chaussee von Wipperfürth über Lindlar direkt nach Engelskirchen veranschlagt und vermessen, welche in Kürze ausgeführt werden soll, wodurch die Entfernung von Barmen auf 8 ½ Stunden reduziert wird.

Das Dorf Engelskirchen enthält mehrere hundert Einwohner aber die Umgegend ist ziemlich besiedelt, so dass es nicht an Händen fehlt. Der Schulbezirk zählt allein 147 schulpflichtige Kinder von 6 bis 13 Jahren. Die Bewohner sind sehr arm und sehen mit Sehnsucht einer neuen Nahrungsquelle entgegen. Der Arbeitslohn ist für einen kräftigen Mann per Tag 8 Silbergroschen, während er bei uns 14 bis 15 Silbergroschen ist. Kinder wird man verhältnismäßig weit billiger als bei uns haben können.«

Mein Vater hat wohl gespürt, dass ich gleich zwiefach verwirrt bin: Wieso liest er die meisten Ausführungen ab?

Und diese Ausführung über Kinderarbeit widerstrebt mir in vieler Hinsicht!

»Wunder dich nicht, wenn ich manches vorlese!«, wird mir erklärt. »Das ist quasi ein Brief-Entwurf an meinen Geschäftsfreund Ermen in Manchester. Ich will ihn für dieses neue Projekt begeistern. Und du sollst mir sagen, ob ich das richtig formuliere!«

Ich nicke zustimmend und unterlasse vorläufig jede Bemerkung.

‚In Engelskirchen ist die Post und Relais und, um alles vollständig zu machen, ist ein sehr schöner Steinbruch unmittelbar neben dem Gefälle und in Ründeroth eine Eisengießerei.
Ich muss gestehen, dass ich selten eine Stelle gesehen habe, die alles so in sich vereinigt, was von einer in jeder Beziehung zweckmäßigen Fabrikanlage verlangt wird. Dabei ist das Wasser der Agger klar und rein und ohne Zweifel als Gebirgswasser zum Bleichen geeignet.
Die Grundstückspreise sind allesamt im Machbaren für uns, weitaus günstiger als im Wupper-Tal. Aufs Erste könnten wir sogar aufs Bauen in Barmen verzichten.
In Engelskirchen würde nur ein Gebäude zum Spinnen und Doublieren eingerichtet und vorläufig würden die doublierten Garne zum Bleichen und Expedieren nach Barmen gesandt, wozu ich meine hiesigen Gebäulichkeiten umbauen könnte.‘

Mein Vater sieht mich fragend an – mit einem Ausdruck, der mal nicht der typisch kritische Erzieherblick ist. Damit fühle ich mich endlich von ihm angemessen gewürdigt – allerdings noch längst nicht in dem Bereich, wo es mir wichtig wäre.

»Klingt das überzeugend, mein Sohn?«
Ich nicke und will zugleich nicht mein Unverständnis verhehlen: »Was ich nicht kapiere ... du sprichst in letzter Zeit ständig von der enormen industriellen Entwicklung durch die Dampfkraft – und nun geht es plötzlich um die Wasserkraft!«

Die Antwort ist erst einmal ein Lächeln, ein ganz klein wenig mit dem Stolz auf das eigene Wissen. Dennoch kommt ein Lob:

»Ich freu mich, wenn du kritisch hinterfragst, Friedrich! Ich gebe dir die Antwort als ein Unternehmer, der logischerweise auf Gewinne schauen muss. Tatsächlich revolutioniert die Dampfkraft unser ganzes Wirtschaftsgeschehen. Wir können von Pferdestärken reden, die vor kurzem noch nicht ahnbar waren. Aber noch sind Dampfmaschinen sehr teuer in der Herstellung, vor allem hier auf dem Kontinent. Wenn wir sie aus England kaufen, kommt teilweise eine extreme Zollgebühr dazu ...«

»Deshalb also die Schmuggelei?«, kann ich mir nicht verkneifen.

»So ist es«, entgegnet mein Vater grinsend. »Doch es tut sich inzwischen hier was in unseren Breiten. Deshalb besuche ich auch im Elsass, in Mühlhausen, die inzwischen berühmte Maschinen-Fabrik Köchlin. Deren Spinnmaschinen scheinen sogar englische Konstruktionen zu übertreffen ...«

»Und wieso dann trotzdem die veraltete Wasserkraft?«

»Ganz einfach, mein Lieber«, bekomme ich zu hören. »Wasser ist neben Feuer und Luft die elementare Energie. Das wussten auch schon alte Kulturen zu nutzen. Überall da, wo anständiges Gefälle gegeben ist, lassen sich mit enormer Kraft Räder betreiben und die erzeugen Energie. Vielleicht nicht so viele Pferdestärken, dafür aber mit viel kostengünstigerer Technik. Ich kann dir eines prophezeien: Auch in einhundert oder zweihundert Jahren werden die Menschen mit Wasser und ebenso mit Luft erfolgreich Energie erzeugen. Da gehe ich jede Wette ein!«

Wetten will ich jetzt nicht. Trotzdem möchte ich meinen Vater für seine Ausführungen loben. Und sein Vertrauen hat mir eindeutig gut getan ...

Geschrieben von Friedrich Engels 1836/37

Eine Seeräubergeschichte

V

Vier Wochen waren sie nun auf der Insel, da kam Stephano und holte sie ab. Er hatte das türkische Schiff an einen englischen Kaufmann zu Thessalonich für 10000 Piaster verkauft; ebenso einem andern die Baumwolle für 4000 Piaster. Das Korsarenschiff war neu ausgerüstet, drei Kanonen neu, die Munition dreifach, Flinten und andre Waffen im Überfluß da. Auch waren die gut belohnten Räuber in besserem Zustande. Jetzt fuhr das Schiff nach Candia zu. Als nun Milo ihnen im Gesichte lag, zeigte sich ein, nach seiner Bauart, türkisches Schiff. Gleich fällt Leonidas hinterher und verfolgt es bis in den Busen von Milo. Dort liegen mehrere kleine Inseln, die den Busen schließen. Hier flieht das Schiff unter die Kanonen des Docks vom Hafen. Nun zeigt sich, daß es eine ägyptische Galeere ist. Es entspinnt sich ein wütender Kampf. Die Griechen feuern tapfer; aber da fährt ein türkisches Schiff in den Busen und greift - ein kleines Kriegsschiff – die Hellenen im Rücken an. Da entert Leonidas die Türken – schickt Stephano herüber, und nach kurzem Kampfe ist das Schiff erobert.

Unterdessen aber fuhr eine Salve des Forts in das griechische Schiff, und es sinkt. Da wird es eilend an das Ufer auf eine Sandbank gelenkt, wo es auch strandet. Aber die Leute steigen aufs türkische eroberte Schiff, drängen die Galeere heftig und entern sie. Leon springt hinüber, ihm folgen andre; Stephano sogleich auch, und er greift an. Leon immer voraus, badet sein Schwert im Blute der Moslemin; rasend schlägt er zu, Stephano folgt ihm und sie dringen weit vor. Da bekommt Leon den feindlichen Anführer, einen riesigen Ägyptier, vor sich. Er ficht mit ihm, keiner kann den andern überwinden; endlich versetzt Leon seinem Gegner hurtig einen Hieb über den linken Arm; da zieht dieser ein Pistol, schießt, trifft aber statt Leon einen andern Hellenen und fällt um unter den Hieben seines tapfern Gegners. Mit seinem Fall ist das Schiff erobert. Die wenigen Türken strecken die Waffen und werden ans Land gesetzt, wo Taras als Unterhändler in türkischer Kleidung aufs Fort geht, um über die Wiederherstellung des Schiffs zu unterhandeln. Der habsüchtige Pascha wird gegen ein Geschenk von dreihundert Piastern gewonnen, schickt aber heimlich ein Boot nach Siphanto hin, wo sich einige Schiffe der türkischen Flotte befanden. Es fand sie, und sogleich segelten alle drei hinzu. Notos und Taras waren auf ihrem Boote vor den Busen hinausgefahren, da erblickten sie die Schiffe und brachten Leonidas die Nachricht. Dieser ließ schnell seine Leute zum Teil auf die türkischen Schiffe, wohin er Munition für Kleingewehr und einige Kanonen bringen ließ; die meisten aber ließ er auf sein Schiff gehen, wohin auch etwa dreißig neuangeworbene Burschen von Milo gingen. Leon, der die kleine Kriegsbrigg befehligte, legte sich an den Eingang des Hafens. Nun kommen die Türken. Ein Schiff segelt zuerst hinein. Da gibt Leon diesem eine volle Salve in den Bug, dreht das Schiff, entert und kommt mit der ganzen Mannschaft herüber. Aber von der andern Seite legt das folgende Schiff an, sendet seine Mannschaft, und es entsteht ein wütender Kampf. Leon kämpft tapfer. Mancher Türke fällt unter seinen Streichen, aber auch mancher tapfre Hellene mußte unter den Schwertern der Türken sein Leben aushauchen, und das Glück neigt sich auf die Seite der Barbaren, die aber auch in dreifacher Zahl da waren. Da sieht Leon den Mörder seines Vaters. Wut erfaßt ihn, als er den großen Arnauten sieht, der eben einen alten Hellenen niederschlägt. „Hunkiar!" (Mörder) ruft er, „wende dich gegen Jünglinge!" Gleich auch wendet er sich und kämpft, an Kraft dem Hellenen doppelt überlegen, aber zurückstehend gegen dessen Wut. Sie kämpfen wütend. Schlag fällt auf Schlag. – Da entfällt dem Türken der Säbel, als Leon ihm einen Hieb über die Hand gibt. Doch er reißt den wohlbekannten Hammer aus dem Gurt und schlägt rasend vor Wut und Schmerz auf Leon zu, und bald sitzt des Hammers breite Fläche auf Leons hoher Stirne zum zweiten Male, und Leon fällt unter beständigen schweren Streichen des Türken.

„Der ist zur Hölle!" ruft er. „Nun an die andern." Doch diese sind fast alle schon tot, und nur wenige sind, der Waffen beraubt, gefangen.

Unterdessen aber waren die beiden andern Schiffe in den Hafen gefahren und verfolgten Leonidas, der sich mit seiner ganzen Mannschaft und dem Gelde auf die Galeere warf und, den Verfolgungen der Feinde entgehend, glücklich aus dem Hafen ins hohe Meer kam und nach Belo Paulo segelte, von wo er sich Nachricht von Leon und den übrigen verschaffen wollte.

Friedrich Engels, etwa Herbst 1836–1837

Pietismus … Glauben im Wupper-Tal

Was für ein fremder und doch so wichtiger Begriff, der unser Wupper-Tal schon seit Langem so entscheidend prägt!

Ich schlage mich seit meiner frühen Kindheit mit ihm rum, habe ihn immer wieder gehört und eigentlich nie so ganz richtig begriffen.

Übersetzung: kein Problem – schließlich hatte ich schon in der Barmer Schule Latein als Unterrichtsfach: Pietismus bedeutet nicht mehr und nicht weniger als ‚Gottesfurcht' oder auch ‚Frömmigkeit' – das klingt einfach, eindeutig.

Wer bitte aber von den ‚einfachen' Kindern und Jugendlichen in meinem Alter soll dieses *Fremdwort* kapieren?

Na klar: Für Fragen zu diesem Thema ist mein Patenonkel Karl Wilhelm Moritz der beste Ansprechpartner. Nicht nur vom religiösen Wissen her ist er so kompetent. Bei ihm habe ich auch Vertrauen und keine Angst, mich zu blamieren.

Und er ist geduldig: »Mein lieber Patensohn, das Fragen und Nachdenken über solche Begriffe hört wahrscheinlich bis zum Lebensende nicht auf. Auch das Zweifeln ist uns jederzeit gestattet. So gehe ich auch als Tiefgläubiger bis heute mit der Bibel um.«

Ja, die Gedanken sind frei. Nur zu gerne würde ich auch mal von meinem Vater solche Worte hören …

Und dann kommt ganz unvermittelt ein Tag, an dem *ich*, möglichst präzise, dieses im Wupper-Tal so bedeutsame Phänomen, erklären soll: Mein Bruder Hermann, inzwischen 13 Jahre alt, einer der selten das Gespräch sucht oder nicht so gerne der Jüngere von uns beiden sein will, kommt zu mir und fragt: »Fritz, kannst du mir bitte helfen? Ich soll in der Schule in der übernächsten Woche ein Referat über ‚Pietismus' halten.

Ich hab keine Ahnung davon. Und unseren Alten will ich deswegen nicht fragen!«

Ich freue mich über seine Worte. Ich will ihm gerne helfen.

»Gib mir ein paar Tage Zeit«, beruhige ich ihn. »Ich muss mir dazu ein paar Notizen machen!«

Am nächsten Wochenende sitzen wir zusammen, an einem ruhigen Platz im Garten, wo uns niemand zuhören kann. Und ich beginne unser Gespräch ganz locker mit einem Spruch, besser gesagt, einem Sonett, das aus dem 17. Jahrhundert stammt:

Was ist ein Pietist? Der Gottes Wort studiert,
Und nach demselben auch ein heil'ges Leben führt.

»Dann bin *ich* garantiert keiner!«, gibt Hermann zum Besten. »Und was weiter?«

Ich merke am Gesichtsausdruck meines Bruders, wie wenig ihn das Thema interessiert und ich bemühe mich, meine Ausführungen so knapp wie möglich zu halten.

»Wahrscheinlich ist der so genannte Pietismus vor fast 200 Jahren sogar hier in der Nähe, in Mühlheim, entstanden. Ein niederländischer Pfarrer versuchte den dortigen Protestanten klarzumachen, dass der Gottesdienst in der Kirche nicht ausreicht, um ein wahrer Gläubiger zu sein. Stattdessen sollte man in kleineren Bibelkreisen, die auch zu Hause abgehalten werden konnten, die Heilige Schrift, das ‚Buch der Bücher', studieren und zu einer vertieften Frömmigkeit finden.«

»Und wozu das Ganze?«, fragt Hermann provozierend.

Ich versuche ihm zu erklären, wie sehr hier bei uns im Tal diese Idee Fuß fassen konnte, sich immer mehr verbreitete und sich schließlich in zig verschiedene Glaubensauslegungen gespalten hat.

»Die Menschen hier im Tal haben eine ganz eigene Mentalität. Ihnen liegt die Frömmigkeit, sie sind von Natur aus fleißig, sie zeigen sich gerne hilfsbereit, aber sie sind auch extreme Eigenbrötler und Dickköppe ...«

»Wie du, lieber Fritz!«, unterbricht mich mein Bruder.

»Und du, lieber Hermann!«, ergänze ich seine Feststellung schmunzelnd und genieße nebenbei, wie wir uns verstehen können.

»Ich hab dir ganz viel zu dem Thema in Stichworten aufgeschrieben, auch über die Konflikte mit Andersgläubigen, vor allem den Katholiken. Auch über die fanatischen Predigten der Krummachers in Elberfeld und Barmen ... nicht in kleinen Bibelstunden, viel mehr von der Kanzel vor begeisterten, betenden und schluchzenden Gläubigen.«

»Und wer wehrt sich dagegen? Unser Vater ist doch sogar Kirchenvorstand, oder?«

»Den lassen wir lieber mal aus dem Spiel«, schlage ich vor und höre keinen Widerspruch.

»Du kannst allerdings einen anderen Menschen erwähnen, dem vieles, was hier im Tal passiert, suspekt ist. Das ist der bekannte Pädagoge Friedrich Adolf Diesterweg, der Folgendes geschrieben hat:

‚Oh, rühmet mir nicht einseitig das Glück dieses Tales!
Ich sehe nur allgemeinen Jammer und schleichendes Elend neben einigen scheinbar Glücklichen, welche sich durch das Blut der Armen, durch die Arbeit der Kinder bereichern.
Auch sie sind nicht wirklich glücklich, wenn sie menschlich denken.‘«

Wupperthal in Afrika

Das Gespräch mit meinem Bruder über den ‚Pietismus' hatte noch Folgen.

Die Eifersucht oder der Neid gegenüber dem älteren Bruder, der angeblich vom Vater so ‚vorgezogen' wurde, schien für einige Zeit verflogen. Hermann suchte öfter meine Nähe und fragte mich eines Tages:

»Hast du auch was von diesem Wupperthal in Südafrika gehört? Da sollen angeblich so komische ‚Missionare' aus unserer Stadt unterwegs sein ...«

Ich musste über seine Ausdrucksweise schmunzeln und konnte ihm glücklicherweise Auskunft geben:

»Ja, seit wenigen Jahren gibt es diesen Ort wirklich, etwa 200 Kilometer von Kapstadt entfernt. Die Idee, Missionare nach Afrika zu schicken, um dort sogenannte ‚Heiden' zum Christentum zu bekehren, ist unter anderem hier in Barmen entwickelt worden. Es wurde eine ‚Rheinische Missionsgesellschaft' gegründet und die sandte 1829 vier Missionare, von denen einer aus Elberfeld stammte, in den fernen Kontinent. Die kauften dort eine Farm ‚Rietmond', die an einem Fluss namens ‚Tratra' lag. Der wurde kurzerhand in ‚Wupper' umbenannt, man errichtete als Erstes einige Handwerksbetriebe und natürlich eine Kirche. Sodann siedelte man Menschen aus der Umgebung an ... und schon gab es ein afrikanisches ‚Wupperthal'!

Was aber das Wichtigste war: Es wurden fortan regelmäßig Gottesdienste abgehalten, um unseren Glauben und alles, was in der Bibel steht, diesen ‚Heiden' zu vermitteln ...«

»Das reicht!«, beendete Hermann meinen Missionars-Unterricht. »Lass uns lieber zu den Pferden gehen!«

Je älter ich werde, desto weniger blicke ich durch.

Nun hatte ich meine Konfirmation und müsste, dem Sinn nach, bekräftigt und gefestigt sein. Das Gegenteil jedoch ist der Fall – manchmal denke ich: Mir fehlt der Glauben!

Wenn ich dann die braven Kirchgänger und Mitsinger, mehr noch die fanatischen Pietisten in unserem schönen Wupper-Tal beobachte: Nein, so auch nicht!

Ich will ein guter Mensch sein, daran bestehen keine Zweifel. Ich will in dem großen Kosmos eingebunden sein, dazu gehören, mich wohlfühlen. Dazu muss ich allerdings das Gefühl haben, dass sich auch andere wohlfühlen, dass sie gut mit ihrem Leben klarkommen.

Gefühle, Gefühle, Gefühle …

Davon bin ich auch bestimmt, wenn ich immer wieder an diesen Till denken muss. Ich gebe zu: Manchmal habe ich so viel anderes im Kopf – dann vergesse ich ihn fast. Zudem sind mir die autoritären Worte meines Vaters im Ohr – dann muss ich ganz schnell meinen Lieblingsohrwurm herrufen:

Die Gedanken sind frei!

Doch inzwischen ist etwas geschehen, was mich geschockt hat: Till arbeitet nicht mehr in der Fabrik meines Vaters!

Ich habe es nicht ganz durch Zufall erfahren: Als mein Vater wieder einmal auf Reisen war, bin ich allein in die Firma und habe den Kontor-Leiter angesprochen: »Ich müsste mal kurz diesen Till sprechen, der an der neuen Webmaschine arbeitet!«

»Den gibt es schon lange nicht mehr! Rausschmiss! Hat ständig gefehlt – angeblich, um sich um seine kranke Mutter zu kümmern!«

»Aha«, ist das einzige, das mir über die Zunge will.
Zufall – oder steckt da was anderes dahinter?

Ich beschließe, zu handeln – dieses Mal ganz ohne die Hilfe meiner Geschwister!

Ich mache mich auf den Weg nach Lichtscheid. Nicht mit einer Kutsche, sondern zu Fuß. Es ist eine bewusste Entscheidung, diesen Weg, hinaus aus der Stadt, zu *gehen*: Viel Zeit zum Nachdenken, auch zum Erinnern an den Traum, in dem Till und ich quasi die Rollen getauscht hatten ...

Jetzt, im Frühsommer, ist es idyllisch hier oben über dem Tal. Es gibt noch grasende Kühe, Schafe, Ziegen ... hier und da auch Enten, Gänse und Hühner. Es grünt und blüht üppig – fast eine heile Welt, in der nicht die Industrie aufblüht!

Dann jedoch, wo es schon waldiger ist, kommt der Pfad zu dem Häuschen, wo Till und seine große Familie wohnen. Ich habe Herzklopfen und fühle eine Art von Peinlichkeit: Auch meine einfachsten Alltagskleidungsstücke machen mich immer noch zu jemandem, der sozusagen aus einer anderen Welt kommt.

Ich bin so in Gedanken versunken, dass mich eine raue Stimme erschreckt: »Was willst du hier?!«

Ein Mann, der vor dem Haus Holz hackt, blickt mich misstrauisch, eher schon fast drohend an – liegt das nur an meinem Äußeren?

»Ich möchte bitte mit Till sprechen«, sage ich beklommen.

»Wer bist du?!«

»Ich habe vor längerer Zeit ... ich würde gern mal wieder ... ich bin der Sohn von dem Fabrikanten, bei dem Till ...«, stammle ich wie ein Sprachbehinderter.

Der Mann hebt drohend die Axt und seine Stimme klingt entsprechend: »Ein Engels kommt hier nie ins Haus! Hau sofort ab!!«

Gleichzeitig sehe ich hinter Sträuchern und Büschen einige jüngere Kinder, die die Szene offenbar die ganze Zeit schon beobachtet haben.

Nein, die können mir nicht helfen – ich muss mich verziehen!

Ist es Magie der Anziehung oder was?

Kaum habe ich den Pfad hinter mir und erreiche eine lichte Stelle, von der man hinunter ins Wupper-Tal schauen kann, da kommt mir ... Till entgegen!

Wir sind beide wohl gleichermaßen verblüfft. Es ist ein Wiedersehen der sehr besonderen Art: Ich habe das Gefühl, als träfe ich seit Urzeiten einen lieben, mir sehr nahen Freund wieder ...

»Hallo«, sagt Till.

»Hallo«, sage ich.

»Wie geht es dir?«, ist meine banale und eher unpassende Frage, denn Till schaut nicht gerade froh und stark aus.

»Beschissen«, kommt es aus seinem Mund. »Alles rundum beschissen! Meine Mutter hochschwanger und dabei krank. Mein Alter fast wie damals, immer noch Alk und keine feste Arbeit. Mich hat *dein* Alter feuern lassen, weil ich ein paarmal nicht zur Arbeit konnte, weil ich mich um die Kleinen kümmern musste.«

»Das klingt gruselig ... wie kann ich dir helfen?«

»Mir kann niemand mehr helfen!«, kommt es so verzweifelt, dass ich Till am liebsten in den Arm nehmen möchte. »Wenn sich bis zu meinem Geburtstag nix ändert, ist endgültig Schluss!«

»Wann hast du Geburtstag?«

»Am 3. Juli. Wieso?«

»Nur wegen des Sternbilds, das interessiert mich«, antworte

ich. »Meine Schwester ist auch im Sternzeichen des Krebses geboren, am 13. Juli.«

Da huscht ein Lächeln über sein Gesicht und ich nutze die Chance: »Ich lad dich zu ihrem Geburtstag ein!«

»Nein!«, kommt die prompte Antwort.

»Ja!«, sage ich ganz entschieden. »Am Loh gibt es eine versteckte Stelle an der Wupper, die hast du bestimmt schon gesehen. Da treffen wir uns am 13. um 3 Uhr nachmittags und da feiern wir deinen und Maries Geburtstag!«

»Und warum, wieso, weshalb???«

»Schicksal!«

Magie der Zahlen – Marie und Till

Heute ist der 13.7.37 und Marie hat Geburtstag. Vor zehn Tagen, am 3.7.37, hatte Till Geburtstag und nun wird zusammen gefeiert ... wenigstens ein bisschen.

Um mich aber mit gutem Gewissen und Wohlgefühl auf diese besondere Feier einlassen zu können, muss ich etwas klären. Tagelang, letztlich seit unserem letzten Treffen, geht mir Tills Lebenssituation durch den Kopf ... manchmal fast albtraumartig.

Darum habe ich mir etwas vorgenommen, das mich, besser gesagt: mein Selbstbewusstsein und auch meinen Mut extrem herausfordert. So bin ich am Morgen hellwach und auf den Beinen, während das eine ‚Geburtstagskind' noch selig schläft. Wie auch sonst ist nur mein Vater (und unser Personal) um diese Zeit auf: Er hat den Ehrgeiz, möglichst als erster im Kontor zu sein – er will Vorbild für andere sein!

Ich überrasche ihn beim Frühstück und mein Anliegen – ich habe es nicht anders erwartet – überfordert ihn gehörig: Es wird eine lange und hoch schwierige Verhandlung ...

Glücklicherweise wird unser kompliziertes Gespräch harmonisch abgebrochen, weil es, wie bei jedem Geburtstag in unserer Familie, eine musikalische Ouvertüre gibt:

‚Geh aus, mein Herz, und suche Freud
In dieser lieben Sommerzeit ...'

Dieses Mal stimmt die Jahreszeit und der Chor, rund um die gerührte Marie versammelt, singt dieses Mal auch die Schlussstrophe:

Ich selber kann und mag nicht ruhn,
Des großen Gottes großes Tun
Erweckt mir alle Sinnen;
Ich singe mit, wenn alles singt,
Und lasse, was dem Höchsten klingt,
Aus meinem Herzen rinnen.

Auch wenn ich dieses Lied von dem berühmten Paul Gerhardt schon seit Urzeiten kenne, berührt es mich jedes Mal wieder zutiefst ... und die Umarmung meiner geliebten Schwester ist entsprechend.

Natürlich gibt es danach das übliche feierliche Frühstück und vor allem die Kleinen wollen Marie mit ihren selbst gebastelten Geschenken und Bildern beglücken.

Ich ziehe mich alsbald zurück – immer noch sehr mit dem komplexen Gespräch mit meinem Vater beschäftigt. Der Nachmittag soll der Höhepunkt des Geburtstages sein – nicht wie sonst bei uns im Garten und in größerer Familienrunde!

So ganz einfach ist es nicht, meinen kleinen Geschwistern klarzumachen, dass sie den Geburtstagskuchen ohne ihre Schwester essen sollen. Vor allem Hermann zickt herum – doch unsere Mutter, die in den Feier-Plan eingeweiht ist, weiß, mit welchen Süßigkeiten auch der größte Nörgler zu besänftigen ist.

In einem günstigen Moment setzen wir uns ab: Marie nur mit einer wunderschönen neuen Häkeltasche bestückt, während ich aus einem Versteck im Pferdestall noch Diverses, in einem großen Leinensack verborgen, holen muss.

Dann ab, quer über die Bleicherwiesen, vorbei an den vielen Garngestellen unweit des Wupperufers, gen Loh – an unseren geheimen Treffpunkt!

Und wieder einmal scheint die Magie (oder ist es Gott?) Regie zu führen: Genau gleichzeitig treffen die beiden Geburtstagskrebse an der verabredeten Stelle ein!

»Ich glaub, ich seh nicht recht!«, mokiert sich Marie. »Da kommt ja dein Doppelgänger!«

In der Tat ist es auch für mich verwirrend, diesen Till genau in den Kleidungsstücken zu sehen, die ich noch bis vor einem Jahr getragen habe! Bei ihm zwar etwas schlabbrig und schlotterig, denn ich war nie so ausgemergelt wie er – dennoch steht ihm das alles nicht schlecht.

Bald darauf sitzen wir drei gemütlich gemeinsam am Wupperufer und es gibt alles Mögliche gemeinsam zu genießen: Till hat offenbar den kleinen heimischen Garten gehörig geplündert und serviert uns köstliche Stachel- sowie rote und schwarze Johannisbeeren. Und dann zaubert er noch etwas aus seinem uralten Rucksack: weiße Himbeeren und weiße Johannisbeeren ...

»Eine Züchtung von mir, davon gibt es nur je einen Strauch, gut versteckt in unserem wilden Garten!«

»Wie geht es deiner Mutter?«, frage ich und muss es sogleich bereuen.

Till bekommt feuchte Augen, er winkt ab, er will sofort das Thema wechseln: »Alles soweit gut, wenn sie das bis August übersteht. Wie geht es *eurer* Mutter?«, wendet er sich an Marie und greift gleichzeitig in seine Hosentasche: »Hier, das hab ich für dich gemacht!«

Marie ist zutiefst beglückt, denn Till überreicht ihr ein filigran geknüpftes Armband:

»Das Leder ist uralt, die Knüpfung aber eine Erfindung von mir. In eurer Fabrik wird sowas Ähnliches aus Bändern hergestellt.«

Ich sehe, wie seine Augen erneut feucht werden. Flugs greife ich in meinen Leinensack und habe Mühe, mit großer Vorsicht mein Geburtstagsgeschenk heraus zu zaubern:

Till strahlt für einen kurzen Moment, als er die Angel sieht.

»Die neueste Konstruktion, mit extra langer Leine! Damit kannst du bei euch da oben, ganz in der Nähe, in der Gelpe und demnächst noch in einem anderen Fluss leckere Fische angeln – nicht so türkischrote oder indigoblaue wie hier in der Wupper!«

»Und von mir bekommst du diese Köder dazu«, sagt Marie, indem sie in meinen Sack greift und ihm das Angelzubehör überreicht.

Till nimmt alles entgegen – doch Freude ist kaum zu erkennen.

»Angelst du nicht gern?«, fragt Marie. »Hast du auch wie ich Mitleid mit den armen Fischen?«

Till schüttelt den Kopf und schaut unendlich traurig: »Ich weiß nicht, wo wir landen und ob es da Wasser gibt. Wir müssen raus aus der Hütte, weil wir die Miete nicht mehr zahlen können. Mein Vater hat ein großes Problem, meine Mutter hat keine Zeit und keine Kraft mehr zum Weben und ich ...«

»Stopp, mein Lieber!«, bringe ich ihn abrupt zum Schweigen. »Erst mal gibt es jetzt Plätzchen, die unsere Geschwister für euch gebacken haben und dann hab ich dir was zu sagen!«

Marie sieht mich etwas entgeistert an, denn offenbar war mein Ton ziemlich autoritär.

»Fritz, du redest schon fast wie dein Vater!«

Dies nun hör ich gar nicht gern und muss wie die beiden erst einmal einige von den köstlichen Plätzchen futtern.

»Rück raus mit der Sprache!«, holt mich Marie aus meiner Nachdenklichkeit. »Ist was Blödes passiert?«

Auch Till scheint verwirrt und in seinen tiefblauen Augen erscheinen große Pupillen – fast so, als habe er Angst ...

Ich kann die beiden, vor allem Till, nicht länger auf die Folter spannen und rücke mit der Sprache raus: »Also Folgendes: Unser Vater hat ziemlich weit von hier, an der Agger, ein riesiges Grundstück mit Wasserrad und Mühle und Häusern gekauft ...«

»Und dahin soll Till etwa zum Angeln gehen?!«, fragt mich Marie, die keine Ahnung von meiner Überraschung hat.

»Genau!«, mache ich es noch etwas spannender. »Wenn er mit deinen Ködern klarkommt!«

Wie bestellt taucht jetzt auch Emil, noch etwas entfernt, am Wupperufer auf.

»Hallo, ihr zwei Geburtstagskrebse, ich hab ne tolle Überraschung für euch!«, bringt sich Emil, wie immer, temperamentvoll ins Spiel.

»Klappe!«, bringt ihn Marie zum Schweigen. »Erst mal die Überraschung von dem alten Fritz!«

Nun endlich kann ich das, was ich am Morgen unter größter Mühe, mit aller Diplomatie, bei meinem Vater herausgehandelt habe, präsentieren:

»Also, lieber Till, du wirst von meinem Vater wieder eingestellt. Auch dein Vater kann bei ihm arbeiten. Es gibt da drüben, in Engelskirchen an der Agger, demnächst eine große Engels-Textil-Fabrik, mit neuester Technik aus England, aus Manchester. Er lässt dort auch neue Wohnhäuser für die Arbeiter errichten – da ist Platz für eure ganze Familie. Es soll sogar Gärten geben ... von wegen Himbeeren- und Johannisbeerenzüchtung. Einzige Bedingung: Dein Vater muss mit dem Saufen aufhören!«

»Das krieg ich ... das kriegt er hin, da bin ich ganz sicher!«

Ich muss nicht erzählen, wie überwältigt Till war und wie sehr sich Marie für ihn und seine Familie freute.

Und endlich konnte sich Emil einbringen: »Damit das alles auch klappt und Gottes oder Poseidons Segen bekommt, habe ich euch beiden ein Geschenk mitgebracht!«

Er zauberte aus seinem Rucksack eine verkorkte Flasche: »In die verschließt ihr eure Geburtstagszahlen und die wichtigsten und geheimen Wünsche für das neue Lebensjahr! Und dann hinein ins Wasser, die Wupper hinunter bis in den Rhein und dann weiter bis ins große, weite Meer ...«

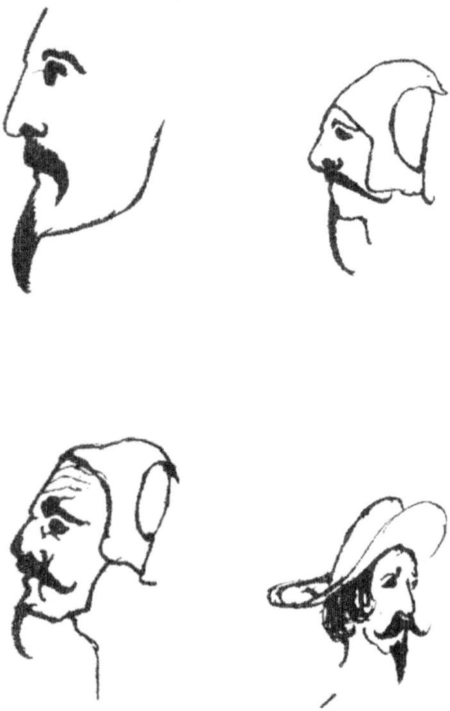

Schock

Ich muss die Schule verlassen!
Jawohl: Mein verehrter Vater verweigert mir das Abitur!
Unfasslich: Ich soll ab sofort als Auszubildender in die ENGELS-COMPANY!
Ich darf nicht studieren – stattdessen soll ich Kaufmann werden! So hat es der Senior mit einem Machtwort hinter meinem Rücken entschieden!

Was habe ich falsch gemacht? Was hätte ich anders machen können??

Ja, ich habe mich in diesem Sommer intensiver denn je der Literatur gewidmet.

Da sind vor allen die ‚Seeräuber', in die ich viel Zeit investierte und die ich trotzdem nicht zu Ende schrieb.

Dann die Gedichte, die ich, mit allen Selbstzweifeln, in unserem ‚Literarischen Kränzchen' vortrug.

Außerdem die Beschäftigung mit Heinrich Heine und anderen jungen deutschen Dichtern, die meine Fantasie anregten.

Dazu gehörte auch immer wieder Freiligrath, der seit dem Frühsommer in einer Barmer Firma als Kontorist sein Geld verdient und trotzdem Zeit zum Dichten findet ...

Das alles geschah schon seit einiger Zeit im Kreise von Schul- und Literaturfreunden, von denen die meisten wie ich aus wohlhabenden Kreisen des Wupper-Tals stammen: Gustav Wurm, Peter Jonghaus, Wilhelm Blank, Friedrich Plümacher, Gustav Heuser und vor allem die beiden Graebers ...

Jeder von uns hat seine Flausen, seine Wünsche, seine Ziele im Kopf – der eine mehr, der andere weniger konkret. Ja, ich gebe zu, einer der Kompliziertesten von uns zu sein: so viele verschiedene Interessen, letztlich gar Leidenschaften!

Schaffe ich es, ein erfolgreicher Dichter oder wenigstens ein Literat zu werden, der in großen Zeitungen Artikel zu diesem und jenem veröffentlicht? Freiligrath ist ja so einer, dem das gelingt – nun sogar mit dem Hauptberuf Kontorist.

Aber eigentlich hat sich in letzter Zeit eine Perspektive aufgetan, die ich wahrscheinlich dem verehrten Goethe verdanke: Ich werde Jura studieren, suche dann eine feste Anstellung als Beamter und finde noch genug Zeit, um mich der geliebten Kunst zu widmen. Und dazu brauche ich eben das Abitur, welches ich in weniger als einem Jahr machen kann!

In diesem Zusammenhang ist es auch wahrlich kein Wunder, dass ich mich in den vergangenen Sommerferien rauf und runter mit dem ‚Faust' beschäftigt habe – und das ja nicht nur aus literarischen Gründen ...

Und dann der Schock!

Wenn ich ehrlich bin, habe ich diese autoritäre Gemeinheit bis heute nicht verkraftet. Ich war nicht darauf vorbereitet, ich habe, bei allen Vorbehalten gegen meinen Vater, ein solch rüdes und egoistisches Vorgehen von ihm nicht erwartet. Unser Verhältnis hatte sich in den letzten Monaten deutlich verbessert. Ich genoss es sogar, von ihm öfter in seine geschäftlichen Überlegungen und Angelegenheiten einbezogen zu werden. Wenn ich dies jedoch heute rekapituliere, habe ich den Verdacht, dass er diesen Coup schon länger geplant hatte. Letztlich bin ich ja, als ältester Sohn, schon immer als sogenannter Stammhalter behandelt worden – so hat es der Herrgott bestimmt!

Und den Spruch: »Du wirst später mal mein Nachfolger werden« habe ich nie richtig ernst genommen. Das sollen mal lieber der Hermann, der Emil oder meinetwegen auch der kleine Rudolf machen ...

Jetzt ist alles anders, von heute auf morgen:

Der Unterzeichnete entläßt den lieben Schüler, der ihm infolge häuslicher Beziehungen insbesondere nahegestellt und in dieser Stellung durch religiösen Sinn, durch Reinheit des Gemüthes, gefällige Sitte und andere ansprechende Eigenschaften sich zu empfehlen bemüht war, bei seinem am Schluße des Schuljahres (den 15. September d.J.) erfolgten Übergange in das Geschäftsleben, das er statt früher beabsichtigten Studiums als seinen äußeren Lebensberuf zu wählen sich veranlaßt sah, mit seinen besten Segenswünschen. Der Herr segne und geleite ihn!

Elberfeld, den 25. September 1837
Dr. J. C. L. Hantschke

Wer bitte hat hier gewählt? Friedrich Engels Junior oder Friedrich Engels Senior, der ehrgeizige Firmenbesitzer, der exakt an diesem Zeugnis-Tag auch die so dringlich gewünschte Konzession für seine neue Firma ‚Friedr. Engels & Ermen' in Engelskirchen erhielt.

Schlichtweg eine raffinierte Verdrehung der Tatsachen, die mein verehrter Schulleiter und privater Pensionsleiter nicht durchschaut hat!

Was habe ich von der Lobhudelei, die mit diesen Worten beginnt:

Abgangs-Zeugniß

für den Primaner Friedrich Engels (No. 713), geboren den 28. November 1820 zu Unterbarmen, evangelischer Konfession, seit Herbst (den 20. Oktober) 1834 Schüler des

Gymnasiums zu Elberfeld und zwar seit Herbst (17. Oktober) 1836 Mitglied der Prima deßselben, hat sich vorzugsweise während seines Aufenthaltes in Prima eines recht guten Betragens befleißigt, namentlich durch Bescheidenheit, Offenheit und Gemüthlichkeit seinen Lehrern sich empfohlen, ingleichen von guten Anlagen unterstützt ein rühmliches Streben, sich eine möglichst umfassende wissenschaftliche Bildung anzueignen, an den Tag gelegt, weshalb denn auch die Fortschritte auf erfreuliche Weise hervortraten, wie solches die nachfolgende besondere Zusammenstellung der einzelnen Lehrfächer bestimmter ausweist.

Was habe ich von dem Versprechen meines Vaters, im nächsten Sommer mit mir zunächst mit einem Rheindampfer gen Rotterdam und von dort aus mit einem Raddampfer weiter nach London und von da aus weiter nach Manchester zu reisen?

Tatsache ist: Ich sitze hier Auf Bruch ab sofort im Kontor meines Vaters und muss Briefe nach genauen Vorgaben schreiben, darf Konten führen und Bilanzen aufstellen und mich mit was weiß ich welchem Geschäftskram herumschlagen!

Aufbruch: Meine Gedanken bleiben frei!

Wie soll ich diesen völlig unerwarteten Neuanfang meines Lebens schildern?

‚Ich weiß nicht, was soll es bedeuten, dass ich so traurig bin …', fühle ich gemeinsam mit Heinrich Heine.

Meine Gedanken zu ordnen und mich auf die Anweisungen meines Vaters und die Kontorarbeit zu konzentrieren, fällt mir ungemein schwer.

Es ist und bleibt eine Gemeinheit von ihm!

Er wusste genau, wie wichtig mir das Abitur und ein Studium sind!

Wieso meldet er mich einfach von der Schule ab, ohne mit mir diese Absicht zu besprechen, ohne mich nach *meiner* Meinung zu befragen?

Hätte er sich das auch getraut, wenn mein Großvater noch leben würde??

Kann man das alles noch als *Gottes Fügung* bezeichnen???

»Ich habe alles getan, um ihn umzustimmen!«, versucht meine Mutter mich aufzurichten.

Auch die lieben Worte von Marie können mich kaum trösten: »Nun sehen wir uns wieder viel öfter, das ist doch wunderbar, Fritz!«

Selbst Emil merkt, wie unglücklich ich bin: »Ich komm gern ins Geschäft und helf dir bei der Arbeit!«

Hermann macht es kurz und knapp: »Kopf hoch, Alter! Das blüht mir garantiert auch!«

Was bleibt mir anderes übrig, als mich ganz konzentriert auf meine eigentlichen Ziele zu besinnen: Ich will etwas bewegen, ich will kreativ sein, ich will eine lebenswerte Zukunft gestalten – nicht nur für mich allein, sondern für viele andere Menschen, die mir am Herzen liegen!

Egal, was mein Vater jetzt von mir verlangt: Ich bin ein eigenständiger Mensch, und ich lasse mir zwar ein paar Arbeiten, aber keinesfalls meine Gedanken vorschreiben!

Und damit meine neue Tätigkeit mir nicht zu langweilig wird, beschließe ich, in meinem Pult ein Theaterstück zu verstecken, dass ich schon seit langem lesen will:

‚DIE RÄUBER' – von dem von mir verehrten Friedrich Schiller:

Ein freies Leben führen wir,
Ein Leben voller Wonne,
Der Wald ist unser Nachtquartier,
Bei Sturm und Wind marschieren wir,
Der Mond ist unsre Sonne.

Heut kehren wir bei Pfaffen ein,
Bei reichen Pächtern morgen,
Da gibt's Dukaten, Bier und Wein,
Was drüber ist, das lassen wir fein,
den lieben Herrgott sorgen.

Und haben wir im Rebensaft
Die Gurgel ausgebadet,
So machen wir voll Mut und Kraft
Selbst mit dem Teufel Brüderschaft,
Der in der Hölle bratet.

Und wenn dann unser Stündlein kommt,
Das unsre Taten lohnet,
So trinken wir uns toll und voll
Und bring'n dem Schwarzen unsern Zoll,
Der in der Höhle thronet.

Damit zum Ende eines klar wird:

Ich, der Friedrich Engels, will kein Säufer werden! Aber ich habe beschlossen aufzubrechen in ein Leben, das Sinn und Freude macht ... egal, welche Viren uns Menschen befallen werden!

Und eines habe ich mir geschworen – egal was mein Vater noch autoritär bestimmen mag:

Meine Gedanken sind frei, meine Gedanken bleiben frei ... und meine Taten werden folgen! Das verspreche ich mir, dir und jedem, der es hören oder lesen will ...

Friedrich Engels – Lebensdaten

28.11.1820	Geburt in Barmen (heute zu Wuppertal gehörig) – als erstes von 9 Kindern des Textilfabrikanten Friedrich Engels und seiner Frau Elise Engels, geb. van Haar
1827	Vater macht Vergnügungsreise mit Carl Bredt nach Manchester, einem späteren Wohnsitz von Friedrich
1829–34	Besuch der Höheren Stadt-Schule in Barmen
1833	AN MEINEN GROSSVATER – Gedicht für den geliebten Vater seiner Mutter
20.10.34	Einschulung ins Evangelische Gymnasium in Elberfeld (heute zu Wuppertal gehörig) – in Pension bei späterem Prov.Direktor Dr. J.C.L Hantschke
1836	Gedichte, u.a. MIR DÄMMERT IN DER FERNE
1836–37	5 Kap. EINE SEERÄUBER-GESCHICHTE
20.02.37	Tod des verehrten Großvaters
12.03.37	Konfirmation
15.09.37	Abgang vom Gymnasium (3/4 Jahr vor Abitur)
1837–39	Praktikum und kaufmännische Ausbildung in der Firma des Vaters
Sommer '38	mit Vater Reise über Rotterdam und London nach Manchester
1838–41	Bremen: Fortsetzung der kaufmännischen Ausbildung und Unterkunft bei Pastor G.G. Treviranus Diverse literarische Versuche und publizistische Aktivitäten
1839	BRIEFE AUS DEM WUPPER-TAL – veröffentlicht im Telegraph für Deutschland

1841–42 Freiwilliger beim Militär in Berlin und Uni-Besuche

1842 Redaktionelle Arbeiten für die Rheinische Zeitung
Kennenlernen von Karl Marx

1843–44 Kaufmännische Arbeit im väterlichen Geschäft in Manchester

1843 Kennenlernen der irischen Baumwollspinnerin Mary Burns – fortan seine Freundin und später Lebensgefährtin

1844 Beginn des Briefwechsels und der Freundschaft mit Karl Marx

1845–49 Politisches Engagement, gemeinsam mit Marx, in Belgien, Holland, Frankreich und England
Engels und Marx widmen sich intensiv der Idee des Kommunismus und tauschen sich mit Gleichgesinnten aus

1848 Revolution in Frankreich
‚Das Manifest der Kommunistischen Partei'

1849 Teilnahme am Bergischen Aufstand
Verhaftung und Flucht nach London zu Karl Marx

1850 Publizistische und organisatorische Tätigkeit in London
Eintritt bei ‚Ermen & Engels' in Manchester

1851 Friedrich Engels wird Ghostwriter von Karl Marx

1856 Irlandreise mit der Lebensgefährtin Mary Burns

1858 Engels beginnt mit seinen naturwissenschaftlichen Studien

1859 Schottlandreise mit den Eltern

1860 Tod des Vaters

1863 Tod von Mary Burns – fortan Beziehung mit deren Schwester Lydia, genannt Lizzy

1864–69	Diverse Reisen durch Deutschland und mehrere europäische Länder
1867	‚Das Kapital', Band 1 erscheint
1869	Engels beendet seine Tätigkeit als Teilhaber von ‚Ermen & Engels' in Manchester Gründungskongress der ‚Sozialdemokratischen Arbeiterpartei'
1870	Engels schreibt über den aktuellen Verlauf des Deutsch-Französischen Krieges Umzug mit Lizzy Burns nach London Weitere und fortlaufende Arbeit an politischen, wissenschaftlichen und literarischen Editionen
1873	Tod der Mutter
1878	Heirat und Tod von Lizzy Burns innerhalb von 2 Tagen
1883	Tod von Karl Marx
1885	Herausgabe des 2. Bandes ‚Das Kapital'
1888–93	Diverse Reisen in Europa
1893	Alterspräsident und Schlussredner am letzten Tag des Internationalen Sozialistischen Arbeiterkongresses in Zürich
1894	Herausgabe des 3. Bandes ‚Das Kapital'
1895	Engels bereitet eine gemeinsame Gesamtausgabe seiner Werke und der von Marx vor
05.08.95	Friedrich Engels stirbt in London
27.08.95	Die Urne mit Engels Asche wird auf seinen Wunsch hin vor Eastbourne im Meer versenkt

Quellen und weiterführende Literatur

B. Alexander / A. Dinnebier (Hrsg.) Stadtpark De Weerth Garten; Gartendenkmal Hardt, Wuppertal 2015

von Arnim und Clemens Brentano Des Knaben Wunderhorn, Berlin 1948

G. Aust u.a. Das Wuppertal im 19. Jhdt., Wuppertal 1977

K. W. Belz Eisenbahnen in der Ind. Rev., Wuppertal 1979

Bergischer Geschichtsverein Erklär mir mal Wuppertal. Geschichte und Geschichten, Wuppertal 2015

H. P. Bleuer Friedrich Engels, Bern / München 1081

H. J. De Bruyn-Ouboter 1200 Jahre Barmen, Wuppertal 2009

A. Diekmann Das grosse Liederbuch, Zürich 1975

J. Dorfmüller Wuppertaler Musikgeschichte, Wuppertal 1995

H. W. E. Eggerling Beschreibung der Vereinten Staaten von Amerika, Mannheim 1839

H. Von Eicken Wandern im Bergischen Land, Wuppertal 1972

F. Freiligrath Werke, Berlin o.J.

H. Gemkov U.W. Friedrich Engels, Frankfurt am Main 1970

J. W. Von Goethe Gedichte, Berlin 1870

G. Hardel Marie und ihr grosser Bruder, Berlin-Ost 1964

Heinrich Heine Sämtliche Werke, Berlin / Leipzig o.J.

D. Henze Sandermann, lieber Sandermann, Hamburg 2004

H. Hirsch Engels, Hamburg 1968

H. Jordan / H. Wolff Werden und Wachsen der Wuppertaler Wirtschaft, Wuppertal 1977

J. F. Knapp Geschichte, Statistik und Topographie der Städte Elberfeld und Barmen, Iserlohn / Barmen 1835

A. Freiherr von Knigge Über den Umgang mit Menschen, Hamburg 2014

M. Kliem (Hrsg.) Ich erinnere mich gern, Frankfurt am Main 1970

M. Knieriem Schriften aus dem Karl-Marx-Haus (Nr. 42): Die Herkunft des Friedrich Engels, Trier 1991

M. Knieriem Nachrichten aus dem Engelshaus (1): Die Entwicklung der Firma Caspar Engels Söhne, Wuppertal 1970

M. Knieriem Nachrichten aus dem Engelshaus (5): Gewinn unter Gottes Segen, Wuppertal 1987

M. Knieriem Friedrich Engels Vater und Sohn, Wuppertal o.J.

M. Knieriem Cola Di Rienzi, Wuppertal 1974

J-G. König Friedrich Engels. Die Bremer Jahre 1838–1841, Bremen 2008

M. Leja / N. Tesche Die Wupper, Remscheid 2011

K. Marx/ F. Engels Werke Bd. 1, Berlin 2006

K. Marx/ F. Engels Werke Bd. 41, Berlin 2008

Gustav Mayer Friedrich Engels – Eine Biographie, Köln 1975

S. Quinke Glücksorte in Wuppertal, Düsseldorf 2018

J. Reulecke / B. Dietz Mit Kutsche, Dampfross, Schwebebahn, Frankfurt a.M. 1960

F. Von Schiller Sämtliche Werke, Wien 1825

F. Speer Ibach und die Anderen, Wuppertal 2002

H. Ullrich Der junge Engels Bd. 1, Berlin-Ost 1961

Von Der Heydt Museum etc. Von Tugend und Glück, Wuppertal 2009

W. Victor Der beste Freund, Berlin-Ost O.J.

G. Werner Wuppertal in Napoleonischer Zeit, Wuppertal 1967

Breviarium – Die kurze Übersicht

Wer ist dieser Friedrich Engels Junior, der später einmal, zusammen mit seinem engsten Freund Karl Marx, zu einer Weltberühmtheit gelangt – die bis heute anhält, die durch aktuelle weltpolitische Entwicklungen eine neue Brisanz und Aktualität erfährt?

Wie verbringt dieser so vielbegabte Friedrich seine Jugend? Wer und was prägt ihn und lässt ihn zu so einer illustren Persönlichkeit werden?

Geboren ist er ‚Auf Bruch' in Barmen, das, zusammen mit Elberfeld und einigen angrenzenden Orten, das Wupper-Tal zu einem bedeutenden Zentrum der europäischen Textil-Industrie entwickelte.

Damals, in den letzten Jahren des 18. Jahrhunderts, wurde die Welt in mehrfacher Hinsicht revolutioniert: Nach den geistig-politischen Impulsen durch die Verfassung der Vereinigten Staaten von Amerika und durch die Französische Revolution war auch in deutschen Landen die Grundlage für eine radikale gesellschaftliche Wandlung im anbrechenden 19. Jahrhundert gegeben.

Nicht unerheblicher, nicht weniger revolutionär war das, was sich im Bereich der Technik tat: Findige Ingenieure arbeiteten an bahnbrechenden Erfindungen wie der Dampfkraft, die für eine industrielle Revolution sorgten: Speziell in England und dort besonders in Manchester kam die neue Technik zum Einsatz.

Von dort holten sich ehrgeizige Textil-Fabrikanten wie Friedrich Engels Senior das spezifische Fachwissen und entwickelten mit diversen speziellen Textil-Produkten das prosperierende Wupper-Tal zum Manchester Deutschlands!

Was hat das alles mit dem jungen Friedrich Engels zu tun, der mit 14 Jahren auf das Gymnasium in Elberfeld kam, dort auch bei einem Lehrer und Schulleiter in Pension war?

Sein Vater, einer von diversen erfolgreichen Kaufleuten im Wupper-Tal, hatte seinen Ältesten, wie damals nicht ungewöhnlich, zu seinem Nachfolger bestimmt.

Doch Friedrich hatte völlig andere Pläne: Schon in ganz jungen Jahren durch seinen Großvater mütterlicherseits in die fantastische Welt der Literatur eingeführt und von zu Hause aus musisch geprägt, wollte er lieber selber kreativ sein: Er schrieb schon in seinen Jugendjahren Gedichte und Geschichten, übte sich im Karikieren und wollte sogar komponieren ...

Doch nicht weniger bedeutsam waren ganz andere Anlagen: Aus sehr betuchtem Elternhaus stammend, richtete sich Friedrichs Blick schon in jungen Jahren auf die Arbeitenden, vor allem Kinder, die unter zum Teil unwürdigsten Umständen, im Textil-Gewerbe schufteten.

Wie kann man diesen Menschen helfen, wie kann man die Folgen und Auswüchse der Industriellen Revolution in den Griff bekommen?

Ein junger Mensch, mit Zeitphänomenen konfrontiert, die in ihren Auswirkungen verblüffend den heutigen Gegebenheiten ähneln: Statt Industrialisierung nun Digitalisierung ...

Dieses Buch erzählt drei hoch bedeutende, prägende Jahre im Leben von Friedrich Engels: seine Gymnasialzeit – abrupt von seinem Vater, kurz vor dem Abitur, abgebrochen.

Drei Jahre, voll mit hoch emotionalen und dramatischen Erlebnissen. Drei Jahre, in denen schon das pulsiert, was diese Persönlichkeit zu dem wohl bekanntesten und bedeutendsten Wuppertaler reifen lässt ...

Unterbarmer Kirche im Wupper-Tal